現代中国研究叢書

# 法治に向けて
## 法律体系から法治体系へ

［著］王利明
［監訳］劉之韜
［訳］倉持リツコ、生田貴穂

樹立社

# 前書き

　中国共産党の第18期第四回全体会議（四中全会と略称する）は、「依法治国」（法に基づく国の統治）の全面的な推進をテーマとした党の第18期四中全会は、『中国共産党中央の「依法治国」の全面的な推進における若干の重大問題に関する決定』（以下、四中全会決議と略称）を採択し、その中で、中国の特色ある社会主義法治体系及び社会主義法治国家の建設という戦略的目標を打ち出すと共に、「依法治国」（法に基づく国の統治）方策実施に当たっての具体的段取りに対して、全面的な配置とトップダウン設計を行った。社会主義法律体系が既に形成された背景の下、四中総会が法律体系から法治体系へと向かわんとする法治体系建設の目標を打ち出したことは、中国の法治建設が既に新たな歴史的段階に入ったことを意味するものである。仮にもし、第11期三中全会が混乱を鎮めて正常に戻し、「階級闘争を主軸とする」ことから「経済建設を中心とする」ことへと転じた重要な歴史的転換であったとするならば、第18期四中全会は、即ち経済建設と法治建設の両者を新たな時代における党の仕事の重心に据えるという新たな歴史的転換であると言える。中国共産党の90年余りに互る歴史においては、異なる時代の歴史的任務に対する党の仕事の重点は多次に互って切り替わって来た。中国の経済社会建設が偉大なる成果をものにしている今日、中国共産党が「依法治国」を新たな時代の仕事の重点に定めた事は、国家の長期に互る安定と中華民族の長期的利益に着眼した、将来への展望と高い見識を具えた戦略的配置であり、社会主義大事業の新たなるページを切り拓くものである。

四中全会は国家の法治建設の歴史的プロセスにおける道標の意義を持つものであり、四中総会関連の多くの「第一」と共に歴史の記録に残るに足るものである。

　——中国共産党中央が、初めて中央総会のテーマを「依法治国」（法に基づく国の統治）に定め、党全体のコンセンサスを凝集させたのは、人民大衆の共通の願いを反映したものであり、これは党の歴史上初めて「法治」を主な議題とする総会であった。

　——四中全会は、初めて如何にして全面的に法に基づく国の統治を推進し、社会主義法治国家の建設のトップダウン設計と戦略的配置を進めるかに就いて、決議において初めて「法治体系」と「法治国家」という総目標を打ち出した。

　——四中全会は、初めて「中国の特色ある社会主義法治の道」を打ち出したが、この道とは即ち、党のリーダーシップの下、中国の特色ある社会主義制度を基礎とし、社会主義法治理論を導き手とし、中国の特色ある社会主義法治体系及び社会主義法治国家の建設を総目標とすると共に、法に基づく国の統治戦略推進の各種任務を内容とすることで、中国の国情に見合った、中国の特色を具えた法治の道を形成するというものである。

　——四中全会は、初めて法に基づく国の統治を実施に移す方策の「路線図」を打ち出したが、それは完備した法律規範体系、高効率の法治実施システム、厳格な法治監督システム、有力な法治保障システム、完全なる党内法規体系を構築することで、法に基づく国の統治、法に基づく執政、法に基づく行政の推進をともに堅持し、法治国家、法治政府、法治社会を一体化させた建設を堅持し、科学的立法、厳格なる法の執行、公正なる司法、万民による法の遵守を実現することを含むものである。

　——四中全会は、「依法治国」の統治の推進にとって重要な意義を持つ改革的措置を180以上の項目に仕分けすると共に、それらの措置を「改革任務総覧に組み入れ、一体化した配置、一体化した実施、一体化した管

理・監督を為す」という具体的な操作プランを作成しているが、これは極稀にしか見られないものである。

　——四中全会は、初めて法治の内包、即ち法治とは「良法」と「善治」によって構築されるものであることをはっきりと示すと共に、「良法」と「善治」の間の関係、即ち「法律は治国の重器であり、良法は善治の前提である」ことを明確に打ち出した。

　——これら以外にも、四中総会は更に、初めて「法治体系」、「法治保障体系」、「党内法規体系」、党のリーダーシップは法治という「主題の筋道」等といった多くの新概念、新理論を提起している。四中総会決議は、社会主義法治理論にとっての重大なる新機軸であり、法治概念の内包にとっての一歩進んだ発展であると共に、中国の未来の法治建設の為の明確な方向を指し示すものでもある。こうした背景の下、当該決議を真剣に学び且つ解読することは、法学理論の研究者にとっての重要な任務なのである。

　中国の特色ある社会主義法治体系及び法治国家の建設は、中国人にとっては前代未聞の偉大なる事業であり、それは広範な人民大衆の共通の意志を体現し且つ共通認識を凝集したものである。2020年11月、北京で開催された中央全面法治国家会議では、習近平法治思想が明確に提出され、法治建設の重点任務と実現経路が更に明確になった。これは、習近平同志を中心とする党中央が全面的に法治国家を推進する決意と信念を更に示したものである。中国に在っては、法治は既に一つの偉大なる社会実践であり、又一つの崇高なる社会的理想でもあり、法治社会実現の為に絶えず追求し且つ努力し続けるよう我々を励ますものである。「顚歩を積まざれば、以て千里に至る無し」（千里の道も、一歩一歩を積み重ねなければ、到達することはできない）〔荀子『勧学篇』〕との諺通り、法治に大躍進〔1958年に始まった、毛沢東思想に基づく中国の急進的社会主義建設運動を指す。現実を無視したこの運動の結果は、農村部の疲弊を招き、大飢饉の発生という悲劇をもたらした〕など有り得ず、国家と社会の発展の実際の水準を

離れることなど出来得ないのである。法律体系から法治体系へと邁進せんとするに、四中全会決議は中国の未来の法治建設に壮大な青写真を描いてみせた。この青写真は着想が高遠であるのみならず、明確なるロードマップが附され、強力なる実行性を具えたものである。習近平法治思想は更に、一連のオリジナル性と時代性とを具えた斬新的な理念、思想、戦略であり、中国の特色ある社会主義法治の理論及び実践における重大な創造と発展を成し遂げている。しかし、「知るは易く、行うは難し」の諺通り、我々が第18期四中全会の成果と習近平法治思想を時宜に法治中国建設の成果へと転化させられるか否かは、偏に我々が弛まず法治の夢を追求し続けられるかどうかにかかっている。科学技術の発明と創新は人類をして、如何に自然を制御すべきかを学ばしめたが、法律の創制と実践は人類をして、如何にして自らをコントロールすべきかを学ばしめた。「敷政優優、百禄是遒」（政は実に豊かにして調和に満ち、多くの幸福が集う）〔『詩経・商頌・長發』〕と詩経に謳われている通り、全面的な「依法治国」は億万の人民の共通の願いであり、全党及び全国人民のコンセンサスを凝集したものである。中国共産党は、中国人民が法治の道を歩み、必ずや数千年の往復循環の盛衰交代の「歴史の周期律」を抜け出す案内をするものである。法治の道とは即ち小康社会の全面的な建設へと通じる大道であり、又中国の夢を実現する重要な保障でもあるのである。

　我々中国人は今、正に法治を尊び、法治を忠実に守り信じ、法治を励行する新時代へと向かっている。道は長く険しくとも、目標は既に定まっており、前途は明るく希望に満ちているのである。

目次

前書き  3

# 第一章　法治の一般原理 ……………………………………… 9

- 一、法律体系から法治体系へ  10
- 二、法治とは何か  20
- 三、法治の有する目的性  26
- 四、法治建設の壮大なる青写真  34
- 五、改革開放40年の法治方略の発展と変化  40
- 六、「五大体系」建設の全面的推進  47
- 七、二つの「三位一体」建設の強力な推進  58
- 八、「依法治国」と国家統治体系の現代化  65
- 九、法治、即ち良法と善治  74
- 十、法治は一種のライフスタイル  92
- 十一、「依法治国」と「依憲治国」  100
- 十二、法治建設は「上から下へ」も「下から上へ」も必要  105

# 第二章　「依法執政」（法に基づく執政）………………… 113

- 十三、「依法治国」と「依法執政」  114
- 十四、従厳なる治党と依法治権  125
- 十五、合憲性審査によって公権力に対する制約機能の構築  133

# 第三章　良法の制定 ……………………………………… 139

- 十六、科学的な立法が立法の質を確保する鍵  140
- 十七、立法は憲法の精神に合致すべし  144

# 第四章　依法行政（法に基づく行政）………………… 151

- 十八、「依法治国」と法治政府の建設  152

十九、権力の職権内訳一覧による公権の規範化　165
二十、私権が発達するほど公権が規範化される　170

## 第五章　**公正なる司法** ……………………………………… 181

二十一、司法機関の独立した職権行使の保障　182
二十二、誤って釈放しても、間違った判決を出すな　186
二十三、巡回裁判所制度の積極的な模索　191
二十四、司法公開の深化による明るい司法の構築　197
二十五、理に適った判決文解釈による公正性の促進　204
二十六、裁判官の選抜は、なるべく法律プロフェショナル集団から　208
二十七、裁判官・検察官職業保障制度の着実な実行　211

## 第六章　**法治社会の建設** ……………………………………… 215

二十八、法治社会建設推進の加速　216
二十九、「法禁ぜずば可なり」は個人の自由の保障　222
三十、「依法治国」には規則意識を強化すべし　231
三十一、法治と徳治　238
三十二、万民が法を信じることが法治の基礎　246
三十三、契約精神と法治社会　256

## 第七章　**法学教育** ……………………………………………… 267

三十四、法治思考とは何か　268
三十五、法治と法律専門家　290
三十六、渉外法治人材育成の強化　296

# 第一章

## 法治の一般原理

党の18期第四回全体会議（四中全会と略称）は、「依法治国」（法に基づく国の統治）を全面的に推し進める根本的な戦略についての総合的な配置を行うと共に、その推進に当たっての総目標を掲げた。それが即ち社会主義法治体系の建設であり、社会主義法治国家の建設である。この総目標の提起は、「依法治国」の為の方向性を明らかにしたものである。四中全会決議は、中国共産党は「依法治国」についての共通認識が既にできていることを世の中の人に明確に示した。習近平法治思想は四中総会の決議を基礎に、更に一歩踏み込んだ形で、たとえ如何なる時代背景や歴史的時代であろうとも、法治は中国の特色ある社会主義を堅持・発展させる重大なテーマであり、基本戦略であると共に、中国共産党が「治国理政」（国を統治・管理すること）を行う上での基本方式である事を明確にした。中国の経済社会建設が偉大なる成果を収めている今日に在って、党が「依法治国」を新たな時代の任務の重点に定めたのは、国家・社会の長期的安定及び中華民族の長期的な利益に着眼した、遠見卓識を具えた戦略的配置であり、偉大なる社会主義事業の新たなページを切り拓くものである。

## 一、法律体系から法治体系へ

　法治とは、即ち法律に依拠して国を治め、政治を行う方式と状態を指す。社会主義法治体系という概念の提起は、党の法治理論における一つの重大な飛躍である。2011年3月、呉邦国委員長は、中国の特色ある社会主義法律体系が既に形成されるに至ったことは、中国が立法の面で全世界に注目される成果を収めた印しであり、中国が既に頼るべき法無き状況に終りを告げ、「依法治国」戦略が既に重大な段階的な成果を収めている事実を示すものであると宣言している。中国の特色ある社会主義法律体系の形成は、法治体系の実現に前提と基礎を提供しているとはいうものの、これは中国が既に法治体系を全面的に確立したことを意味するものでは決してな

い。中国の特色ある社会主義法律体系が形成されるに至った後、習近平総書記はこう提起している「中国の特色ある社会主義法治体系の建設」という目標を掲げると共に、「中国の特色ある社会主義法治体系を建設し、社会主義法治国家を建設することは、全面的な「依法治国」の総目標であり、中国の特色ある社会主義法治体系の建設もまた、全面的な「依法治国」の手がかりとなるポイントである」。

　法律体系から法治体系へと向かうには、法律の実施を全面的に推し進めることが必須である。法律の生命力は実施に在り、法律の権威性も実施に在る。社会主義法体系が形成された後における我々の当面の任務は、「紙上の法律」を如何にして「行動の伴う法律」に変え、既存の法律の実際的効果を如何にして最大限発揮させるかということである。四中全会と習近平法治思想が法律体系から法治体系へと向かうよう求めるその所以は、法律体系というものは立法という次元の問題を強調するのみで、法律の実施及びその実効性を強調するものではないが故に、法律体系が効果的に実施されて初めて法治体系が出来上がるのである。従って、法治体系は法律体系に比べて、その内包は更に豊富で、立法を含むのみならず、「科学的な立法、厳格な法の執行、公正な司法、全人民の法律遵守」といった内容をも含めた法の執行、司法、法の遵守、法の監督等というダイナミックなプロセスを強調するものである。こうした点から、「法治体系」と「法律体系」とを比較するに、文字一つの違いであるとはいえども、これは中国共産党の「治国理政」方式の重大な変化を顕著に示すものである。それと同時に、法治国家方策の為に更に新たな目標と更に高い要求を提起したものでもあり、中国の「依法治国」の青写真が既に新たな段階に突入したことを示したものであることが窺える。何故ならば、「依法治国」が多くの面に関連するものであるので、全局を見据えたうえ、それぞれの手がかりとなるポイントを押さえる必要があるからだ。それが即ち中国の特色ある社会主義法治体系を構築することである。法に基づく国の統治を全面的に推

し進めるには、手がかりとなるポイントを中心に置いて方策を立て、推進していかなければならないのである。

　法治体系を建設し、法治中国を建設するという総目標を達成させるべく、四中総会はその具体的な実施案とロードマップを作成したうえ、「五大体系」の構築を強調した。「五大体系」とは、完備した法律規範体系、高効率の法治実施体系、厳密な法治監督体系、有力な法治保障体系及び十全なる党内法規体系を指す。又、法治体系と法治中国の建設という総目標を達成させるべく、四中総会は「五つの堅持」、即ち中国共産党のリーダーシップの堅持、人民の主体的地位の堅持、法律の前での人間平等の堅持、「依法治国」と「以徳治国（徳を以って国を治める）」とを結びつけることの堅持、中国の実情から出発することの堅持を打ち出した。四中総会が打ち出した総目標と「五大体系」、「五つの堅持」は中国共産党の「依法治国」理念の新時代における更なる深化と発展なのである。上述の目標を着実に達成するべく、四中全会は180余項目にわたる「依法治国」にとって重要な意味を持つ改革措置を打ち出すと共に、それらを「依法治国」総覧に組み入れたことは、法律の実施と執行をより一層突出した位置に据えたものであるのみならず、法治中国の建設及び法治体系の確立を推進する為のより明確なる目標及びロードマップであり、中国共産党が「依法治国」戦略を推進し、社会主義法治の道を歩む為に進むべき方向を明示したのである。

　法律体系から法治体系へと向かうには、「党のリーダーシップ」、「依法執政」と「社会主義法治」との間の関係を明確にする必要がある。「党のリーダーシップ」は中国の特色ある社会主義の最も本質的特徴であり、社会主義法治の最も根本の保証である。四中総会は、社会主義法治には「党のリーダーシップ」を堅持することが必須で、「党のリーダーシップ」は社会主義法治を拠り所とすべきであるとし、「党のリーダーシップ」と「社会主義法治」の一体性を強調した。国際及び国内の環境が益々複雑化

していく中、改革開放と社会主義現代化建設の任務が繁多で重くなればなるほど、法治思考と法治手段を運用しつつ中国共産党の執政の地位を強固ならしめ、執政方式を改善し且つその能力を高めることで、人民のより良い生活及び党・国家の長期的安定を確保すべきである。これらのことは歴史の経験からも繰り返し証明されている。「党のリーダーシップ」の堅持は、中国の社会主義法治の道の根本的特徴であると共に、西洋諸国の法治との違いもそこにある。法治体系建設の鍵は「党のリーダーシップ」の堅持に在ると共に、党の科学的且つ効果的な「依法執政」に在る。その意味からして、法治体系建設の核心的任務こそ「依法執政」なのである。「依法執政」には、憲法と法律に依拠した「治国理政」が求められ、又党内法規に基づく党の管理と統制が求められる。党が立法をリードし、法の執行を保証し、司法を支持し、先頭に立って法を遵守してこそ、初めて法治体系建設の秩序立った推進も確保されるのである。

　法律体系から法治体系へと向かうには、完備された法律規範体系を確立することで、良法をもって善治を維持する必要がある。古人は「善き法を天下に立てれば、則ち天下は治まり、善き法を一国に立てれば、則ちその国は治まる」〔王安石『周公』〕と説き、法治を励行すべくして、良き法を先行させようとした。又「小智は事を治め、中智は人を治め、大智は法を立てる」〔習近平「中国共産党第18期四中全会第二回会議講話」2014.10.23〕との言葉通り、法律は治国の重器であり、良法は善治の前提であり、良法善治は法治の精髄に合致するものなのである。良法とは何か？　良法は法律の道徳次元における善良性を指すものではなくして、価値、内容、体系、機能等の面における優良性であり、内容的には人民大衆の根本利益と切なる要求を反映し、公平と正義の要求に合致し、個人の基本的権利を擁護し、社会発展の法則を反映した法律であって然るべきである。それには、重点分野の立法（例えば、民法典の速やかな編纂）を強化し、法律体系を十全なものにすることの更なる推進が必要となり、また科

学立法、民主立法を通じて、立法の質を不断に向上せしめ、立法体制とメカニズムを改善し、健全な立法機関が主導し且つ社会の各方面が秩序立って立法のプロセスと方式に参与する様にする必要がある。立法のリードと推進の役割を発揮させるには、法律の一つ一つを入念に作り上げ、法律規範体系を構築せねばならない。「大道は簡単明瞭であり、法律は簡明であることを尊ぶ」との諺通り、法律は必ずしも多きに越したことは無いとは限らない。『フランス民法典』の父ポルタリス（Jean-Étienne-Marie Portalis）は、今から二世紀前に「無用の法律は制定すべきに非ず。それらは真に有用なる法律を台無しにしてしまうからだ」と後世の立法者を誡めた。そして老子も「法令が増えれば増えるほど、盗賊も多くなる」〔『老子・道徳経』〕と説いている。このことは、立法は多ければ多い程好いというのでは決してなく、繁雑でありながら実用的でない法律は多くの立法資源を無駄にするだけでなく、一部の法律を骨抜きにし、法の権威と人々の法律に対する信仰に影響を及ぼす可能性があることを物語っている。四中総会が打ち出した完備された法律規範体系の構築は、良法を立て、善治を求めることに重きを置いたものであり、法治体系構築の為の基礎と前提を提供するものである。

　法律体系から法治体系へと向かうには、「依法治国」、「依法執政」、「依法行政」の共同推進を堅持し、三者が相互に作用し且つ相互に促し合うようにしなければならない。「依法治国」は国家を「治理」（統治・管理）する基本方策であり、「依法執政」は政権を握る党の基本執政の方式であり、「依法行政」は政府の行政権運用の基本原則である。「依法治国」とは、先ず以って憲法に依拠しつつ国を治めることであり、「依法執政」の肝心は憲法に基づく執政である。憲法は国家根本法の形式を以って党及び国家の基本任務、基本原則、重大方針、重要政策を確立させている。憲法は国家統治の基本構造と基本メカニズムを確立する「治国安邦（国を統治し、安定させること）」の総規約であり、憲法に基づき国を治めることが国家統

治体系と統治能力現代化の根本保障なのである。国家統治能力の近代化には、第一に国家統治の法治化が求められる。法治は規則に基づく統治であり、手続きに基づく統治であり、権限制約に基づく統治であり、法に基づく自治であり、また健全なる権利保護機構を構え、あらゆる利益関係も整理でき、あらゆる矛盾をも効果的に解決することが可能である。「依法治理（法による統治と管理）」は、憲法と法律に照らして国家権力を合理的に配置し、制度設計を通じて各国家機関の間の相互監督・制約を実現することを求めるものであり、各国家機関が何れも憲法が賦与する所の職権に基づいて権力を行使すると共に、憲法の規定に基づいて公民の合法的権利を適切に保障することを求めるものである。如何なる組織も個人も、憲法と法律の上に君臨する事は出来得ず、如何なる権力も憲法と法律の制約を受け、誰人たりとも権力を以って法に代え、権力を以って法を抑えつけ、権力を以って法を廃することは許されない。指導者幹部は、法治思考と法治手段を運用しつつ改革を深化させ、発展を後押しし、矛盾を解消させ、安定を維持せねばならない。

　法律体系から法治体系へと向かうには、法治国家、法治政府、法治社会の一体的建設を堅持せねばならない。法治国家の建設は目標、法治政府の建設は鍵、法治社会の建設は基礎であり、三者は相互に関連し合い、促し合うものである。法治政府を建設するために、四中総会は、職権の執行は法律に基づくものでなければならないという原則を打ち出して政府権力を規範化した。四中全会の報告に照らせば、「依法行政（法に基づき政治を行う）」には法に基づき全面的に政府の職能を履行し、機構、職能、権限、手続き、責任の法制化を推進し、政府の職権内訳一覧開示制度を導入させる必要が有り、これが即ち政府の職権に対する法が定めた具体的線引きである。法治政府は必ず有限的政府であらねばならない。所謂有限とは即ち、政府は法律が許可し、法律が政府に授権したもの　を行うことしかできず、法律を越えて事を行うことは出来ないということである。法治政府を確立

させるには、政府の職能が法律によって確定され、「法が授けていない権力は行使し得ず」、「法律を抜きにした行政は有り得ぬ」ことが求められる。その一方で、法治社会の建設には、社会の成員全員が秩序立って法治建設の手続に参与し、「全ての民が法を信じ、法を守る」という社会的気風を打ち立て、社会の成員全員の法律に対する信奉を高めさせる必要が有る。四中総会は、法律の権威は人民の内なる擁護と真心の信頼を源とするものであると提起している。人民の権益は法律の保障を拠り所とし、法律の権威性は人民の擁護を拠り所とする。米国の法学者ハロルド・J・バーマン（Harold J. Berman）はかつて、「法律は信奉されるべきであり、さもなくば、それは名ばかりであるに等しいものである」と指摘した。法律を一種の信仰と看做してこそ、初めて社会主義の法治理念を打ち立て、規律と法を遵守し且つ法的ルートを用いて問題を解決するという良き習慣を養うよう公民を導き、真に法治精神を人々の心に深く根付かせることが可能となるのである。

　法律体系から法治体系へと向かうには、改革と法治との相互関係を正しく処理する必要が有る。法律が安定を求めるのに対して、改革は変化を求めるのであり、改革が「深海ゾーン」（難度が増した領域）という、より一層複雑で困難を極める段階に入れば、中国共産党が直面している改革、発展、安定の任務の重さ、そして矛盾、リスク、試練の多さも未曾有のものとなり、「依法治国」の党及び国家の仕事全般における地位が更に突出し、役割も更に重要となる。但し、各項の改革を全面的に深化させる措置の展開が法に基づいて行われるようにする事で、改革事業が法治の軌道上で推進されるのを確保する必要が有る。四中全会体制と司法権力運用のメカニズムは立法と改革の意思決定との連携を実現し、重大的な改革が法的根拠を持ち、立法が進んで改革と経済社会発展の需要に適応するよう提起している。従って、立法のトップ・レベル・デザインを重視する事で、立法が展望性を保持し、改革の為の余地を予め残しておくことを重視して然

るべきである。改革の需要を満たすには、立法に対して適切な改正・補充を進めることで、それを十全なものならしめる必要が有るのである。改革の要求に相応しからぬ法律、法規に対しては、適時に改正を施すか、もしくは廃止する必要が有る。又、改革の成果に対しては、立法を通じて確認と保障を与えるべきである。習近平は、「改革と法治は鳥の両翼、車の両輪の如きものである」と強調している。改革の過程に在っては、「政策先導」から「立法先導」へと転換して然るべきである。改革の全面的深化は法治の保障を必要とし、「依法治国」の全面的な推進も改革の深化を必要としているのである。

　法律体系から法治体系へと向かうには、司法管理体制と司法権力運用のメカニズムの健全化を図ることによって、司法行為を規範化し、司法の公正性を保障して然るべきである。司法は社会正義の最後の防御線であり、司法改革の目標とは即ち司法の公正性の確保である。四中総会は、公正性は法治の生命線であると提起している。人民大衆をして、司法案件の全てにおいて公平性と正義を実感せしめるようにするには、司法改革を深化させ、司法機関が法に基づき独立且つ公正に裁判権と検察権を行使することを適切に保障する必要が有る。四中総会は、指導者幹部の案件への干渉を禁止し、完全に法に基づき独立且つ公正に裁判権と検察権を行使する制度を確保し、指導者幹部の司法活動への干渉、具体的事件処理への介入の記録、通報及び責任追及の制度を確立することを提起している。。事件処理のクォリティーを確保するため、事件処理のクォリティーの終身責任制及び誤審責任倒査問責制（誤審事件についての追求と問責制度）を確立せねばならない。また、そうすると同時に、司法人員法定職責履行保護システム（司法に関係する者が法に定められた職務と責任を遂行するための保護システム）を健全化させる。近年来、中国は地域を跨ぐ経済交流活動が日増しに頻繁になっているが、地方保護主義から生じた司法の不統一と司法の不公正という問題も日を追う毎に関心の的となっている。これに鑑み、

四中総会は巡回法廷の設置、行政区画を跨いだ人民法院及び人民検察院の設立を提起したが、これらは何れも司法の公正性の保障に必要な措置である。

　法律体系から法治体系へと向かうには、厳密な法治監督体系を構築せねばならない。習近平は「監督無き権力は必然的に腐敗を招く。これは鉄則である」と指摘している。中国は既に権力機関、政党、司法機関、人民大衆、社会輿論等により組織されたものを含む系統だった一連の法的監督体系を確立し、共同で法の実施に対する監督の役割を演じているが、現行の監督体系には更なる十全化が待たれる。先ず初めに、憲法実施の監督システムを健全化し、全国人民代表大会とその常務委員会の憲法監督制度を十全化し、憲法解釈の手続きのメカニズムを健全化する必要が有る。次に、行政権力監督制度を健全化し、法治政府建設の為の盤石なる基礎を固めねばならない。法執行の主体である政府は、行政の法的執行行為を厳しく監督する必要が有る。四中総会の要求に基づき、法に基づく職権の行使に対する監督を強化し、職権内訳一覧開示制度の実施を着実に貫徹させ、法に基づく政策決定システムを健全化し、行政の政策決定の科学性及びコンプライアンスを保障すべきであり、又糾誤問責（誤りの是正と責任の追及）のメカニズムを健全化し、違法行政行為に対する処罰を強化すべきである。最後に、司法機関の司法の公正性を確保し、裁判権及び監督権を独立行使させるには、司法活動に対する監督を強化し、検察機関が監督権を行使する法律制度の健全化が必要である。

　法律体系から法治体系へと向かうには、社会主義の実行体制（人民代表大会や政府機関において立法活動に従事する者、行政機関において法執行に従事する者、司法機関において司法作業に従事するものを指す）を強化し、法律専門家による共同体を確立する必要がある。孟子が「法のみでは自ら効力を発せず（法を執行する人がいなければ意味ない）」と説いているように、最後は法執行者の厳格なる法執行に頼る事によって初めて法律

をして実効性を発揮せしめることが可能となるのである。四中総会は法治実行体制の確立を新たな高みに押し上げ、党に忠実で、国家に忠実で、人民に忠実で、法律に忠実な社会主義実行体制の確立を掲げると共に、法治専門グループ（立法、司法、法執行の関係者）の正規化、専業化、職業化を推進するよう求めたが、それらは何れも高素質の法治チームを確立させる為に定めた明確なる目標であると共に、法学教育の改革と発展の為の方向性を指し示したものでもある。近年来、中国の高等法学教育は急速な発展を遂げ、体系も不断に十全化し、中国の社会主義法治事業に多くの優秀な合格人材を培い育ててはいるものの、それはまだ法治中国建設の需要を完全に満たしているとは言えず、育成パターンが単一的で、学生が実践能力を欠き、高次元の法律人材が欠乏している等といった問題が存在している。高等法学教育は四中総会が打ち出した要求に照らし、改革をより一歩推し進め、十全なる中国の特色ある社会主義法学理論体系、学科体系、カリキュラム体系を作り上げ、中国の特色ある社会主義法治理念を教材に盛り込み且つ授業に採り入れ、法治創新の人材育成を突破口にして、人材育成の質を向上させることで、法学教育と法律の職業化及び専門化建設の良き連動を実現し、中国の特色ある法治体系を堅持する法治の人材と予備力を育成するべく努めねばならない。

「天下の事柄の難しさは立法に在るのではなく、法を実行せねばならぬことに在るのである」〔張居正著『請稽査章奏随事考成以修実政疏』〕。法治の構築はシステマチックプロジェクトである。法制度の確立は法治の構築の一部に過ぎないと位置づけすれば、法治体系の構築は法治の構築の全面的な実現を追求するものである。法律体系から法治体系へと向かうことは、法治建設における新たな歴史的時代を示すものであり、中国共産党は法律の実施とその効果をより一層重要視し、「依法治国」方策の実施の着実な推進を更に重要視するものである。要するに、法律体系から法治体系へと向かうことは、立法、法の執行、司法、法の遵守、法治文化、法教育

等の面において、健全且つ有機的で、ダイナミックな体系を作り上げることを意味しているのである。党の 18 期四中全会が「依法治国」方策実現の段取り及び具体的内容を全面企画したのであるからには、必ずや国家統治体系と統治能力の現代化を強力に推し進め、国家の長期的安定、社会の調和的発展、人民生活の幸福を実現するのであろう。

## 二、法治とは何か

「中国は何故法治体系と法治中国を建設すべきなのか」という重大な問いに正確かつ全面的に答えるには、先ず初めに法治の内包を確定せねばならない。何故ならば、これは多義的な概念であり、語義の取捨が不当であれば、直に方向性の誤りをもたらしかねないからである。歴史から見ると、法治「Rule of Law」という語彙は、13 世紀の英国において形成されたもので、著名司法官エドワード・コークは国王リチャード 2 世との論争の中で、「法律は国王」と論断しているが、これは実質上現代法治の基本的内包である法律至上に触れたものである。「法治」という語彙の他の西洋諸国における表現は微妙に違っていて、ドイツやフランスは均しく「法治国」（独語 Rechtsstaat；仏語 État de droit）であり、それは法治という言葉の秘めるものと略同じである。これと比較するに、中国の古代においても「以法治国」（法を以って国を治む）、「使法択人」（法に基づいて人材を選抜する）、「使法量功」（法や規則に基づいて業績を評価する）、「任法而治」（法に基づいて統治する）、「唯法而治」（法は国家統治の唯一の手段）等といった表現がなされてはいるものの、沈家本氏がその著書『新訳法規大全序』で述べている様に、この種の法制と現代法治とは、単に形式が似ているのみで、両者の「宗旨」即ち精神的コアの面における相違は覆い隠し様の無いものである。法家が説く所の法制とは、実は専制主義政治の道具なのであり、正に黄宗羲の述べている「然りといえども、其の所謂法な

る者、一家の法にして、天下の法には非ざるなり（そうは言っても、その法は家族の法であるが、天下の法ではない）」〔黄宗義著『明夷待訪録』〕との言葉通りである。故に、それの現代的意味における法治との間には本質的な相違が存在するのであり、従って厳格に言うならば、現代の法治理念は主に西洋に由来する[1]。そうは言っても、それで中国語のコンテクスト（言語環境）の下での法治もまた、中国の国情と現実の需要に適ったものでなくてはならないのである。

　法治とは、法の統治を指すものであり、それは法律に基づき国家と社会を管理・統治する方略及び状態のことである。法治は或る種の国を治める方略であり、上は国家の事務から、下は個人のプライベートな生活に至るまで、何れも法律を拠り所として然るべきであるが、その一方で、法治は或る種の国家統治の目標、即ち「依法治理」の良好な状態であり、結果でもある。古人の云う所の「天下大治」、「法とは治の端なり（法は治めるための基盤である）」〔荀子『君道篇第12』〕も「治」は社会状態という次元の意味をも含んでいるのである。ここで云う「治」は、法治の目的及び意義、即ち法治国家、法治政治、法治社会を建設し、国家の長期的安定、社会の安定した秩序、人民生活の幸福を実現することを強調するものである。「法治」と「人治」とは異なるもので、法治の本質は「法に基づく統治」であり、それには形式の上で「法に基づき物事を処理する」制度の仕組みとそれに関連する運営システムを具備していることが求められ、その実現の途上においては、「依拠すべき法が有り、法有らば必ず依拠し、法の執行は必ず厳格にして、法に違わば必ず追及される」ことが求められるのであり、その内包は主に「良き法」と「善き統治」を含むものであって、価値の次元においては、法律至上、権力の制約、権利の保護、手続きの公正さ、良法の治等といった法精神と価値原則を体現するものでなくてはならない。

　価値の次元で見る場合、法治の基本的内包は主に以下の幾つかの面を包

括するものと筆者は考える。

　一に、法律至上である。法律至上とは即ち法律を社会生活の最高行為準則として打ち立て、如何なる個人及び組織たりとも法律を超越する特権を享受し得ないものとすることであり、これは正にトーマス・フラーの言う所の「汝は未だかつて斯くも気高きものであったためしはない。法が汝の上に在るのだ」[2]という言葉の通りである。近代的な民主法治国家では法律は基本的に国民の根本的な利益を反映している。中国は「主権は国民に在り」を原則とし、法律至上を堅守することは国民の意思、国民の利益を至上とすることになる。これとは逆に、もしも法律至上の観念を欠き、個人もしくは組織が随意に法律の外で戦略や方策を決めたり行動したりするならば、それは根本的に国民の意志と利益に反することとなってしまう。

　二に、良法の治である。古代ギリシャの哲学者アリストテレスは、「法治は、既に成立している法律が普遍的服従を得、万人が服従する所の法律もまたそれ自体が良好に制定された法律でなくてはならないという二重の意味を含んで然るべきである」[3]と述べている。これは、法律の価値の上での正当性を論じた最も古い主張である。学理上において、かつて「法律を遵守することは、悪法であっても亦た然りである」[4]との見解が存在したが、それは主に法律の権威性及びその普遍適用性の法律の実施に対する意義を強調したものであり、良法の重要性を否定したものでは決してない。法治は法に基づく「治理」であるからには、良法であったればこそ、初めて最大限に民衆の合意が得られ、最大限に法治の効力を発揮することが出来得るのである。良法は最も広範な大衆の意志と利益を反映すると共に、公平・正義の要求に合致し、社会の発展法則を反映するものでなくてはならない。良法は人々の行為の自由に対する不合理な制限をなるだけ減らし、人々の自主的な意思決定と生活の空間を広げるものでなくてはならない。法律は治国の重器であり、良法は善治の前提であって、法治とは本質からして良法の治を求めるものである。「良」とは道徳次元の善良であるのみ

ならず、価値及び機能の次元の優良でもあり、良法であってこそ、初めて最大限に民衆の合意が得られると共に、着実に遵守されるのである。

　三に、人権保障である。人権とは、人が人として享受すべき権利を指し、それは人の社会及び国家における基本的地位を反映するものである。マルクス主義の観点に基づけば、人間の本質は「その現実性において」は「一切の社会関係の総和」[5]であり、それは経済関係、政治関係、文化関係及びその他の社会関係をも含むものであるが故に、人権は人間の全ての社会関係及び社会的領域における地位と権利の「総和」なのであって、それには社会的権利、経済的権利、文化的権利、政治的権利及び人身の権利も含まれる〔董雲虎著『世界人権総覧』、30頁。成都、四川人民出版社、1991〕。人権保障は法治の内容において法律が果たして良法であるか否かを判断する基準であり、又法治の最も基本的な価値目標でもある。もしも法律が人権保障の内容を欠くものであるならば、たとえ法が有ったとしても、悪法の治である可能性がある。中国に在っては、人権は人間の最も基本的な権利の集合であり、人民大衆の根本的な利益と意志を体現するものである。法治社会構築の究極の目的は個人の福利の実現であり、故に法治も必然的に人権擁護をその重要な内容として然るべきなのである。人権の保障は個人の自由と尊厳を擁護するのみならず、政府の侵害を有効的に防止し得るものであるが故に、公権の規範化は法治が含む所の内在的意味でもあるのである。中国の『憲法』は人権の尊重と保障を基本原則として確認を加えると共に、現代の法治の精神を充分に体現しているのである。

　四に、「依法行政」（法に基づく政治を行うこと）である。法治社会に在っては、最高且つ最終的な支配力は政府の権力ではなくして、法律であり、政府はそれ故に法に基づく政治を行わねばならない。一つの成熟した法治社会は、法律を通じて庶民を制約するだけではなく、役人をも制約することで、効果的に公権力を牽制せねばならない。政府の公権力、特に行政権は、具体的社会生活に直に焦点を合わせ、人民大衆の利益と最も密接

な連繋を有するものである。政府の有する行政権は強制性、単一方向性、自発性、拡張性等といった特徴を持つものであり、一旦制約を失えば、弱者側である公民の合法的権益を由々しく脅かし、ひいては損害を与え、社会の調和と秩序を乱しかねない。「依法行政」は法に基づき職責を履行する事を政府に求めるものであり、とどのつまりは公権力を法律の枠組みに入れて、人民をして有効的に政府を監督せしめ、最大限に公権力の運用の伴う副作用を阻止或いは減少させる事で、公権力の行使をして、最終的に国家と人民に幸福をもたらすようにせしめるのである。

　五に、司法の公正である。「法のみでは自ら効力を発するに足らず」と古人孟子も説いている様に、法律は実践の中で厳格に適用されて初めてその効力を発揮できるものでなくてはならず、さもなくば、如何に素晴らしい法律であろうとも、形だけのものでしかなくなってしまいかねず、これには「紙の上の法」(Law inBook) を「行動の中の法」(Law in Action) へと転化させる必要が有る。しかして、法律の正しい適用は、司法の公正無くしては為し得ない。現代市場経済においては、平等な主体の間の紛争解決には、協商、調停、談判、仲裁等複数のメカニズムが存在する。しかし、紛争解決の権威性及び終局性から見るに、独立かつ中立の、公的権力を有する司法機関による紛糾の解決がベストの選択である事は疑うべくもないことであり、その機関が即ち裁判所である。言うなれば、法治は法律の至高無上と良き法に基づく統治のみならず、公正な司法活動によって貫徹実施されるべきである事を意味するのである。公正な司法は、勧善懲悪と法治の宣揚に在るのみならず、同時に民衆に対する法規を遵守するという法治観念の教化であり、経済活動の当事者に対する効率的且つ秩序の有る合法的な取引を行うための規制でもあるのである。司法の公正は固より司法の独立と権威の保障を必要とし、結果に公正性を表すことが求められ、また処理の手続きにおいても公正さが求められる。即ち、手続きに基づいて行われ、法が定めた、公開で、公正なる社会の各種の利益の衝突を解決

する一揃いの手続きを必要とする。

　更に指摘すべきは、西洋の学者の観点に基づくと、法治には形式的意義と実質的意義の区別、もしくは「薄次元」(Thin)と「厚次元」(Thick)と称される区別が存在し、前者はロン・フラー（Lon Lovius Fuller）の云う所の一般性、公開性、予見性、明確性、一致性、可適用性、安定性及び強制性であり、後者は法律の価値及び実体的正義を強調し、とりわけ政治の民主制度との繋がりを強調するものである[6]。一部の中国問題研究の外国学者は、中国の法治は或る意味での「薄次元」の法治である[7]としているが、筆者はこの種の観点は不当であると考える。中国の法治は西洋の法治の単なる複製ではなくして、社会主義基本経済制度と政治制度を基礎とし、中国共産党のリーダーシップを堅持し、社会主義政治制度の特徴と優越性を堅持した、中国の国情及び当面の基本経済と社会状況の需要を満たしたものであるが故に、完全に西洋の基準を用いて中国の法治実践の成否を判断することは出来得ないのである。その一方で、中国の実施する所の社会主義制度と法治国家実現の目標とは一致するものであり、社会主義制度とは即ち人民の民主的権利を充分に保障し、人民の国家政治及び法律制定に参与する権利を擁護すると共に、公民の全てに認められた法律の下で法に基づき国家を管理・統治し、国家の公権力を規範化し、人民の利益を保障するということは、法治の内包と完全に一致するものである。それ故に、中国政治的コンテクスト（言語環境）下における法治は「薄次元」の法治では決してないのである。中国の法治の更なる発展と十全化が待たれ、それが中国の法律家のこの先における共通の奮闘目標であることは無論言うまでもない。「法を奉ずる者強ければ、則ち国強し（即ち、法を守ることが国の強さにつながる）」〔『韓非子・有度』〕との言葉通り、法治の励行は人民大衆の共通の意志を体現し、人民のコンセンサスを凝集したものである。中国においては、法治は偉大なる社会実践であり、又一種の崇高なる社会的理想でもあり、それは法治社会実現の為に絶えず追求し

且つ努力するよう我々を励ますものである。極めて長きに亙って、法律は未だ社会統治の基本的パターンとして完全なる「至上」的地位を得るには至っておらず、この事が社会生活における無秩序現象をもたらしてもいる。「人治」から「法治」への転換は、中国の歴史発展における進歩の必然的趨勢なのであり、国家の長期的安定と人民生活の幸福を実現する根本保障でもあるのである。

## 三、法治の有する目的性

　法治は、法律に基づいて「治理」（統治・管理）を行う社会状態であり、人類社会が追求する所の良好にして安定的な社会秩序である。従って、法治はそれ自体が目的であり、単なる手段に止まるものではない。中国数千年の文明史においては、法家の伝統と儒家の伝統とを問わず、何れも法律を特定の目標を実現させる手段であり、道具であると看做していた。ただ、法家が法律に富国強兵の役割が具わっているのを強調したのに対して、儒家は「礼法合一（道徳や礼儀の教育を法治と並行して治国する。儒家のこの考え方は古代中国の治国理念の一つとなった）」を強調し、とりわけ法律に具わる倫理的秩序を維持する功能をより重んじた。近代以来、特に「五四」運動以降、「徳氏」（民主）と「賽氏」（科学）が至高・無上なる目標とされはしたものの、法治が知識人と社会大衆の共に認める理想及び目標となるまでには至らず、当時の情況からすると、人々は法治の理念を受け入れることこそ出来てはいたものの、大半はそれを国家の貧弱さを変え、民主、富強、自由、平等等といった目標を実現する道具とし、民主正当性の観念の下、人民の意志に最高権威が賦与され、「正当性」が普遍的に「科学性」に取って代わられてしまったが為に、法律至上の観念は確立し難く、法治の言葉は終始弱弱しいものでしかなかった。

　新中国成立以来、中国の法制建設は大いなる成果を収めはしたものの、

険しい紆余曲折のプロセスを経て来た。十年にわたった「文化大革命」は、共和国法制の基礎を破壊し尽くし、無数の所謂「群衆組織」が恣意に逮捕、家宅捜索、尋問、拷問を行い、「冤獄が国中に蔓延り、悪党が喜び合う」、人民は多大な苦難を被った。改革開放以来、法制建設は新たな発展の契機を迎え、「文化大革命」の痛ましい教訓に対する反省を基に、党の第11期中全会議は混乱を鎮めて正常に戻すべく、人民の民主を保障する為には、法治を強化し、民主を制度化し且つ法律化すべきであると提起した。党の15大は「依法治国」を党の人民をリードし国家を統治する基本戦略に定め、偉大なる歴史的成果を収めた。1999年の憲法改正時には、「中華人民共和国は『依法治国』を実行し、社会主義法治国家を築くものである」と明文化したが、これは事実上「依法治国」を憲法原則及び治国戦略へと高めたものである。この種の観念上の変化は、「法治国家」が既に国家建設の為の目標として確立されたのであり、単に法治を一種の道具としたものではないことをはっきりと示している。

　14大の「報告」が「小康社会の建設」を提起してより18大が「全面的な小康社会の建設」を打ち出すに至るまでのこの変化は、それ自体が中国の民主法治建設に対する認識の深化を示すものである。仮に若し、「小康社会」を一種の社会経済次元における現代化であるとのみ理解するならば、「全面的な小康社会の建設」は既に経済次元の現代化に止まるものではなくして、社会文化建設、民主法治建設等といった各種の人民の幸福及び福祉増進にとって有利な目標をも含めた経済次元を超えた多元化の現代化建設ということになる。強調しておかねばならないのは、小康社会とは事実上社会の安定、整然なる秩序という内容を含むものである事である。「康とは安なり」〔『爾雅・釋詁』〕、「是の故に謀は閉じて興らず、盗窃乱賊は作らず。故に外戸を閉じず、是を大同と謂う（人々が争いごとを避け、盗みや犯罪を犯さないようにするために、外戸を閉じずに共同体を築すことが大切だ）」〔『大道之行也』〕との言葉通り、「全面的な小康社会の建設」

の「全面」の二字は、小康社会が経済の次元を超越した内容を持つものであることを充分に物語っているのである。「小康」とは物質的な豊かさや経済上の富裕さを指すのみならず、社会の整然と秩序立った統治、安定した和睦的な社会環境、保障された権利の自由、充分に実現された社会正義等といった内容を含むものであり、こうした目標が法治の目標であることは明らかである。要するに、法治は小康社会建設の手段であるに止まらず、それ自体が小康社会の建設という偉大なる目標の標題に具わっていて然るべき意義なのである。

　我々が法治は目的であるとするのは、即ち法治を良好なる社会統治の結果ならしめるということである。法治の英語は「rule of law」、即ち「依法治理」のある種の社会状態を強調し、法の社会統治における核心的地位を強調するものである[8]。「rule of law」は「rule by law」とは異なり、後者は法を用いて治めることを指し、それは法を一種の社会統治の道具と看做すものであり、それが強調するのは人間が法を用いて治めることである。独語の「法治国」(Rechtssaat)、仏語の「法治国」(l'etat de droit)は共に国家と法秩序との一体性を強調している。西洋言語中の法治は何れも法を国家統治の核心とし、それは社会統治の手段でもあれば、社会統治の目的でもあり、最終目的は「依法治理」という理想的社会状態の実現である。中国語においては、「治」と「乱」は相対的概念であり、古人は「治民無常、唯法為治」（意：民を治めるのに一定不変のやり方は無いが、法治は唯一の方法である）〔『韓非子・心度』〕と説いている。従って、中国語に在っては、「法治」は「天下大治」の内容を含むものであり、とりわけ法治を通して調和した秩序のある、人民が幸福で安泰な社会統治の目標を実現するものであり、安定で良好なる秩序が全ての人類社会の追求する共通の目標なのであって、法治もそれ故に人類が自身の安寧という期待に基づき必然的に追い求める目的でもあるのである。

　我々が「法治は目的なり」と言うのは、法治は国家及び社会の調和と安

定、秩序立った統治、長期的な安定を含むものであるからである。法治建設は、国家と社会にとっては或る種の基礎的意義を具えた制度配置である。「依法治国」は人類社会が現代文明に入った重要な印しであると共に、国家の統治体系及び統治能力の現代化の基本的特徴であることを人類の歴史経験が如実に物語っている。一国家が長期的な安定を実現するには、法治の励行が必須なのである。旧ソ連及び旧東欧社会主義国家の失敗の教訓は我々に、法治が為されなければ、特権横行や個人崇拝といった現象がいとも容易く現れ、最終的に社会主義事業が由々しき挫折に見舞われるとの警鐘を鳴らしている。法治無くしては、成功した社会主義など有り得ず、社会主義は法治と結び付いてこそ、はじめて国家の長期に互る安定と人民の生活の幸福の実現が可能となるのである。市場経済は本質的には法治経済であり、法治を通じて市場の活力を掻き立て、安全で秩序立ったビジネス環境を造り上げ、市場主体の合理的予期を保障して然るべきであり、これが市場経済の健全なる発展の前提であり、基礎でもある。法治は公権力の秩序の有る執行、プライベート生活での秩序の有る行動、万人が法を畏敬し、自戒心を持ち、調和した秩序のある社会を保障するものである。

　我々が法治は目的であると言うのは、法治は「公権の規範化及び私権の保障」という価値的目標を内に秘めているからである。先ず、現代の法治の核心的内容の一つが公権の規範化である。公権力には自ずと拡張的本質が具わっており、法に依って厳しく制御する必要がある。それ故に習近平同志は権力を「制度の枠組み」に閉じ込める必要が有ると指摘しているのである。公権力に対しては、「法に明文化された規定無くば為すべからず」、即ち公権力行使の権限と手順は、何れも法律の規定に基づき、厳しく制限されて然るべきである。公権力の行使のもたらす効果を予期可能にすることが保証されてこそ、人民の人身と財産と権益ははじめて然るべき保障を得られ、人民ははじめて十分な法治の保障の下での自由を享受することができるのである。次に、現代の法治のもう一つの核心的内容は、私権の保

障である。法律は万人の権利を平等に保護し、個人の自由を保障し、個人の人格の尊厳を擁護して然るべきであり、個人をして充分な安全感を得さしめてこそ、はじめて個人の創造精神を最大限に掻き立てることが可能となる。私権を保障するには、民法典等といった一連の法律を通じて個人の享受する所の人身権益及び財産権益を全面的に確認することを規範化する必要が有り、しかも私権の救済システムを系統的に規定することで、私権を全面的に保障すべきである。更に指摘すべきは、私権を保障するということは、個人の「私的自治」を尊重すべきことを意味しており、それは本質的には個人の自由と自主を尊重すること、即ち個人の現代社会統治における役割を存分に発揮させるということである。公権力が「法に明文化された規定無くば為すべからず」というのとは裏腹に、私権の行使は「法が禁じていない限りそれを為しても構わない」、即ち法律に個人が進入する領域に関する明文化された禁止規定のない限り、私法自治の原則に基づき、個人は均しく進入する権利を有する。このことは、国家統治のコスト節約に有利であり、しかも社会の活力を増強させ、個人の主体的な創造力を掻き立てるのに有利である。

　法治は目的であると言うのは、法治には人類の公平・正義を求める訴えが秘められているからである。古代ローマ人は「法とは乃ち公平・正義の術である」と言った。事実上、法治の保障を欠くならば、公平・正義は実現する術を持たない。公平・正義は法治と内在的一致性を具えたものであるが故に、公平・正義への追求は必然的に法治への追求へと向かうのである。法道具主義者からすれば、法律はあらゆる目的に奉仕する手段であるに過ぎないが、実際は、正義という目標の実現に力を注いでこそ、はじめて法治の然るべき目的を実現することができるのである。法律があるだけでは法治とは言えない。歴史上にも法に基づいた専制（独裁）なるものが存在した。法は正義的目的に奉仕することが可能であり、又非正義的目的に奉仕することも有り得る。もしも法が非正義的目的に奉仕するなら

ば、それは根本的に法治の内包に悖るものである[9]。従って、法律道具主義は事実上法治の目的性を蔑ろにしていることになる。正義は或る種特殊な価値追求であり、それは完全に物質的なものでもなければ、完全に精神的なものでもない、一種の社会の価値理念と理想状態なのである。良き法は正義を導き手とし、正義の追求を目標とする。公平・正義を追求するには、法に基づく統治を通じて、人民の権利と義務をして、適材適所の合理的な配分を得せしめ、公権に対しては規範と監督を施し、弱者に対しては特殊な配慮を示し、個人の人身と財産の権利に対しては充分な保障を行い、侵害された権利に対しては充分な救済を与えることで、あらゆる訴訟に関わる揉め事が公正で高効率の法的手順を通じて解決される様にする必要が有る。法治の真髄は正義の実現を追求する事に在り、それは正に「法律の実際的意義は全邦の人民が何れも正義と善徳の［永久］制度へと進むのを促すものでなくてはならない」[10]とのアリストテレスの言葉通りである。故に、正義の社会を築くには、法治が即ち当然に追求すべき目標となるのである。

　法治は目的であると言うのは、法治は一種の人間福祉を指向する生活方式であるからである。法治は一種の社会方式で、人民の福祉と広範な人民大衆の根本利益に関わるものであり、単に一種の道具と看做されて然るべきものではない。改革開放以来、僅か三十数年という短い期間において、我々は6.7億の人々を貧困から脱せしめ、その人口は全世界の同時期のそれの90％以上を占めるものであった。2021年、中国政府は絶対的貧困を無くすという歴史的任務を成し遂げ、一億近くの農村貧困人口が全面的に貧困から脱するところとなった。中国人民の生活水準は既に多大な向上を得るに至ったが、幸福な生活は多くの面から生まれ来るものであり、物質、健康、教育、安全及び秩序は何れも生活幸福の源泉である。基本である衣食の保障が満たされてより以降は、更に安定、秩序、公正といった社会生活の秩序が形成されねばならない。幸福と無事健康とは一つに繋がったも

ので、物質上の豊かさだけでは人民の無事健康を完全に実現させるものでは決してない。幸福で無事健康な生活は安全な環境、自由な空気、調和した秩序を必要とし、人々の全てが尊厳的に生活できるようでなければならない。何故ならば、たとえ人々の生活が裕福であったとしても、暗黒勢力が蔓延り、公権力が濫用されたなら、人民の生命財産は常に侵害され、正義が顕彰されることは無く、幸福で無事健康であるなど談ずることなどどうして出来得よう。故にアリストテレスは、法律は人間の理性の体現であり、法律に照らして生活することが幸福を得る根本保障なのであると述べた[11]。そしてアクィナスも又、人間は規則を離れて生活する事はできないが、規則正しい生活が美しく幸福な生活を意味しているのでは決してなく、美しく幸福な生活は多くのレベルにおいて規則そのものによって決まるのであり、法の正当性はそれが社会全体の幸福を追求することに在るのであるからには、法律は「諸々の社会全体の幸福に関する事項に対して合理的な配分を行うに外ならない」と指摘している。

　法治は目的であると言うのは、目標を定めてこそ、はじめて行動の指針と方向が持て、その目標の為に努力前進できるからである。それは宛も茫々たる大海原における航行さながらに、目的地という明確な手引きが必要であり、さもなくば、当て所無き漂流に過ぎなくなってしまう。法治も同じで、仮に若し法治を単に一種の他の社会へと発展する目標を実現させるための道具であると看做すならば、法治建設は恐らく短期的目標を追う傾向になりかねず、それによって社会の発展も又進むべき方向を見失ってしまうことになる。事実上、「依法治国」（法に基づく国の統治）という国家戦略を全面的に推進するなかで、一部の地方の党と政府の役人は、法治の重要性、とりわけ法治の社会経済発展のプロセスにおける重要性を認識していながらも、その一方で法治を単に普通の社会統治の道具に等しいものであるとして、それを社会経済発展実現の一手段であり、経済発展にとって護衛の役割を果たすに過ぎないものと看做している。彼等にして

みれば、当地の発展にとって不利であるならば、法律などそっちのけにし、必要な時に法律を高く持ち上げ、不必要な際には法律をほったらかしにし、甚だしきに至っては、抛り出しさえする。こうしたやり方は明らかに法治を一種の社会統治の手段或いは道具としているだけで、法治そのものが社会発展の目標であり、価値の追求であることを深く認識するには至ってはいない。実践における野蛮な立ち退き、暴力による法の執行、環境汚染、生態破壊等の問題は、何れも発展のため、GDPの為には法治など顧みず、規則を無視し、問題に出くわすと、恣意に「政策の弱点を悪用したり」、「違法行為をしたり」、「制限を受ける政策を避けて抜け道を図ったり」する。こうした認識の下においては、法治は単なる一種の道具やスローガンに過ぎず、その真の目標が我々から益々遠ざかって行ってしまうことになりかねない。それは正に習近平同志が「若しも法治建設には、若しもスローガンを叫んだり、空稽古をしたり、表面的なものに留まったりして、単に見せかけだけで、本腰を入れて仕事に取り込むのでないならば、短期間では左程大きな危害は現れずとも、一旦問題が取り返しのつかない所まで来てしまった時には、その悪しき結果は災難的なものとなってしまう」と指摘した通りである。

　法治は目的であると言うのは、法治は我々の理想であり、我々が追い求めるものであるからであって、法治を単に他の社会発展の目標を実現させる道具であると看做すならば、我々の未来は奮闘の方向を失うことになりかねない。世界の幾つかの国が、一度は急速な発展を成し遂げはしたものの、順調に現代化国家の仲間入りを果たすことができずに中所得国の罠（middle income trap）に陥ってしまっているのは、大いにその法治が実行力に欠けることと密接に関係している。「万世を謀らざる者、一時を謀るに足らず」との諺の通り、中国に在っては、2020年に小康社会の目標を達成し、2049年に「中国の夢」を実現するとの目標は、さほど遠く懸け離れたものでは決してない。これらの目標を達成した後においても、

我々はやはり引き続き前進せねばならないのである。ユヴァル・ノア・ハラリ氏はその著書『サピエンス全史』の中で、人類社会の発展をこのように総括している。「人類社会は本より終着点のない、永遠の革命なのであり、常に絶えず変動し且つ発展している」。故に、我々は不断に新たなる目標を見出し且つ追求しつつ、人類の社会生活を変えることができるのである。よしんばポスト小康時代に至ろうとも、多くの素晴らしい社会生活目標なるものが、我々が絶えず発掘し且つ追い求めることを待ち望んでいる。法治の追求とは即ち倦まず弛まず社会の公平と正義を追求し、個人の基本的権利を擁護し、より一歩人格と尊厳と幸福を高めることなのである。人類の安全、正義、自由に対する追求は永久的なものであり、法治も又永遠に人類社会が弛まず追い求める目標なのである。

　法治の最終目的は人民の福祉を実現し、個人の幸福と安寧を実現する事であるといって然るべきである。「人民の福祉は最高の法律」であり、この意味においては、法治には道具的一面もある。カントの説に基づくと、人間は目的であって、手段ではないので、法治には当然ながら人間の目的性を保障する道具の役割が具わっている。ただ、このように言うのは、弁証的視点から法治と人民の福祉、法治と人間の関係を認識し、法治の人民福祉への服従という究極の目的を強調したものであるに過ぎない。その実、法治を抜きにしては人民福祉の実現など有り得ないという角度から見るならば、人民の福祉というこの究極の目的は当然ながら法治の目標をも含めたものである。党の18期四中総会は、全面的な「依法治国」という戦略方針を打ち出すと共に、法治体系と法治国家の建設を法治建設の総目標とし、この目標達成の路線図を設計した。これは事実上法律道具主義を根本から否定し、国家建設の角度から法治の目的を重ねて言明したものである。我々は、法治は目的性を具えたものであるとの観点を樹立し、社会主義法治の基本原則を堅持しつつ、「依法治国」の全面的な推進並びに社会主義法治国家の全面的な建設の為に弛まぬ努力をなして然るべきなのである。

## 四、法治建設の壮大なる青写真

　「法治興れば則ち国家興り、法治強ければ則ち国家強し」との言葉が示す通り、中国の法治の重要な特徴は、上から下へと一歩一歩法治建設を推し進めて行くことである。このプロセスにおいては、法治建設計画が導き手となり、中国の法治建設の方向を明確にすると共に、法治建設の為の明確な手引きを提供する。

　党の18期四中全会以来、党中央は全面的な「依法治国」に対して一連の重大な政策決定を行い、「依法治国」の全面的な推進に関する一連の新理念、新思想、新戦略を形成すると共に、特に法治建設計画に重きを置きつつ、全面的「依法治国」を「四つの全面的」戦略配置に組み入れた。

　一に、党の18大は全面的な「依法治国」の総目標を巡って、法治領域改革のトップダウン設計を強化し、180数項目に互る法治領域の重大改革措置を発表し、全面的な「依法治国」の総青写真、路線図及び施工図を作成した。「四つの全面的」戦略配置においては、全面的な「依法治国」、法治国家、法治政府、法治社会の一体化建設を共同で推し進め、全面的な小康社会の建設、全面的な改革の深化、全面的な厳重なる党管理の為の長期的且つ安定した制度保障を提供した。これは法治建設に対するトータルプランであり、法治建設事業の安定的発展を効果的に推し進める重要な礎である。

　二に、建党100周年において党中央が印刷配布した『法治中国建設プラン（2020—2025年）』は明確にこの先30年の法治中国建設の「三段階」の壮大な戦略を明確に打ち出すと共に、適切で実行に移し得る短期的目標、中期的目標及び長期的目標を掲げた。

　三に、『中華人民共和国国民経済・社会発展の第14回五カ年計画及び2035年長期目標綱要』（以下「14回5カ年計画」と略称）、『法治中国建設計画（2020—2025年）』、『法治社会建設実施綱要（2020—2025年）』等を

初めとする法治建設関連の重要計画を集中的に公布し、科学的立法、厳重な法執行、公正な司法、万民による法の遵守に関するトップダウン設計と重大配置を行い、法律規範体系、法治実施体系、法治監督体系、法治保障体系及び党内法規体系の構築を総合的に推進したことで、法治中国の建設はトータルプランの時代へと邁進し、法治建設の壮大な青写真が既に描かれたことになる。

　党及び国家は、全面的な「依法治国」の戦略を制定するのみならず、具体的且つ適切に実施可能な立法、法治政府建設及び司法改革に関するプランと綱要を定めた。例えば、立法機関が五か年立法プランを制定し、中共中央、国務院が2015年に『法治政府建設実施綱要（2015—2020年）』を頒布しているが、この綱要は即ち法治政府建設を巡って全面的に繰り広げたものであり、内容は極めて詳細かつ具体的である。又、最高人民法院は既に五つの「人民法院五カ年改革綱要」を頒布し、1999年から2023年に至るまでの裁判所改革の各措置に就いて全面的且つ系統的な配置を行ったが、これも中国の司法改革を有力に推し進めるものであった。国務院は法治政府建設プランを制定し、司法機関も司法改革綱要等を制定したが、これらのプランは何れも国家全体の全面的な「依法治国」プランの重要な構成部分であり、プランの全面性、具体性及び操作可能性、更にその持続可能性と可持続性を終始維持し続けられるという点においては、全世界でも稀に見るもので、西洋の民主国家と比べても、我々は法治建設プランの長期性と持続可能性をより一層重視するものであり、この一点からしても、中国モデルの優越性を体現していると言って良い。

　法治建設が科学的プランを必要とするその所以は、法治の内在的な科学性の然らしむる所のものである。「法は時代の変化に合うように治む」〔『韓非子・心度』〕とあるように、立法について云えば、社会の異なる時代的発展の需要に適応して然るべきであり、異なる時代の需要に基づき、時と歩みを共にしてこそ、良き法が立てられる。と同時に、異なる法律部

門はそれぞれに異なる制度的機能を発揮してはいるものの、それらは緊密な内的関係を持っているが故に、先ずどのような法律を制定するかは、社会発展の差し迫った需要によって決まるだけでなく、既に頒布されている法律及び法執行と司法の経験の制限を受ける。例えば、新中国の建国以来、1954年に四度に亙って民法典の制定が実施に移されたが、終始成功するに至らず、その重要な原因は市場経済が未だ成熟と発達に至ってはいない情況の下では、市場経済を規範化する優れた民法典など極めて生まれ難く、市場経済が基本的に成熟した情況の下において、はじめて民法典を編纂・頒布することが可能となるからである。

　習近平総書記は、科学的に計画することが最大の効果と利益であると指摘している。法治建設において、法治建設計画を制定することは以下の重要な意味を持つ。一に、法治建設の目標を明確にすることである。計画そのものが即ち一つの手引きなのである。古人が「凡そ事予なれば則ち立ち、不予なれば則ち廃す（何事も事前に計画しておけば成功し、そうでなければ失敗する）」と述べている通り、計画とは事実上の目標志向性のことである。現代社会に在っては、様々な市場の主体と社会団体の利益と目標が日増しに多元化しているが、それは中国社会全体の利益及び国家発展の長期的目標との一致を保っていることが必要であり、それには政府が計画を定めることによってバランスを取る必要がある。法治の角度から見るならば、目標「治理」のモデルとして、国家発展計画が果たして科学的であるか否かの鍵は目標体系の設計の科学性に在る。全面的な「依法治国」は一つの厖大な体系的プロジェクトとして、具体的な仕事の配置の面で統一的に計画して各方面に配慮し、重点を把握し、総体的に計画して然るべきであり、先ず初めにトップダウン設計を行って法治建設の目標を明確にすることによってはじめて法治建設を安定的に推し進めることが可能となる。計画は綿密であればあるほど、又科学性を具えていればいるほど、実行の可能性も大きくなる。二に、行動プランを明確にすることである。法治建

設計画から見る場合、それは長期的計画を含むものでもあれば、短期的計画を含むものでもある。長期的計画は事実上我々の法治建設の目標を明確にしており、全局的で、戦略的で、指導的な役割を発揮している。中期的計画とは即ち我々の法治建設の具体的な路線図であり、我々が段階的且つ順序的に法治建設を推し進める具体案である。短期及び中期のプランは我々の仕事の突破口を明確にすると共に、異なる段階における異なる目標を明確にし、仕事の鍵を確定することを可能にする。そして、短期及び中期のプランの合理性も法治中国建設の時代性、照準性、実効性を適切に強化させるのに有利である。この種の高所から下を見下ろすトップダウン設計は適切かつ実行可能なルートを持ち、法治中国建設の効果的推進に強力な保障を提供するものである。三に、仕事の重点を突出させることである。社会発展の異なる時期においては、社会の基本的矛盾も異なり、人民大衆の需要も同じであるとは限らない。従って、プランを通じて重点を突出させ、公共資源を合理的に分配し、資源配置の効率を確保することで、異なる社会発展段階の重点であり難点である問題を優先的に解決する必要がある。四に、中国法治建設プロセスの持続性と連続性を維持することである。法治建設プランを上手く制定し、青写真を描くことができれば、法治建設プロセスが人事異動により中断することが無くなる。と同時に、法治建設プランは法治建設のロードマップでもあり、プラン全体を異なる段階に区分けし、それぞれの段階で具体的な目標と任務を定め、完成すべき段階的作業を明確にすると共に、それ相応の評価や検査等といった指標システムを設置することで、プランの効果的な実行を保障することが可能になる。

　プランが制定された後は、適切にプランの要求に基づき、法治建設を着実に推し進める必要がある。プランは総青写真を確定するに過ぎないものであるが、更に具体的な施工図と路線図が必要であり、プランの下に更に具体的な任務分割が有って然るべきである。これら適切で実行可能路線図を如何に確定すればよいのか？法治建設するには、中国の経済・社会の発

展状況、法治建設の総体的プロセス、人民大衆の需要の変化等といった要素を全般的に考慮し、科学的且つ合理的に具体的な法治建設のプラントロードマップを作成する必要がある。先ず初めに、我々の法治建設プランの作成は、習近平法治思想を拠り所とし、党の全面的な「依法治国」に対するリーダーシップを堅持し、人民の主体的地位を堅持し、中国の特色ある社会主義法治の道を堅持し、中国の特色ある社会主義法治体系の建設を堅持し、「依法治国」、「依法執政」、「依法行政」の共同推進、法治国家、法治政府、法治社会の一体化建設を堅持せねばならない。次に、我々の法治建設計画の制定は実情を踏まえて、積極的に中國の改革開放プロセスにおいて出現するであろう新たな情況や問題に積極的に対処すると同時に、法治建設の経験を系統的に総括する必要がある。第三に、法治建設プランの制定は、中国の法治建設の異なる段階の特徴を積極的に反映するものであって然るべきである。例えば、中国が新時代に突入して以降、人民の物質生活の条件が大いに改善されると、人民大衆はより高水準の精神生活を追求し且つ更に尊厳的で体裁の良い生活を送ることを望み、人格の尊厳という面に対する要求もより一層強いものになるであろう。人民の日増しに強まる幸福で美しい生活への需要が、外在的な物質文化の需要を満たす事から同時に精神と心の需要をも満たすよう求めるものになるという変化は、財産権の充分な保障を求めるのみならず、人格的尊厳が尊重され、名誉、栄誉、プライバシー、個人情報等といった人格権が効果的な保護が得られることを期待する。従って、中国の民法典の編纂は、人格権に対する保障を突出させることで、現段階の法治建設の需要に適応せねばならない。「法は、天から下るに非ず、地より出ずるに非ず、人間に発し、人心に適ったものであるに過ぎない」との慎子の言葉通り、人民の主体的地位を体現し、人民大衆の需要を反映した法治建設プランであってこそ、はじめて科学的で合理的なプランなのである。

　世界の潮流は雄大で、これに順ずるものは昌え、逆らうものは亡びる。

法治は今日に至るまでの人類が認識し得るベストな社会統治方式であり、「依法治国」、社会の公平と正義の実現は人類が永遠に追い求めるものである。中国の特色ある社会主義法治体系及び法治国家の建設は、広範な人民大衆の共通の意志を体現し、広範な人民のコンセンサスを凝集したものである。しかしながら、「依法治国」の全面的な推進は、長期的で険しい戦略的任務であり、深く且つ重大なる社会変革でもある。法治建設に「大躍進」は不可能であるが、方向が正しくさえあるならば、道が遥かに遠いことを恐れる必要はない。科学的な法治建設プランの作成があってこそ、はじめて着実に我々の法治建設事業を推進され、一日も早く社会主義法治国家を築くことができるのである。

## 五、改革開放 40 年の法治方略の発展と変化

　2018 年は改革開放 40 周年の年である。過去の 40 年は経済が急速な発展を遂げた 40 年、社会が全面的に進歩した 40 年であり、更には法治が高速に発展した 40 年であった。中国の立法は僅か 40 年という短い時間に西洋が数百年かけて歩んできた道を歩むと同時に、改革開放と社会主義現代化建設の為に重要な後ろ盾の役割を果たした。改革開放 40 年の発展を経て、中国は既に世界第二の経済強国となり、人民大衆の物質文化の生活水準が大いに向上したが、立法の果たした役割はこの上なく大きい。それと同時に、司法体系が既に基本的に整い、司法の紛糾解決及び社会正義の擁護の最後の防御線としての機能も日増しに歴然と浮かび上がり、「依法行政」及び法治政府建設も長足の進歩を遂げた。法学教育は勢い良く発展し、当初は数える程だった法学院が 2018 年には 640 か所となり、法学を学ぶ在学生は 30 万を超えるに至っている。

　更に重要なのは、我々の法治理念に重大な改変が生じ、中国の特色ある社会主義法治建設が発展するにつれて不断に進歩し、法治方略に重大な変

化が起こったことである。改革のプロセスの中で、社会は絶えず変化し、我々は法治そのものに対しても又、新たでより深い認識を持つようになった。

### （一）法制から法治へと至る発展

改革開放の初期、我々の全ての法制建設目標は何れも「法制」を巡って繰り広げられ、その重点は「無法可依」（依拠すべき法が無い）及び「有法不依（法はあるが、守らない。同章では以降は注釈省略）の問題の解決であった。しかし、社会主義法制建設プロセスの推進に伴い、「法治」の概念が徐々に受け入れられ始め、1997年に党の15大が「依法治国」の戦略を打ち出し、1999年3月の第4次憲法改正は正式に「依法治国の社会主義法治国家の建設」を憲法の基本原則として確立させ、中国が「法制」建設から「法治」建設へと舵切をしたことを表明した。その実、この変化は僅か一文字を変えたに止まらず、それがもたらしたのは法治理念上の重大な差異である。法制は制度の次元での拠り所となる法が存在し、法有らば必ず従うということを強調しているに過ぎず、我々が果たしてどのような法を必要とし、そしてそれが良法であるかそれとも悪法なのか、又如何にして良法を以って善治を保たせるかということを指摘してはいない。とりわけ、法制は公権の規範化並びに私権の保障等といった現代法治の具えて然るべき価値を明らかに示すものではない。従って、「法制」から「法治」への転換は、我々の法治理念が絶えず深化していることを表しているだけでなく、我々の法治建設の規律性に対する認識もより一層全面化し且つ深化している事を物語っている。

### （二）「依法治国」から「依法治国」の全面的な推進へ

党の18大以来、習近平同志は「四つの全面的」という戦略思想を打ち出し、その中で、「依法治国」の全面的な推進を重要な戦略的配置へと押

し上げた。「依法治国」から「依法治国」の全面的な推進へというのは、、戦略目標の健全化に関する重要なことである。「全面」の二字は法治を系統立ったプロジェクトと看做して全局的な設計、全局的な配置、総体的な推進を行うことを表明している。立法、司法、法の執行、法の遵守等といった各方面から協調的に推進し、全面的に実行するのである。「依法治国」、「依法執政」、「依法行政」を共に推し進めることを堅持し、法治国家、法治政府、法治社会の一体化した建設を堅持する。全面的な「依法治国」は国家統治の基本的戦略なのである。そして、全面的な「依法治国」とは、法治体系と法治国家という総目標の実現を「四つの全面的」戦略配置の中に置いて把握し、全面的な「依法治国」とその他三つの「全面的」との関係を深く認識し、「四つの全面的」を互いに補完させ、促進させ合うことによって益々良い効果が上げられるよう努力することを意味している。「四つの全面的」戦略の配置の中で、全面的な「依法治国」を小康社会の全面的な建設、改革の全面的な深化、全面的な厳しい党管理の為に長期的且つ安定した制度保障を提供することになろう。

### (三) 法治建設16字方針から新たな16字方針へ

　党の第11期全国人民代表大会第第三回全体会議を召集するに当たっての中央工作会議の席上、鄧小平同志は、人民の民主を保障するには、法制を強化して民主を制度化し且つ法律化し、「有法可依」（依拠すべき法が有ること）、「有法必依」（法あれば必ず守らなければならない）、「執法必厳」（法の執行が厳格でなければならないこと）、「違法必究」（違法は必ず追及すること）を成し遂げねばならないと強調した。この段の談話は、健全な法制の基本的要求を正確且つ簡潔に16の文字で概括し、鄧小平同志の民主及び法制思想の基本精神を体現すると共に、中国の「依法治国」という基本戦略形成の為に基本となる理論的基礎を築くものであった。党の11期第三回全体会議は解放思想、実事求是の思想路線を確立し、同時

に「有法可依、有法必依、執法必厳、違法必究」の「16字方針」を打ち出し、改革開放における法治建設の為の前進の方向を明確にした。しかしながら、さすがに改革開放の初期だけに、法治建設の重点が「無法可依」と「有法不依」の問題の解決に置かれていたが為に、法治理念に対する深い認識などは問題外であった。社会主義法律体系が既に構築された後においては、法治建設は新たな歴史的時期に入り、我々の法治建設は「無法可依」の問題を解決する事のみに満足することは出来ず、正にこうした背景の下、党の18大が新たなる16文字からなる方針、即ち「科学立法（科学的な立法）、厳格執法（厳格な法の執行）、公正司法（公正な司法）、万民による法の遵守」を打ち出したのである。

新たな16字方針は、立法の次元における「有無」の問題の解決から「科学的」問題への転換であり、それ故に法治の基本精神のコアを正確に描写し、「依法治国」の基本内容を詳述し、「依法治国」方略の最終的提起の為の礎を築くものであった。

新たな16字方針の特徴は、以下の点にある。一に、法治の内容をより全面的に概括し、法律の制定から法律の実施へと至る全プロセスを包括すると共に、中国共産党の法治建設に対する認識の深化を体現したものであること。二に、新たな16字方針は良法をもって国を治という精神をも体現していること。三に、新たな16字方針が「司法」を法治の要素に組み入れることで、法治建設における司法の重要性を浮き彫りにすると共に、現代法治における司法の重要機能を反映していること。四に、新たな16字方針が「全民守法（万民による法律の遵守）」に対する要求を強調していることで、これは法治建設の社会的基礎を培い育てる上で充分に必要なものである。

### （四）法律体系から法治体系へ

2011年3月、第11期全国人民代表大会第四回全体会議は、中国の特色

ある社会主義法律体系が既に構築され、国家の経済建設、政治建設、文化建設等の面において既に「有法可依」が実現されるに至ったと厳かに宣言した。この事は、中国人民が「無法可依」の歴史を終結させ、国家の政治生活、経済生活が遵守すべき基本的な法律を具え、中国の立法が段階成果を収めたことを意味するものであるが、これは「依法治国」の全面的な推進が完了したことを意味するものでは決してなく、立法は更なる十全化が必要で、「有法不依」（法はあるが、守らない）、「執法不公」（法は執行されるが、公正ではない）の現象が依然として由々しく存在しており、更に法の執行、司法等の各方面で全面的に推し進める必要がある。故に党の18期四中総会が「中国の特色ある社会主義法体系の構築と社会主義法治国家の建設」を「依法治国」を全面的に推し進める総目標としたのである。「法律体系」から「法治体系」への転換は、中国共産党の法治建設の法則に対する認識のたえざる深化を体現したものなのである。

　法治体系は法律体系の基礎の上に形成された概念であり、この概念の提起は、中国共産党の「治国理政」（国の統治と政の管理）方式の重大な変化を明らかに示すものである。長年來、中国の法治建設の目標は社会主義法律体系の構築であった。法律体系に比べ、法治体系の内容はより全面的なもので、それは以下の面に表れている。一に、法治体系は法律体系をも包括するものであること。法律体系は主にスタティックな次元から立法状況を観察しようとするもので、解決されるのは「無法可依」という問題であり、法律の実施と実効性は強調されない。法治体系の内包はより豊富で、それは立法、法の執行、司法、法律監督等といった多くの次元から法治建設の現状に対するダイナミックな観察を行うものであり、法律体系が効果的な実施を得た後においてはじめて法治体系が形成される。そしてもう一つは、価値の次元におけるもので、法律体系が法治の有るべき価値を表現するものでは決してないのに対して、法治体系は人権の保障、公権の制約、公平・正義の擁護等といった基本的価値を包括するものであるという面で

ある。法治体系は民主や人権等の価値評価を含めた制度運用のプロセスを包括するものであり、その目標は国家統治の法治化と現代化の促進である。こうした点から、「法治体系」と「法律体系」とは僅か文字一つの違いであるとはいえども、中国共産党の法治の内包に対する認識の深化を反映したものであり、又「依法治国」戦略の為に更に新たな目標とより高い要求を掲げると共に、中国の「依法治国」の青写真が既に新たな段階へと突入したことを明らかに示すものでもあるのである。

### (五) 法治から「良法善治」(良き法に基づく善き統治) へ

改革開放以来、党と国家は法制建設を重要視し、法治を強調してきた。18期四中総会は古今東西のあらゆる法治建設パターンの再認識という基礎に立ちつつ、「法律は治国の重器であり、良法は善治の前提である」という重要な論壇を示したが、これは新たな時代の法治建設に努力すべき方向性を指し示したたげでなく、より重要な意義は、それが「法治には二重の意味が含まれている。まず、既に成立している法律が普遍的な服従を獲得している。そして、皆が服従する法律そのものは又立派に制定された良き法でなくてはならない」と。この言葉は、法治は、良法と善治の組み合わせによって、法治に内包されるものが完璧に構築されていることを言い表したのである。一に良法である。習近平同志は、全ての法律が皆国を治め得るものではなく、全ての法律が皆国を立派に治め得るものでもなく、この点は我々の過去の法治建設において認識されずにいたものであると指摘している。従って、法律の治のみ単純に強調するのでは、真の意味で法治建設の根本問題の解決にはならない。良き法 (Good law) は善治の前提であり、善治を実現するには、立法の先行を堅持し、立法の導きと推進の役割を発揮させる必要がある。二に、善治である。善治は「依法治理」、「協商共治を法治と並行して治国する」(協議して共同統治)、「社会共治」(管理の社会共同参加)、「礼法合治」(道徳や礼儀の教育を法治と並行して

治国する）等といった面を包括するものであり、それは国家・社会の「治理」の目標であり、又国家・社会の「治理」の方式でもある。

　四十年来、改革開放と法治建設は相互に作用し合い、付き添い合いながら歩んできた。改革開放の客観的需要が法律の制定及び法学の研究を後押ししているのであり、法治は改革開放という歴史的チャンスに乗じつつ全面的に展開されているのである。中国の社会経済建設の目覚ましい発展に伴い、民衆の法治社会に対する期待と追求は益々明確且つ切実になり、法治は次第に改革開放の成果を固め、改革開放を推し進める重要な保障と道標となったのである。改革開放という大船が風波をものともせず進む途上において、法治は持ち場を離れる事無く、護衛艦の役を演じ続けて来た。正にそれ故に、この四十年は中国経済飛躍の四十年であり、中国の法治発展の四十年でもあったのである。長年來、代々に亙って中華の子女たちが戦いに身を投じて来たのは、偏に法律や制度を変えて強国にならんが為であり、国家と民族の苦難の運命を変えんが為であって、苦しみながら法治の道を探求してきはしたものの、何れも成功しなかった。だが、今では中国の特色ある社会主義法律体系が既に形成され、法治政府建設が確かな足取りで推し進められ、司法体制が絶えず十全化され、社会全般の法治観念が明確に強まっており、この時代の我々は、如何なる時代よりも更に中華民族の偉大なる復興へと近付いているのである。

　この40年は「白駒隙を過ぐるが如し」で、歴史の大河に在って瞬時に消えゆく浪しぶきの様なものであったが、それは中国の民事立法の成果と輝き、栄光と夢を載せたものであった。中国改革開放四十年の勝ち取った偉大なる成果は、立法の導き、推進及び保障の作用と密接不可分のものである。今では、党の19大の報告は、中国の特色ある社会主義は新時代へ突入し、「中国社会の主な矛盾は既に人民の日増しに増える素晴らしい生活への需要とアンバランスで不十分な発展との間における矛盾へと転化している」新時代における人民の素晴らしい生活に対する追求は、よりハイ

レベルな物質生活を求めるものであるのみならず、ハイクオリティーな精神生活を求め、社会がより一層公平かつ正義で、より尊厳的且つ体裁の良い生活を享受し得ることを望むものである。正にそれ故に、党の19大報告は、人身権、財産権、人格権の保護を打ち出したのであるが、これは中国民法典の編纂に対してより高い要求を掲げるものである。民事を以って善治を促し且つ保つには、質の高い民法典を制定することによって、人民の幸福と民族の復興を図る必要がある。

　筆者は、一法学者として、このような偉大な変革時代に巡り合えた事に、時代から賦与された使命の重大さを深く実感するものである。筆者は個人として法治の発展と共に成長し、中国の法治が未熟から成熟へと至り、ばらばらなものから体系へと至り、微弱から強大へと至るのを目の当たりにしつつ、その発展で出遭った困難な道のりを嘆くと共に、自分が如何に幸運であるのかも嘆くもいたものであった。時代が私に大きな機会を与え、この発展の波に乗って自らが学んだことや知識を用いつ国家や社会に貢献し、社会主義の法治事業の為に微力を尽くすことが可能となったのである。社会的要素の変遷と私権体系の開放に基づき、私権体系の開放、法治事業の発展及び建設にはまだまだ遠く長い道のりが我々を待ち受けており、更に多くの修繕を経、更に多くの内容を載せ、更に多くの使命を為し遂げねばならず、筆者も初心を忘れず、畢生の力を傾けて、中国の法治事業の建設と発展の推進に努力して参る所存である。

## 六、「五大体系」建設の全面的推進

　社会主義法治体系と法治国家の建設は、党の第18期四中全会が定めた総目標である。秩序立てて着実にこの総目標に向かって進むには、明確な路線図が不可欠であり、これが即ち18期四中全会が強調する所の「五大体系」即ち完備した法律規範体系、高効率の法治実施体系、厳密な法治監

督体系、有力な法治保障体系及び十全なる党内法規体系の建設である。この路線図を深く理解するには、それらの内容に対して詳述を加える必要がある。

## （一）完備した法律規範体系の確立

　法治は単なる「法条（法律・条例）の治」ではなく、「良法の治」でなくてはならない。法治は「有法可依」即ち法律規範体系の健全なる完備が必要であるその一方で、法治は本質的に良法の治であり、それが必要とする所の法律規範は内容が揃っているだけでなく、質の良い、通常の所謂「良法善治（良き法に基づく善き統治）」でなくてはならない。仮に若し、「法律は治国の重器なり」と云うならば、良法が即ち善治の前提なのである。この事に対して、古人は早くから「善き法を天下に立てれば、則ち天下は治まり、善き法を一国に立てれば、則ちその国は治まる」（王安石『周公』）と認識していた。一言で要約すると、法治を励行するには、良法を先行させねばならないのである。18期四中全会も完備された法律体系を確立し、良法をもって善治を保たねばならないと提起している。2016年6月に至るまでに、中国は既に憲法および有効な法律250本を制定し、社会生活の基本という面では既に「有法可依」を実現している。中国の特色ある社会主義法律体系は既に基本的に形成され、憲法、民商法、刑法、行政法、社会法、訴訟法、国際法等の7つの法律部門と三つの次元の法律が基本的に整備されることで、社会生活の主な面を包括できるようになり、基本的に「有法可依」の問題は解決されるに至った。しかし、改革の絶えざる深化と市場経済の発展に伴い、法律規則体系は時と歩みを共にする必要がある。一部の法律、法規は未だ全面的に客観的法則と人民の願望を反映することが出来ず、的確性、実行可能性が強いとは決して言えず、立法作業において現れる部門化傾向や権力争い・責任転嫁といった現象が特に目立った。他にも、中国の幾つかの重要な基本法はまだ不健全で、補足と

十全化を必要としている。例えば、民法典は今猶公布されてはいないし、民事立法も未だ体系化が実現されていない。

　完備された法律規範体系の確立には、立法を強化させる必要が有る。一に、人民代表大会制度を十全化し、民主法治建設を推し進め、憲法監督制度を十全化し、憲法解釈の手順とシステムを健全化し、憲法解釈に関する手順をいち早く制定し、絶えず県郷人民代表大会の組織制度及び業務規定、代表選挙、代表的な仕事等に関連する法制度を十全化せねばならない。二に、公民の権利保障面の立法を強化し、社会全体の人権の尊重及び保障に対する意識を高め、公民権利救済のルート及び方式を健全化し、公民の人身権、財産権等をはじめとする諸権利が侵害を受けることの無いよう着実に保障せねばならない。これには、いち早く民法典を制定し、公民の民事権利を全面的に確認し且つ保障する必要がある。三に、民生面の立法を強化すべきである。目下、中国の社会方面の法律は 23 本があるのみで、法律体系全体における比例が比較的に小さく、多くの重要な社会保障関連の事務が依然として「無法可依」のままであり、養老保健や医療保険等といった基本的民生に関わる立法は強化されるべきで、社会発展の成果をより良く人民全体に行き渡らせるよう努力する必要がある。四に、生態文明（人間と自然は生命共同体、人類は自然を尊び、自然に順応し、自然を保護しなければならないという理念）に関する法律制度の構築と整備を加速すべきである。党の 18 期四中総会は、最も厳格な法律でもって生態環境を保護し、法律制度を通して不当な開発行為を制約し、グリーン、循環型、低炭素化型の発展を促し、生産者の環境保護に対する法的責任を強化させ、所有者の環境保護責任を明確にすると共に、違法行為に対する罰則を厳しくするべきことを提起した。自然資源財産権制度を絶えず健全化し、所有者の環境保護責任を明確にすると共に、具体的な法的責任の認定及び負担のシステムを明確にする必要がある。五に、インターネット、ハイテク発展の需要に適応し、インターネット分野の立法を強化し、ネットワーク情

報サービスとネットワーク安全保護、ネットワーク社会の管理等といった面の法律法規を十全化し、法に基づきネットワーク行為を規範化する必要がある。

　完備した法律規範体系を確立するその鍵は、立法の質を高め、真に法律の全てを良法ならしめ、役に立つ法たらしめることである。立法の質を高めるには、一に、理念の上で「以民為本（民衆本位）」、「立法為民（民衆のための立法）」の理念を厳守せねばならない。「民之所欲、法之所繋」（民の欲する所は、法の繋（かか）わる所）」との言葉通り、法律の起草は社会全体の利益を出発点とし、人民大衆の意志と利益を最大限に反映させることで、立法の一つ一つが憲法の精神と合致し、人民の意志を反映した、人民から擁護されるようにしなければならない。二に、終始公正・自由・平等等の社会主義の核心的価値観を導き手とすべきである。出来得る限り人々の行為の自由に対する不合理な制約を減らし、人々が自主的に意思決定を行い且つ生活する空間を広げるべきである。三に、立法体制を改善し、立法機関の主導、社会の各方面の秩序立った立法手順と方式への参与を健全化すべきである。特に、立法プロセスは部門化と地方化を取り去り、法律草案は立法機関が起草責任を負うようにすることで、部門立法の狭隘なる限界を乗り越えられるようにすべきである。部門間で争議の多い重要立法事項は、意思決定機関が第三者側の評価を取り入れ、各方面の意見を充分に聴き取る事で、立法が広範な人民の利益及び社会の公平と正義をより良く体現できるようにしなければならない。四に、科学立法、民主立法の方式を堅持し、学者・専門家を招聘して立法プロセスに参与させると共に、広く民意を募り、民智を集め、コンセンサスを凝集することで、法律が真の意味で人民大衆の根本利益を体現し、人民大衆の基本要求に応え、法律の先進性と有効性と実用性を実現するようにする必要がある。五に、立法プロセスにおいて立法項目の徴集と論証制度を十全化させることで、社会発展の法則及び法律発展の趨勢を正しく反映すると共に、中国的実践に立脚す

ると同時に、海外の先進的な立法経験を参考すべきである。

### (二) 効率的の法治実施体系の確立

法律の生命力は実施に在り、法律の権威も実施に在る。党の11期第三回全体会議のコミュニケが提起した「16字方針」の中には、「有法可依」以外に、「有法必依」、「執法必厳」は均しく法律の実施に関わるものであり、これは既に極めて正確に法治精神の核心に触れたものである。その後、1997年の党の15大が「依法治国」の方策を打ち出し、1999年3月の第4次憲法改正が正式に「依法治国」を憲法の基本原則として確立させたことは、中国が「法制」から「法治」へと転換したことを表明するものであるが、この転換を実現するために最も重要な作業は、真摯に法律を貫徹させ、法律の実施を強化することである。正に法治建設の経験に基づき、18期四中全会は「厳格執法（厳格な法の執行）、公正司法（公正な司法）」の法治実施体系を「依法治国」の核心的議題にしたのである。正に習近平同志が指摘した通り、法律有れども実施せず、棚上げにするか、或いは実施に最善を尽くさず、形骸化するのであっては、幾ら法律を制定したところで、何の役にも立たないのである。故に、全面的に「依法治国」を推し進めるその重点は、法律の厳格な実施を保証することであって然るべきなのである。

18四中全会の精神に照らし、高効率の法治実施体系を確立するには、以下のことを強化する必要がある。一に、憲法の実施を強化すべきこと。『憲法』の序文は、全国各民族の人民、一切の国家機関及び武装勢力、各政党及び各社会団体、各企業及び各事業団体の組織は、何れも憲法を根本的な活動の準則とすると共に、憲法の尊厳性を維持し、憲法の実施を保証する職責を担うものであると規定している。『憲法』第5条も、一切の憲法と法律に悖る行為は、必ず追及すべきものとすると規定している。しかしながら、様々な要素の影響により、『憲法』は三十数年来未だその効力

を完全に発揮できておらず、この事は既に中国の法治建設の要求に適応する術を持たないが故に、18四中全会は「『依法治国』を堅持するには、先ず『依憲治国』（憲法に基づく国の統治）を堅持すべきであり、『依法執政』（法に基づく政務の執行）を堅持するには、先ず憲法に基づく政務の執行を堅持すべきである」との高らかに響くスローガンを打ち出し、憲法の実施と監督制度を健全化せねばならないと指摘した。憲法の効果的な実施を通じるならば、国家権力交替の制度化、法律化を実現し得ると共に、公権力に対する効果的抑制を形成し、権力が制御の効かない馬と化して私権を損害するのを避けることができる。二に、厳格な法の執行を強化すること。政府は法の執行の主体であり、法執行領域に存在する「有法不依」、「執法不厳（法の執行が厳格ではない）」、「違法不究（違法行為を追及しない）」ひいては「以権圧法」（権力で法律の適用を排除）、「権銭交易（権力と金(カネ)との取引」）、「徇私枉法（私利のために法律を枉げる）」等の突出した問題は、庶民が極度に忌み嫌うものであり、全力投球で解決せねばならない。従って、18期四中全会は法治の軌道の上で作業を展開し、執法（法執行）体制を創新させ、法執行秩序を十全化し、綜合的な法執行を推し進め、法執行責任を厳しくし、権責統一且つ権威的で高効率な依法行政体制を築き、政経活動のファンクションサイエンスを確立し、権限・責任が法により定められ、法執行が厳格で、オープン且つ公正で、廉潔且つ高効率で、誠実に法を守る法治政府を一早く建設する必要がある。要するに、厳格に法を執行するには、「法立、有犯而必施；令出、唯行而不返」（法が成立すれば、それを犯すものは必ず処罰され、法令が出されれば、執行有るのみで、引き返す事はできない）が為されねばならないのである。三に、公正なる司法の実現である。法律が真の意味で効果を発揮できるか否かは、司法の独立性、権威性及び公正性によって大幅に決まる。司法機関は社会紛争の最終解決機関であり、社会正義を守る最後の防御線であるが故に、法治実施体系においては、司法が重要な地位に置かれる。その為に、司法

改革を推し進め、司法の効率を高め、司法の公正性を保障する必要があるのである。

### （三）厳密な法治監督体系の確立

中国は既に権力機関、政党、司法機関、人民大衆、社会輿論等から成り立っている一連の法律監督システムを構築し、共同で法治監督の役割を演じてはいるものの、種々の原因により、現行の監督システムにはまだ至らざる部分があり、腐敗現象が頻発するに至っている。最高人民検察院が2014年10月31日に開いた記者発表会でのブリーフィングによると、職務犯罪の件数が日増しに増え、事件に関係する金額が益々大きくなり調査処分事件の人数が上昇の一途を辿り、その中の元国家エネルギー局石炭局副局長魏鵬遠氏の家宅捜索で発見された現金は人民元換算で2億元余りで、新中国成立以来の検察機関による押収現金額最多の事件となった。当該事例は、権力が監督を欠けば欠くほど、腐敗が益々容易に起こるという事実を明らかに示している。これに就いて言うならば、中国の法治監督体系は更なる十全化が待たれるのである。

一に、憲法の実施と監督システムを健全化し、全国人民代表大会及びその常務委員会の憲法監督制度を十全化し、憲法解釈法のメカニズムを健全化しなければならない。中国においては、憲法は今猶直接的な司法適用性を具えてはおらず、裁判所は事件の裁判において直に憲法の条文を援用して事件を裁判することができない。憲法の功能は主にある種の指導的役割を体現し、その他の法律、法規の制定及び適用を規範化するものである。故に、憲法の指導的役割及び監督的役割を充分に発揮させ、法治監督体系をより一層十全化させるには、憲法の解釈制度を十全にし、全国人民代表大会及びその常務委員会の憲法監督制度を十全化させることで、適切に憲法解釈の手順メカニズムを健全化する必要がある。その為には、記録に載せ審査する制度を強化し、あらゆる規範文書を全国人民代表大会常務委員

会の記録審査範囲に組み入れ、行政法規、規約、地方性法規等といった規範文書をして、真の意味における憲法精神を体現せしめると共に、憲法違反の規範文書を撤回させたり、変更させたりする必要がある。

　二に、行政権力監督制度を健全化し、法治政府建設の基礎固めをせねばならない。「権力を有する人々が権力を行使する場合は、境界線に出くわす場所に至って初めて休止する……。事物の性質からすれば、権力の濫用を防ぐには、権力でもって権力を制約する必要がある」とのモンテスキューの言葉通り、法治の重要な功能は一連の権力制御システムを設けて権力に対する監督を強化し、権力の濫用を防ぐ事に在る。18期四中全会の要求に基づき、「法に基づく職権の履行」に対する監督を更に強め、政府の職権内訳一覧開示制度を定着させ、公衆の参与と専門家の諮問と政府の決定の三つを結合させた意思決定システムを確立し且つ十全化し、政府の意思決定に対する合法的審査をより一層強化する事で、行政の意思決定の科学性と合規性を保障しなければならない。重要な決定に対しては、終身追及と責任追及をせねばならず、錯誤の追及と是正システムを十全化し、政府の公権力行使は公開を原則とし、不公開を例外とすることで、自覚的に人民大衆の監督を受け入れるようにすべきである。法治を通して公権に対し制御を行うことは、制度設計を進め、政府部門の職能分担を明確にし、十全な行政職権配置、行政活動の過程、行政責任の引き受けに関する具体的な法律制度を確立する必要がある。一旦公権力機関が法定の権限範囲を越えたり、或いは法定の手続きに違反したりした場合は、法に基づき相応の責任を負わせるようにすべきである。

　三に、司法監督を強化し、司法機関が独立して裁判権及び監督権を行使するのを保障すること。公正は司法の生命線であり、司法官が法に基づき独立した裁判を行うというのは即ち司法が公正であることの重要な体現である。故に、検察機関が監督権を行使する法律制度、並びに司法院内部の行政管理制度の十全化を通じて外的要素の司法官の法に基づく独立裁判に

対する不当な影響を減らし、司法機関が法に基づき裁判権及び検察権を独立行使するのを保障すると共に、人民大衆がそれぞれの裁判事件において司法の公平と正義を感じることが出来る様にすることで、絶えず司法の権威性と信頼性を高める必要がある。

### (四) 有力な法治保障システムの確立

　有力な法治保障システムの確立は、系統的プロジェクトであり、制度、組織、経費、人員等の各方面の総体的な推進を必要とし、そうして初めて法治に対する適切な役割を果たすことが可能となる。「法のみでは自ら効力を発するに足らず」と孟子の説く通り、法律は最終的にはやはり人間によって実施されなければならず、それ故に才徳兼備の高素質の法治チームが必要であり、法治中国建設の為に堅実なる人材備蓄及び人材保障の提供が為されてこそ、はじめて法治中国という偉大なる目標も達成し得るのである。四中総会が法治チームの建設を新たな高みへと押し上げ、党と国家と人民と法律に忠実な社会主義法治チームを立ち上げるよう提起すると共に、法治専門チームの正規化、専業化、プロフェッショナル化を推し進めるよう求めたのは、何れも高素質な法治チーム確立の為に掲げた明確なる目標であり、長年に亙って法曹界が論争を続けて来た司法官のプロフェッショナル化及び平民化に関する争議に答えたものである。四中総会が打ち出した目標が司法及び法治建設のルールに適ったものであることは疑うべくもない。法治建設の推進に伴い、法治チームの業務水準と専業化に対する要求は益々高まる一方で、専業化した司法チームを立ち上げるべきであり、それは法治の発展した国・地域における普遍的要件なのである。

　専門化された法治人材の育成に際しては、法学教育が先導的かつ基礎的な役割を持つ。近年來、中国の高等法学教育は目覚ましい発展を遂げ、体系が絶えず十全化することで、中国の社会主義法治事業に多くの優秀な合格人材を培い育ててはいるものの、それは法治中国建設の需要を完全に満

たすまでには至っておらず、育成方式が単一的で、学生が実践力を欠き、高次元の法治創新人材が欠乏している等といった問題が存在している。それ故に、高等法学教育は四中総会が打ち出した要求に基づき、より一歩改革を推し進め、中国の特色ある、健全な社会主義法学の理論体系、学科体系、カリキュラム体系を作り上げ、中国の特色ある社会主義法治理念を教材や授業に盛り込むことで、法治創新人材の育成を突破口に、人材育成の質を向上させ、法学教育と法律のプロフェッショナル化及び専門化建設との良性な連動を実現することで、多くの法治人材を育成し、有力な法治保障体系を築く為に人材チームの基礎を提供する必要があるのである。

### （五）十全な党内法規体系の確立

　四中全会は党内法規体系を確立するよう提起した。所謂党内法規とは、中国共産党の中央組織及び中央紀律検査委員会、中央各部門と省、自治区、直轄市党委員会が制定した党組織の工作、活動及び党員の行為を規範化した党内規約制度の総称である。党内法規体系は法律体系と同じで、人民の意志の反映であり、中国共産党の「依法執政」の制度的基礎でもあり、国家統治能力現代化に必須の要素である。

　国には国の法律が有り、党には党内法規が有る様に、「依法治国」と「依法執政」は、憲法と法律に基づき国を治め、政を行うよう、又党内法規に基づき党を管理しかつ治めるよう党に求めるものである。但し、党内法規体系は法律規範体系とは異なるもので、党内法規と法律の主な違いは以下の数点に在る。一に、制定を行う主体が異なる。法律が立法機関に由り制定されたものであるのに対して、党内法規は党組織により制定されたものである。二に、適用範囲が異なる。党内法規は主に党員と党の組織の活動に適用されるものであり、一般に全ての公民には適用されないのに対して、法律は公民すべてに適用される。三に、効力が異なる。党内法規の効力は法律とは異なり、法律が国家強制力でもって実施が保障され、法律

違反は法的責任を負うものであるのに対して、党内法規の違反は、党組織の制裁及び処理を受けねばならない事に成る。当然ながら、党内法規に由々しく違反した行為は同時に法律の規定に違反するものである可能性があり、その場合は当事者が法的責任を負う必要も有り得る。四に、執行する主体が異なる。法律が司法機関及び法執行機関により法に定められた手順で執行されるのに対し、党内法規は党の紀律検査部門により執行される。五に、厳格さの度合いが異なる。党内法規が全ての党員及び党の組織の行動規準であるのに対し、法律は社会全体の成員に対する行動規準であり、党内法規が求める所の行為規準は法律よりも厳しいものである。当然ながら、党内法規の党員に対する処分や懲罰は、法律に規定の最低ラインを越えるものであってはならない。

　四中全会決議は、十全なる党内法規体系を確立し、それを「五大体系」の内容の一つとするよう提起した。それは「依法治国」の全面的な推進にとって重要な意義をもつものである。十全なる党内法規体系は、党を立派に統制・管理する上で基本規範的な役割を果たすものである。国を治めるには先ず党を治めるべきであり、党務を治めるには厳しく臨まねばならない。法規に基づき党を治めるには、内容が科学的で、手順が周到で、関係措置も完備されており、運行が有効的な党内法規制度体系を全面的に築き上げねばならない。憲法と法律は党の「依法執政」を保障する拠り所であるのに対して、党内法規は党を統制・管理する拠り所である。党がそれぞれの建設に従事するよう人民をリードするには、党員幹部が法治理念と法治的思惟でもって改革を深化させ、発展を後押しし、矛盾を解決し、安定を維持する必要があると同時に、党員幹部が「依法治国」を全面的に推進する重要な組織者、推進者、実践者になる必要があり、党員幹部が率先して法を遵守し、自ら身を以って範を示し、率先して行動することで、他者に示すことである。それには、完備された党内法規体系を通して、効果的にそれぞれの党員の行為を制約し、党員幹部をして法を遵守せしめ、法律

の範囲内で活動せしめる必要があり、それは党を統制・管理する上で、根本的な規範作用を発揮するものである。その一方で、十全なる党内法規体系は、法律規範体系と効果的に繋がり、国家の法律法規と党内法規制度とが相補完し合い、促進し合い且つ保障し合うという構造にとって有利である。何故ならば、党内法規は党の指導者幹部が率先して法を遵守するのを確保し、更に公権力に対して厳しい制約を為し、全ての党員が権力を以って法に代え、権力を以って法を圧し、権力でもって法を廃するのを効果的に防ぎ、法の前での人々の平等を保証することを可能にするからである。仮に若し党内法規が効果的に執行されるならば、法律法規の全面的実施を保障することができ、法治建設も順調に推進され得る。十全なる党内法規体系は、法律規定の不足を補う一助となる。法律が公民に対する基本要求であり、基本の行為原則であるのに対し、党内法規は党員に対して出される特殊要求であるが故に、先鋒隊である中国共産党の党員に対する要求はより厳格であって然るべきである。それ故に、党内法規は国家の法律よりも更に厳しいものである可能性があり、又一定の程度において法律規定の不足を補うことも出来得よう。

　「法が執行されれば国は安定し、法令が弛めば国は不穏になる」(『潜夫論・述赦』)とある様に、18期四中全会が提起した上述の「五大体系」は、中国の法治建設体系のロードマップでもあれば、法治建設の具体的任務でもある。「五大体系」の建設は、操作可能で、評価可能な法治建設を形作るのに有利な具体案であるが故に、「依法治国」を全面的に推進するその鍵は、この五つの面から着手し、四中総会が打ち出した総目標を適切に実行に移し、中国の法治建設の着実な前進を後押しすることである。

## 七、二つの「三位一体」建設の強力な推進

### （一）二つの「三位一体」建設を推進すべきなのは何故？

　二つの「三位一体」建設は、18 大以来中国共産党が法治建設に対して掲げた新たな目標及び任務である。党の 18 大は、法治は「治国理政」の基本方式であり、社会主義法治国家の建設を加速させるには、「依法治国」を全面的に推し進めねばならないと打ち出した。2012 年 12 月 4 日、習近平同志は現行憲法公布施行 30 周年記念大会の席上、初めて「依法治国」、「依法執政」、「依法行政」の共同推進を堅持し、法治国家、法治政府、法治社会を一体化させた建設を堅持すべきであると提起した。18 期第三回全体会議の『改革を全面的に深化させる幾つかの重大問題に関する決定』は、二つの「三位一体」建設をより一歩明確にし、四中全会は「依法治国」をテーマに、「依法治国」戦略の全面的な推進に対して綿密な配置を行い、社会主義法治体系及び法治国家建設の総目標を巡って、二つの「三位一体」建設、即ち「依法治国」、「依法執政」、「依法行政」の共同推進及び法治国家、法治政府、法治社会を一体化させた建設を堅持することを強調した。この二つの「三位一体」建設の提起は、中国共産党が「治国理政」の法則に対して更に深い認識を持つに至ったことを明らかに示すものである。

　二つの「三位一体」建設の提起は、「依法治国」に対して全体的な計画及び系統的な配置を行う、「依法治国」方略の全面的な推進という思想に合致するものである。法治はそれ自体が系統性を具えるものであり、法治建設は系統的プロジェクトでもある。二つの「三位一体」建設は、多くの次元から法治中国の建設に対して目標設計及び道筋の配分を行い、科学的で合理的な総合計画を練り上げた。二つの「三位一体」建設は、法治建設が一つの側面あるいは一つの角度からのみ実施されるのではなく、総体的に推進すべきものであることを意味しており、それは中国の改革開放以来

の法治建設経験の総括でもある。改革開放 30 数年来、中国の法治建設は重大な成果を収め、法律体系が既に形成され、「依法行政」が徐々に実施され、司法改革が着実に推進され、人権の保障が絶えず進歩し続けてはいるものの、法治建設の各レベルの協力が足りず、全体的なトップダウン設計及び系統的で全面的な配置を欠いているが故に、法治建設は大幅に効果的整合に欠けていることも法治建設の全体的効果に影響を及ぼしている。例えば、早くも 1993 年に党の 14 期第三回全体会議で採択された「中共中央の社会主義市場経済体制の幾つかの問題に関する決定」は、「各級政府は何れも法に基づき政を行い、法に基づき対処をすべきである」と提起している。これは党の正式文書における初の「依法行政」の提起であり、これより法治政府建設の推進が始まったのであるが、法治社会の概念は最近になって初めて明確に提起されたものであり、実践における法治社会建設が明らかに不足するという事態を招いてしまっている。中国は早くから市場経済体制を確立しはしたものの、相応の法治保障が不足しており、市場は依然として真の意味で資源配置において基礎的役割を発揮できずにいる。事実上、法治を欠いた市場経済というのは、十全な市場経済ではないのである。これ以外にも、法治社会建設と法治政府及び法治国家の建設との間に良好な連動のメカニズムが形成されていない事も、法治政府及び法治国家建設のプロセスに影響を与えている。

　二つの「三位一体」建設は、国家統治理念の重要な転換であり、中国の特色ある社会主義法治体系及び法治国家を建設し、「依法治国」を全面的に推し進める根本的な道筋である。新たな時期において、改革が「深海ゾーン（難度が増した領域）」に突入し、重大任務における厄介な問題、社会の対立の多発と蓄積、国際情勢の複雑化等に直面することで、法治建設の直面する所の情況は更に複雑になり、任務が更に困難なものになっており、仮にもし法治建設の総体的構想における調整と創新を行わないならば、法治建設が予め定めた目標を達成する術などないのである。故に、中

国共産党は情勢の変化に対応するべく、適時に方針戦略を調整し、二つの「三位一体」建設を通して法治建設を全面的に推進することを提起し、新たな時期の法治建設の為の総体的枠組みと指導的思想を確立させたのである。二つの「三位一体」建設は、党の治国理政経験の総括であり、中国の法治建設が精密化、規範化、民主化の発展段階に突入した段階における時代的任務であり、改革を深化させ、国家の統治体系及び統治能力の現代化を促す必然的要求なのである。

　二つの「三位一体」建設は人類社会の法治建設の経験及び教訓に対する理論的総括である。人類社会の経験は、凡そ成功した法治建設で、法治と本国或いは本地区の経済及び社会の現実と歴史的発展段階との結びつきを強調しなかったものは無く、それらは何れも全体的で系統的な案配を重要視し、法治建設を国家と社会の発展という大局の中に置いて計画している。一部の国や地域も法治改革を起動させてはいるものの、主に西洋の法治パターンを機械的に真似し、法治を本国の社会の実情と結び付けず、全体的に推し進めてはいないが為に、法治を本国内に根付かせることが出来ずにいる。これらの国・地域に在っては、部族勢力、無政府主義、マフィア組織（暴力団、反社会的勢力）、極端な宗教勢力等が絶えず法治の推進と発展を妨害している。こうした悪しき結果をもたらす要因は、それが形式的側面或いは制度的側面から西洋の法治経験を参考にしているのみで、国家、政府、社会の総体的次元から法治建設を推進していない事に在り、それ故に法治建設プロセスが経常的に国家、政府及び社会の側面からの影響を受けることによって停滞してしまっているのである。一部の国があれやこれやの罠に填り込んでしまっているその根本原因はやはり法治が不健全であることである。従って、中国共産党が二つの「三位一体」建設を打ち出したのは、人類社会の法治建設の経験と教訓という二つの面に対する深い総括であり、法治建設の法則に対する的確な把握なのである。

## (二) 法治国家、法治政府、法治社会の「三位一体」関係

法治国家、法治政府、法治社会の「三位一体」は、先ずもって三者が一つの統一体であることを意味している。所謂「統一」とは、先ずもって指導力の統一、つまり法治国家、法治政府、法治社会の建設を党の指導の下に統一させるものである。次に、目的の統一、つまり二つの「三位一体」建設を「依法治国」戦略の全面的な推進の上に統一させ、社会主義法治体系及び法治国家の総目標の上に統一させることである。二つの「三位一体」を大々的に推し進めることが総目標実現の具体的任務である。「『依法治国』、『依法執政』、『依法行政』の共同推進の堅持」は統治の次元から法治体系及び法治中国に対して行った概括であるのに対して、「法治国家、法治政府、法治社会の一体化建設」は統治の効果或いは状態という次元から法治体系及び法治中国の建設という総目標を概括したものである。最後に、段取りと役割の統一である。法治国家、法治政府、法治社会の「三位一体」建設は、三者の間に主要なものと副次的なものという関係が存在せず、協調的に推し進め、全面的に実現すべきであることを意味している。国家と社会を対立させてはならず、政府と社会を対立させてもならず、三つの異なる次元から共に推進して然るべきなのである。三者の間は、支持し合い、補充し合う関係でなくてはならない。単一側面の推進であっては、何れも総体的建設という目標に到達することが出来ず、カバーし得ない部分を残すことになる。異なる次元の役割の協同が有ってこそ、初めて国家、政府、社会の各方面の統治が法治化へと向かうのである。

## (三)「三位一体」建設を如何に効果的に推進していくか

一に、党のリーダーシップと法治建設との間の関係を上手く処理することである。党と法治との関係は、法治建設の核心的問題である。四中全会は、党のリーダーシップは「依法治国」の全面的な推進というテーマに存在して然るべきものであり、党のリーダーシップと社会主義の法治は一致

するものであり、社会主義の法治は党のリーダーシップを堅持すべきであり、党のリーダーシップは社会主義法治に依拠すべきであると提起している。党のリーダーシップと法治建設との間の関係を上手く処理すべく、四中全会は「三つの統一」、「四つの練達」を提起すると共に、系統的配置を行った。「依法治国」、「依法執政」、「依法行政」の「三位一体」建設に在っては、「依法執政」が鍵であり、「依法執政」は政権を担当している党がその一切の活動を法治の軌道に乗せ、各級の党組織及び党員幹部が法の定める手順に基づき、法の定める範囲内で活動すると共に、法律の監督を受け入れなければならないことを意味している。それ故に、党と政府との関係を上手く処理する必要がある。中国共産党は執政党として、党の政策、方針は必ず政府を通じて実施しかつ実現しなければならないのであるが、これは「党政不分（党と政府を区別しないこと）及び「以党代政」（党をもって政府に代えること）」を意味するものではない。従って、如何に効果的に党と政府との間の関係をはっきりさせ、党と政府の関係の法治化を実現するかという事も、法治建設の全面的な推進が成功するか否かの鍵となるのである。

　二に、政府と社会との関係を上手く処理しなければならない。長年来、我々が社会統治の面で採用して来たのは伝統的管理パターンで、この種のパターンは政府の社会に対する管理を強調するものであり、この種の管理は一般には一方的かつ強制的なもので、社会そのものが管理される対象となり、政府と社会との間の良性の意思疎通や連動を欠き、社会の自治空間が不足し、国家主義観念が横行し、「強い政府に弱い社会」という現象が極めて顕著であり、この事は社会的主体の社会統治における役割を発揮するのに不利である。実践の中で、環境汚染や食の安全等の領域の問題が頻発し、国家権力はてんてこ舞いで、社会の主体が効果的な参与をする術が無く、あらゆる力が効果的な協力を欠き、統治効果が全て望み通りにならなくなってしまっている。こうした状況を根本的に変えるには、管理か

ら統治へと転換し、政府と社会との連動、協力及び協調を強調することで、民間パワーを社会統治に参与するよう培い育てると共に、統治方式の上で統治主体との平等な交流及び協商的対話を重んじることによって、社会を共に管理するという良性メカニズムを形成しなければならない。

　政府と社会との間の関係を上手く処理するもう一つの重要な側面は、政府と市場との関係を上手く処理することである。当面は、計画経済時代の名残りである古びた思惟観念が未だ完全に除去されるには至っておらず、政府が随意に過度に市場に干与し、市場の調節手段を信用せず、行政手段に頼り過ぎるといった情況が依然として存在している。18期三中全会決議が既に統一的市場準入制度を実施し、ネガティヴ・リストを制定するという基礎の上においては、各種の市場主体は法に基づき平等にリスト以外の領域に入る事が可能であると提起している。それによると、中国は市場主体のアクセスという面で、ネガティヴ・リスト管理の実施を改革の突破口にし、それを改革深化の重要な内容としているのネガティヴ・リストの下においては、市場主体にとっては、「法が禁じていないものは即ち自由」で、政府にとっては、「法が権利を授与していない事はやってはならず」、「法が権利を授与していないものは即ち禁止である」を実行することとなる。これは必ずや市場の活力を存分に釈放し、経済分野の社会自治を育み、自生の良好な市場運行メカニズムが自然に形成されることになろう。但し、市場経済領域においてネガティヴ・リストを確立するのみでは不十分で、「公権力を制度の檻に閉じ込める（公権力が法制度による制限、制約を受けるようにする）」という指導的思想を出発点に、政府の職権が法によって定められるとの原則を明確にし、政府の職権内訳開示、責任リストを確立し、政府と市場との間の機能の境目を明確にし、政府と社会との間の良性の連動を形成する必要がある。

　三に、公権力と私権との間の関係を上手く処理することである。法治国家、法治政府、法治社会の一体化建設の核心は公権と私権との間の関係を

穏当に処理する事である。例えば、実践の現場に見られる「維穏（安定の維持）」と「維権（権利の維持）」との間の矛盾は、一部の地方政府と役人が公民の権利を保障する自発的意識に欠け、「維穏」と「維権」を対立させるという固定観念を反映するものである。一部の地方は単に高圧的「維穏」方式を用いて民衆の「依法維権（法に基づく権利の維持）」の正当性を度外視し、「越維越不穏（維持しようとすればするほど穏当でなくなる）」という結果をもたらしている。習近平同志は「『維権』は『維穏』の基礎であり、『維穏』の実質は『維権』である」と指摘しているが、これは実際に公権と私権の間の関係を的確に説明しており、「維権」とは即ち「維穏」であり、「維権」であって初めて「維穏」たりうるのである。18大は「人民の主体的地位を堅持」すべきであると強調したが、人民の合法的権利が確かであることが法治建設の重要な目標であり、人民の権利を充分に保障し得ない法治は、合格の法治ではないのである。「維穏」においては、人民の権利の訴えに正しく向き合うべきであり、正当な権利の主張を不安定要素と看做すのではなく、法に基づき権利の表現と権利の実行を正しく導く必要がある。「維穏」は手段あるいは任務であり、「維権」は根本あるいは目標なのである。「家和なれば万事興る」との諺通り、人民の権利が充分な保障を得られれば、社会は自ずと安定し繁栄するのである。従って、二つの「三位一体」建設を効果的に推し進め、総体的に「依法治国」戦略を推し進める事を強調し、公権と私権との間の関係を妥当に処理して然るべきである。

　二つの「三位一体」建設を効果的に推し進めるには、政府の有効な組織及び上から下の後押しが必要であるのみならず、法治の社会的基礎を培い育て、法治の良好な雰囲気と社会的土台を築く必要がある。「法は、天から下るに非ず、地より出ずるに非ず、人間に発し、人心に適ったものであるに過ぎない」と『慎子』が説いているように、法治建設は社会生活に根差したものであると共に、良好な社会的基礎を培うことを必要とする。こ

れには、上から下への法治生成メカニズムを重要視し、社会の自己管理と自己調整と自己十全化の法則を尊重し、社会そのものの秩序を法治化して二つの「三位一体」建設の効果的連動を形成し、「依法治国」を全面的に後押しする戦略的配置の実現が求められるのである。

## 八、「依法治国」と国家統治体系の現代化

18期三中全会は「中国の特色ある社会主義制度の十全化と発展、国家統治体系と統治能力の現代化の推進」を改革の全面的な深化の総目標としたが、この事は中国の「治国理政」理念の重大な変化を示すと共に、「依法治国」の国家統治体系における重要な役割を浮かび上がらせた。18期四中全会は「依法治国」をテーマに、社会主義法治体系及び法治国家の建設、「五大体系」建設及び二つの「三位一体」建設の推進を科学的な立法、厳格な法の執行、公正な司法、全人民による法の遵守、国家統治体系及び統治能力の現代化の具体的な道筋とした。習近平同志は、中国の特色ある社会主義法治体系を建設し、社会主義法治国家を建設することは、国家統治体系と統治能力現代化実現の必然的要求であると共に、改革を全面的に深化させる必然的要求でもあり、法治の軌道の上で国家統治体系及び統治能力近代化を推進するのに有利であり、改革を全面的に深化させるという全面的な枠組みの中で「依法治国」それぞれの仕事を全面的に推進し、法治の軌道の上で不断に改革を深化させるのに有利なものであると指摘している。これは、国家統治体系現代化の内容をより一歩深化させた、中国の治国理政理念の更なる深化と発展である。

「依法治国」は国家統治体系の近代化の重要な印しである。国家統治体系は党のリーダーシップの下で国家を管理する制度体系であり、経済、政治、文化、社会、生態文明及び党の建設といった各分野の体制、法律法規の案配をも含めた一連の緊密に繋がり、相互に協調し合う国家制度でもあ

る。当今の社会統治の発展の趨勢は正に単純な政府管理から「依法治理」へと向かっているが、このプロセスは実際には単に国家が主導した、上から下までという縦の規制の方式から多元的に連動し、横の参与、国家と社会の力を合わせた連動という方式へと転換したもので、その重要な表れが法治を基礎として築かれた規範体系及び権力運用体系である。習近平総書記は、国家の統治体系と統治能力は、国家制度と制度執行能力の集中的体現であると指摘している。「依法治国」は人類社会が現代文明へと進んだ重要な印しであり、法治実現の有無、そして法律を通じて社会生活を調整かつ規範化しているか否かが、国家統治体系が現代化を実現しているか否かの最も重要な印しである。

　法治は民主の重要なる保障である。国家統治は人民主体の統治であり、法律の規定に照らし、各種のルートや形式を通じ、国家の事務を管理し、経済・文化事業を管理し、社会的事務を管理するよう党が人民をリードするものである。国家統治体系の現代化は法律を通じて人民が選挙権、知る権利、参加権、表現権、監督権を所有するのを充分に保障し、法に基づき各種のルートや形式を通じて国家及び社会の事務を管理し、経済・文化事業を管理するよう幅広く人民を動員し且つ組織し、法治を通じて民主を推進し、法治を通じて民主を保障するものであり、健全な民主的意思決定のシステム及び手続を必要とし、問責及び誤りを是正する制度を確立し、根本的に権力行使が人民大衆の根本利益に適うものである事を保障する必要がある。法治から逸脱して民主を談じるならば、それが社会の混乱と無秩序をもたらすのは必至であり、真の意味での国家統治体系の現代化を実現するのは不可能である。

　法治は国家統治能力の近代化の具体的な現れである。国連グローバルガバナンス理事会は「統治」について次のように定義している。即ち「統治は各種の公的あるいは私的な個人及びその共同事務を管理するための様々な方式の総和であり、それは相互に衝突したり、異なったりする利益を調

和させ、連合行動を取るための持続的なプロセスである」。国家統治能力とは、国家の制度を運用して社会の各方面の事務を管理する能力のことであり、改革発展安定、内政外交国防、治党（党を統治する）、治国（国を統治する）、治軍（軍を統治する）等の各方面を含むものである。習近平同志は、「治理」と「管理」は一字違いに過ぎないが、体現しているのは系統的統治であり、法に基づいた統治であり、源からの統治であり、綜合的施策であると強調している。管理から統治への転換は、政府のキャラクターが過去の単なる管理者から統治の参与者へと転化した印しである。政府管理の方式・方法も大幅に変化し、それは最早一種の上から下への行政命令式ではなく、多種の統治方式に頼った全方位の綜合統治なのである。

人類社会の発展に伴い、人間の自主性や個体性も日を追う毎に強まり、価値判断が日増しに多元化し、利益関係が日増しに複雑化し、交易方式が多様化し、各種の繁雑な社会現象が次々と現れ、人口の大量かつ急劇なる流動といったものが社会統治を以前よりも困難なものにならしめ、元来の「人治社会」の管理パターンとこれらの需要が相容れ難くなっており、法治は現代社会の基本的統治パターンとなって然るべきである。法治が国家統治体系と統治能力現代化の重要な印しであり、体現であるその理由は以下の点に在る。

一に、法治は規則の治であること。法律の調整は実は規則の調整であり、規則には明確性、予期可能性、普遍適用性、公開性、非人格性等の特徴があり、規則の治は個人的好悪を取り除くのに有利で、指導者の意志を含む個人の意志によって変えられたりする事が無い。法律の形成と頒布は大勢の人の参与による結果であるが故に、立法の過程は大勢の人の長所を集めるものである。正にアリストテレスの言う通り、一人の人間は過ちを犯す可能性があるが、大勢の人が同時に過ちを犯すことは不可能であり、一人の人間は腐敗し得るが、大勢の人が同時に腐敗することは有り得ないのである。従って、一人の人間による統治に比べ、大勢の人による統治はより

科学的なのである。法治社会は規則の治であり、「普く明法を施し、天下を統治する」〔『史記・秦始皇本紀』〕のである。法律規則を公開するという方法によって、個人は安定した行為の予期を形成することが可能であり、その行為の法的結果を明確にせしめることができる。その結果として、行為に対して事前の手配を行うことが出来るのである。「最低基準として、法治は政府と人民をして、平等に法律の効果的な制約を受けさせる体制の確立を要求する。この種の体制に在っては、法律は予め定められた制度に基づいて制定され、しかも普遍的かつオープンなものでなければならない」[12] と同時に、法律の規則は相対的に安定したものであり、その起草及び制定のプロセスが極めて厳格なものであるが故に、変動が起き難いというのも安定した秩序の形成にとって有利である。以上の点から、規則の治には人治とは比べものにならない優れた点が具わっているのである。法治無くしては、社会は正常には運営され難く、統治体系の現代化など全くの問題外である。

　二に、法治は権力制御の統治であること。法治社会においては、最高かつ最終の支配力は政府の権力ではなくして法律であるが故に[13]、政府も必ず法に従って政治を行わなければならない。政府の擁する行政権は強制性、一方向性、能動性、拡張性等といった特徴を具えたものであるが故に、一旦制約が失われてしまえば、弱者である側の公民の合法的権益が由々しく脅威に晒されてしまうことにもなりかねないため、法的手段を通じて政府と公民の間の関係を調整して然るべきで、行政権が法律で授与された権限の範囲内で、法に定められた手順に基づき行使されることが求められる。相手方が公権力の侵害を被った場合、それ相応の救済を得ることが出来る[14]。それは、正に法治国家の本質即ち国家と人民の関係は法という形で位置づけ（決め）られているという事を体現するものである[15]。と同時に、公権力が法に基づき行使されるというのは、公権力そのものの廉潔性と高効率を保証し、社会資源の浪費を減少させるのにも有利である。

何故ならば、一旦公権力が制約を失ってしまったならば、それは公民個人の合法的権益を侵犯しかねないばかりか、公共資源や公共の利益をも侵犯し、しかもこれら公共資源に対する破壊という危害は個別的公民権益に対する損害を遥かに凌ぐ可能性があるからである。権力を制約する最も効果的な方法とは即ち規則を通じて権力を制御し、公権力を制度の籠に閉じ込める（公権力が法制度による制限、制約を受けるようにする）ことである。法治社会にあっては、如何なる政府の権力も全て法律により定められ、法に明文化された許可のないものは即禁止であり、公権力の内容、行使等は必ず法治の軌道に組み込まれて然るべきである。公権に対して制御を行うのは主に以下の内容を含むものでなくてはならない。一に、公権の範囲を法で定めること。権力の発生は法律を源とし、公権力発生の基礎と拠所は、憲法及び行政法の授権が源であり、公権力は境界無きものではなく、権力の境界を定める事は即ち公権力の範囲を確定する事である。二に、公権力の行使は合法で、公権力が社会生活に介入する範囲と程度（幅と度合い）もまた制約を受けて然るべきである。三に、公権力が牽制及び監督を受けること。習近平は「監督無き権力は必然的に腐敗を招くというのが鉄則である」と指摘している。従って、「依法治国」を全面的に推し進めるには、公権力の規範化及び制約を重点とすべきである。法治を通じて行政権の行使を規範化し、行政権の拡散を防止し、政府の職能を転換させて権力の営為を公開化、透明化、合法化するのである。国家統治の重点は法治政府を建設することであり、政府が率先して「依法行政」を行ってこそ、はじめて効果的に社会全体を「依法行事」へと動かすことで、国家をして、法律に基づき統治を行わしめ、統治手段の法治化、現代化を実現させることができるのである。

　三に、法治に健全なる権力維持のメカニズムが具わっていること。「私権の保障」は現代法治の核心的内容の一つであり、権利と法それ自体には自然な連繋が存在している。ローマ法の「Jus」とドイツ語の「Recht」、

フランス語の「Droit」は「法」と訳すことができれば、「権利」と称することもできる。権利と法は往々にして同一事物の二つの面であると考えられ、それは鏡の両面と同じで、法律の主な機能は権利の確認、権利の分配、権利の保障、権利の救済に在る。法律は権利の範囲を規定し、権利の実現それ自体も法律実現の重要な体現である。マルクスはこう述べている。「法典とは即ち人民の自由のバイブルであり」、「人が法律の為に存在するのではなくして、法律が人間の為に存在しているのである」[16]と。従って、健全な権力維持のメカニズムは法治の重要内容でもあるのである。法律が公民の諸権利を全面的に認めているのは、公民の自由と利益の境界線を定めると同時に、公民の権利行使の規則を定め、公民の権利を保障する事は、実は公民の法律の規定の下における自由を保障するものであり、権利が十分に実現されればされる程、個人の自由が明らかになるのである。個人の権利と自由の保障を通じて、法律の個人の安全を保障する価値も実現することにより、主体の活力が活性化され、人々の社会的富を創造する続々と途絶える事の無い原動力が形成されるのである。例えば、『物権法』と『民法典・物権篇』を通じて個人の物権を充分に保護してこそ、はじめて「恒産」（不動産）が形成されると共に、人々が富を創造する「根気」を具える様になるのである。その一方で、法律には健全な権利保障のメカニズムが具わっていて、公民をして、公権力機関をも含めた他者による不法侵害に対抗することを可能ならしめる。権利は個人が他者に対して主張する一種の利益であるだけでなく、国家機関や国家のあらゆる権力がその行使において遵守すべき際限でもある。フランスの諺に「救済は権利の先を行く」と有る通り、公民の権利が不法な侵害を受けた際、法律は有効的な救済を提供し得て然るべきである。健全な権益保護の機能と体制は社会統治に積極的に参与するよう公民を励ますのに有利である。特に指摘すべきは、個人の権利を充分に保障するということは、実際には最も広範な人民の利益を守ることなのである。健全な権益保護の機能と体制は最大限に

公民の権利を保障するのに有利であり、それ故に国家統治の目的をよりよく実現するのである。

　四に、法治は社会自治という内容も含んでいること。社会自治は人民大衆の一部の公共事務に対する自己管理、自己制約であり、それは末端民主の重要な表れである。例えば、不動産の区分所有者の区分所有者総会や区分所有者委員会を通じての各種の区分所有者事務に対する管理がそれである。社会自治と政府管理は何れも社会統治に属する基本形式であり、両者は互いに補完し合うものである。法治は社会自治と政府管理の間の関係を妥当に処理せねばならず、政府管理を過度に強調するあまり、社会自治を蔑ろにするようなことがあってはならない。当然ながら、法治背景下の社会自治は法に基づいた自治、即ち関連する社会組織と民間組織は法律の規定に基づき関連する事務を管理し、関連の法律関係の発生を決定するべきである。法に基づく自治は最も典型的に民法の貫徹する私的自治として体現され、契約や規約等の方式を通じて管理し、個人の自主及び自由意志を尊重し、個人のそのプライベート生活に対する自主決定と自己案配を尊重する。法に基づく自治は、個人の意志及び主体的地位を最大限に尊重し、社会の活力を掻き立て、効果的に政府管理の不足を補うのに有利である。

　五に、法治は手続きの管理であること。法治は手続きの管理でもある。如何なる権利も法的手続きを通じて保障されてこそ、はじめて意義を有するのであり、さもなくば、真の意味で実現され難い。権利が侵害された後、一旦当事者が争議を裁判所に提出するとなると、それは人々が一種合法的なルートを通じて正義の実現を探ることを意味している。独立・公正の第三者の裁判が存在するが故に、大きな意味において、司法機関は社会正義を守る最後の防御線なのである。又、手続きそのものに公正、正義の価値が具わっている。正当な手順（例えば、独立の第三者による裁判、回避手順、公聴手順、弁護手順等）は当事者をして、充分かつ理性的に訴えを表現することを可能ならしめ、当事者全てに弁護の機会を与え、更には最大

限に是非曲直を明らかにする事によって客観事実により近づこうとする目的に到達するのに有利である。正に所謂「真理は弁ずれば弁ずる程明らかになる」で、正当な手順は幅広くコンセンサスを凝集し、一方の言い分のみ聴いて信じるのを避けると共に、手順に参与する当事者に十分に意見を述べる機会を与えることができるのである。「誰人も不利な影響を受ける前に意見聴取されねばならない」というのが自然正義の根本要求であり、その目的は事件当事者が裁判の過程に参与し、自らの意志を表明する権利を保障することにある。これも又、個人のその行為に対する合理的な予期を保障し、意思決定の非理性と感情化を極力回避させ[17]、社会の秩序ある安定を実現するのに有利である。更には、司法手続を通じての紛争の解決は、前述の個人の意思決定で紛争を解決するプロセスにおける情報の非対称性、理性の有限性、個人的恣意の回避等といった弊害を極力除くことを可能にする。司法手続を行うプロセスにおいて、司法官は双方の意見を真剣に聴取せねばならない。これは司法官をして可能な限り事件の事実に関連する様々な情報を知らしめることで、司法官の任意的裁判の発生を回避することを可能ならしめる。手順の公開も又、密室での不正な操作（裏工作）を回避し、当事者の一方に対する依怙贔屓を防ぐことができる。一旦司法官と当事者の何れか片方に利害関係が存在したならば、法の定める手順に従って回避すべきであり、これが即ち司法裁判の独立性と公正性の保証することになる。また正当な手続きは更に当事者双方が救済を求めるのに必要なコストを効果的に下げると共に、当事者救済を求めるのに有効な技術的保障を提供することを可能にする。他にも、正当な手順は当事者各側が有効的に訴えを表現しかつ救済を求めるのに有利である。司法手順に基づき正義を求めるのは法治実現の必然的道筋なのである。

　六に、法治はソフトローガバナンス（統治）を重要視すること。現代社会に在っては、法律の内包は益々広範囲に及び、ハードローに限らず、ソフトローをも包括するものである。学者の観点に基づくと、ソフトローと

は「文書形式で定めた法的制約力は持たないが、幾つかの間接的な法律的影響を具え得る行為規則であり、これらの規則は実際の効果を生むのを目標とするか、もしくは実際の効果を生じ得るものである」[18]。例えば、村の規則、不動産所有者規約、業者協会規則、学者が立案する幾つかの示範法（最たる典型がローマの私法統一国際協会が制定した『國際商取引契約の一般原則』等）がそれである。ソフトローは多様性、融通性及び変動性等といった特徴を具えており、この事はハードローの遅延性等の不足を克服するのに有利で、しかも開放性、参与性、融通性等といった特徴を具えており、この事は談判や協議の障碍を減らしたり[19]、国家統治のコストを下げたり、統治効率を上げたりと、総体的に国家統治体系の科学性と正当性を高めるのに有利である。それ以外に、ソフトローガヴァナンスは、市民社会の育成や、国家統治と業界自治との良性的連動を実現する事による国家統治の現代化を絶えず推し進めるのに有利である。実践面からすると、紛争解決規範は多層性を具えたものであり、社会統治においては社会の自治、即ち公民あるいは社会組織が業種協会規則、村民規約及び業主規約等の方式で社会の多次元的統治を実現するのを奨励して然るべきである。例えば、インターネット管理においては、業界自治の役割を存分に発揮させ、業界規則や業界規約を制定する等といった方式で、インターネット業界の技術や管理等における優位性を発揮させるべきである。

　人民の福祉は最高の法律であり、一国家の統治体系の成否を握る鍵は、それが社会の公平と正義を保障し、人民の福祉を増進させるものであるか否かに在る。中国においては、党のリーダーシップ、人民が主人公としての地位、「依法治国」という三者の有効的統一を実現し、法治国家、法治政府、法治社会「三位一体」の建設を促すのは、何れも国家の富強、民族の振興、人民の幸福を実現せんが為である。法治は社会の長期的安定の根本保障である。法治が本質的に安定性と長期性を具えていることは、人々の行為の予期可能性を高めるのに有利であり、有効的に安定した社会秩序

を構築し、人間関係の調和を促し、社会発展の安定性と有秩序性を保障するものである。法律は人によって異なり、人によって廃されることが無い。法治を実行してこそ、はじめて国家の安定と社会の長期的安定が保障されるということを、歴史の経験が証明しているのである。

## 九、法治、即ち良法と善治

「法治」という理念は、古代ギリシャの哲学者アリストテレスにまで遡ることができる。その著書において、多数の人間の統治方式である「法治は一人の人間による治よりも優れているはずである」と言及されている。中国においては、法治という語彙は、最も古くは「先王が音楽を作ったのは、それを法治に用いる為である」と『礼記・楽記』に現れる。千百年来、人々の「法治」という語彙に対する解読は多種多様で、「条文之治」、「規則之治」、「良法之治」等が有るが、筆者個人としては、「良法善治」という解読により傾倒するものである。正にアリストテレスが「法治には二重の意味が含まれている。まず、既に成立している法律が普遍的な服従を獲得している。そして、皆が服従する法律そのものは又立派に制定された良き法でなくてはならない」と述べている通り、当面はこの種の内容を持つ法治が既に幅広く受け入れられている。この概念から出発すると、法治の内容は主に「良法」と「善治」の二つの面に概括することができる。

### （一）良法（Good Law）が法治の前提

「善き法を天下に立てれば、則ち天下は治まり、善き法を一国に立てれば、則ちその国は治まる」〔王安石『周公』〕との言葉通り、法治それ自体は「規則の治」であるだけでなく、「良法の治」でなくてはならず、「良」は道徳次元の善良であるのみならず、価値と機能の次元の良好でもある。良法とは何かに関しては、諸説紛々で、形式法治派が民主的手順に基づき

国民全体の一致と同意の得られた法律が即ち良法であるとするのに対し、実質法治派は民主の精神と公平・正義を体現し、人間の尊厳を守るものであってこそ、はじめて良法なのであり、反人間的かつ反人道的で、民意に反する法は良法とは呼べないとする。この二つ看方は何れも道理無きものではないが、一つの法律が良法であるか否かを判断する場合は、主に内容の角度から判断を下すべきである。学理上は、「法律を遵守することは、たとえ悪法であっても然りである」との言い分も存在するが、それは主に法律の権威性及び普遍適用性を強調したものであって、良法の重要性を否定するものではない。例えば、ナチス政府がその統治期間中に頒布した法律は、その大半が反人間的特徴を具えたものであり、それら悪法は法律では決してないが故に、ナチス戦犯の行為は法に基づく法の執行に属するものであることを以って抗弁することはでき得ないのである。

　法治の精神は基づく統治に在るのみならず、「良法」に基づく統治に在るのである。法治発展の歴史の経験は、単なる「法」に基づく統治では「善治」は実現し得ないことを如実に物語っている。正に習近平氏が、如何なる法も国を治め得るのではなく、如何なる法も国を立派に治め得るというのでもないと指摘した通りである。「善治」を実現するには、規則や論理体系の一致性と十全性の「形」を具備する以外に、法律の価値基盤も正当性と合理性の「精神」を具えていて然るべきであり、それ故に「精神」と「形」とを兼備した法こそが良法であり、そうであってこそ、はじめて真の意味での善治を実現できるのである。

　法治体系の建設においては、真っ先に良法を以って前提及び基礎とすることを強調しなければならない。確かに、法治は先ずもって「頼るべき法が存在する」べきであり、中国の特色のある社会主義法治体系を建設するには、立法の先行を堅持し、立法の導きと後押しの役割を発揮させなければならない。但し、依拠する法が有るというのは立法の速度と規模に対しての要求では決してなく、より重要なのは、立法の質に対する要求であ

る。「依法治国」戦略を全面的に推し進めるプロセスにおいては、立法は多きに越したことは無く、事の大小に関わらず均しく法律に組み入れて統治してこそ、はじめて「依法治国」は実現できるとする観点が存在している。その実、立法は多きに越したことは無いというのでは決してなく、繁雑でしかも非実用的な法律は、かかった巨額な費用を無駄にするだけでなく、一部の法律を形だけの骨抜きにしてしまう事で、法律の権威と民衆の法律に対する信仰に影響を及ぼしかねない。古人の「法令滋滋彰かにして盗賊多く有り（法律が完備すればするほど、法律の網の目を潜る悪智慧が発達し、犯罪者が多くなる）」〔『老子・道徳経』〕という言葉は、正にこの道理を反映したものである。現在、西洋の学者は既に社会の「過度な法律化」の問題を再認識し始めており、ユルゲン・ハーバーマス（Jürgen Habermas）はそれを「人類の生活世界に対する殖民化」と称している[21]。過多な法律は、人々をして、規範の選択を前にどうしてよいか分からなくさせてしまうだけでなく、司法官の法律適用も困難ならしめてしまう。従って、法律の鍵は多きに在るのではなく、良法の制定に在るのである。

　良法とは何か？アリストテレスの観点に基づけば、国全体の利益ではなく、一部の人間の利益に基づいて制定された法律は真の法律ではない[22]。つまり、良法は正義と善徳に合致した法律であって然るべきなのである。この点において、アリストテレスとプラトンの思想は基本的に一致しており、法律は道徳の規準に一致して然るべきであることを強調するものである。古典的自然法学派は、良法は自然法に適った法律であり、法律の効力は道徳に一致していることから来るものであるとする。古代ローマの法学者たちは、自然法は先験性を具えていて、それは主に一種の自然の法則を反映したものであるとする。自然法は実定法の準則及び拠所である。もしも実定法が自然法に適ったものでないならば、それは真の意味での法律ではなく、「不公正な法律は法律に属さない」（Lex iniusta non est lex）事になるのである。自然法と相矛盾する法律は事実上道徳的拘束力を失う。

その意味からすると、自然法は実際に実定法の正当性を検証する役割を果たすことになる。しかしながら、ジョン・オースティン（John Austin）、ハンス・ケルゼン（Hans Kelsen）、ハーバート・ハート（Herbert Hart）、ジェレミ・ベンサム（Jeremy Bentham）等を代表とする分析法学派は、倫理道徳の角度から法律を観察しながらも、法律の本質はそれがある種の普遍性の道徳的価値に一致することにあるのではなくして、それが社会の権威的機関により制定され且つ認可されたものであるということに在るとしており、それ故に「悪法も亦た法である」と主張した。こうして形式的法治観と実質的法治観との区別が形成されたのである。

18期四中全会決議に基づけば、良法は「民を根本とし、立法は民の為という理念を厳守し、社会主義の核心的価値観を貫徹すべきであり」、「憲法の精神に合致し、人民の意志を反映し、人民の擁護を得た」ものでなくてならない。所謂良法とは、法律の内容、形式及び価値の性質、特徴及び法則性に合致するものである。良法の規準は以下の三つの面に示される。法の内容面においては、対象そのものを調整する法則に適ったものであり、法の価値面においては、正義に適い、社会の成員の公共利益を促すものであり、法の形式においては、科学性を具えたものでなければならない〔李桂林著『論法的標準』、《法学評論》に収録、2000(2)〕。筆者は、良法は最も広範な人民大衆の意志と利益を反映し、公平と正義の要求に適った、個人の基本的権利を守り、社会発展の法則を反映して然るべきものであると考える。良法は公正、平等、自由、民主等といった社会主義の核心的価値観の要求に適ったものでなくてはならないのである。立法のプロセスにおいては、民を本と為し、民の為に法を立て、社会発展の客観的法則を反映するよう努め、最大限に人民大衆の意志と利益を反映することを堅持すべきである。具体的に言うならば、良法は少なくとも以下の規準に適ったものでなくてはならない。

一に、人民の意志と根本利益を反映したものであること。良法は地方の

利益や一部の部門、ひいては某利益集団の産物ではなくして、最も広範な人民大衆の利益と願望の反映でなくてはならない。「民之所欲、法之所繋」（民の欲する所、法の繋わる所）との言葉通り、立法の一つ一つが悉く人民の意志を反映し、人民の権利を保障し、人民の擁護を得られるようにすると共に、立法の部門化や地方保護主義の法律と化してしまう傾向を回避する努力を為さねばならない。法律制定のプロセスにおいては、各種の利益訴えの言い争いは不可避であり、立法者はこれに対して秩序立った指導を行い、一定の手順に基づき、真に最も広範な人民大衆の意志と願望を立法に反映すべきである。この目的を達成させる為、立法のプロセスにおいては、民主立法を成し遂げ、「オープン立法（立法のプロセスに民衆が参加できるようにするという民主的な立法）」すると共に、公正、公平、公開の原則を立法の全プロセスに貫徹させることで、民衆の参与を広げ、各方面の意見を聴取し、幅広く民衆の意見と智慧を集める事に全力を尽くさなければならない。権利が公平で、機会が公平で、規則が公平である法律制度を十全に体現し、公民の人身権、財産権、基本的政治権利等といった各種の権利が侵犯されないことを保障し、公民の経済、文化、社会等の各方面の権利が実現するのを保障し、公民の権利保障の法治化を実現しなければならないのである。

　二に、公平や正義等の価値追求を反映するものであること。真の意味における良法とは、堅実な価値の土台を有していて然るべきものである。完備された法律規範体系は、社会主義法治の基本的価値を統一的に貫徹していなければならず、その中で最も肝心なのが法律において公平と正義という価値理念が充分に貫かれていることである。つまり、立法に在っては、民を本とし、民の為に法を立てるという理念を厳守すると共に、社会主義の核心的価値観を貫くことで、単独の法律や条文の全てを公平・正義の要求を体現したものにしなげればならない。「法は乃ち公平正義の術なり」との言葉通り、正義は先ず以って法律の範疇であり、法律の基本的価

値でもあり、正義無くして法律は有り得ない。西洋の言語においては、正義は常に法律と同一の言葉であり、数多くの西洋思想家が、正義は法の実質及び主旨であり、法は正義においてのみその適切で具体的な内容を発見し得るとしていて、この点においては、東西両洋の看方は一致するものである。中国古代の「法平如水（法は平らなること水の如し）」、「法不阿貴（法は貴きに阿ねず）」等の言葉は、何れも同じ思想、即ち法律は公平・正義等の価値的基礎を以ってその正当性の源とすると共に、公平・正義の実現を以ってその主たる目標とすべきであることを明らかに示したものである。従って、良法は先ず以って正義を価値的核心とすべきなのである。

　三に、社会発展の法則に合致していること。法律そのものは一種の社会現象であり、社会の秩序を維持し、社会の安定した秩序立った機能を保障すべきであり、効果的に社会の発展と進化の法則を反映すると共に、十全な立法技術を通してこれらの法則を法的規則へと整合させることで、最終的に社会の発展を促すものでなくてはならない。従って、科学的な立法を強調すべきである。立法それ自体は一科学であるからには、科学の要求に照らしつつ、正確に社会経済の法則を把握し、未来の発展に対して一定の長期展望的予見を行うと共に、市場の秩序を一つの正しい方向に向かって発展するよう導くことができねばならず、盲目的に市場という形無き手にその制御を委ねるようなことがあってはならない。と同時に、重大改革を法的根拠の有るものにし、立法の改革及び経済社会発展に対する指導及び推進の役割を発揮させるべきである。改革の過程においては、立法は一定の長期展望性を具え、改革を導く推進力となり、「政策指導」を「立法指導」に変えて然るべきであり、改革の成果を事後確認するのみであってはならない。これには、トップダウン設計と総体的プランを立派に行い、立法計画と立法戦略を立派に行うことが立法に求められる。これ以外に、立法は未来の改革の為に空間を予め残しておくことで、未来の計画に対して過多な障碍が設けられるのを回避せねばならない。立法はその適度な抽象

性を保つことが必要であれば、その操作可能性を維持することも必要なのである。

　四に、国情、社会情況、民情を反映したものであること。「法は、天より下るものに非ず、地より出るものに非ず、人間により発し、人心に合うものであるに過ぎない」〔『慎子・逸文』〕という諺がある。モンテスキューは自著『法の精神』において、法の精神は人間を支配する法則であり、国家の自然状況、気候、生活様式、人口、風俗、習慣等は何れも法律を決定づける制約条件であるとした。それ故に、法律は社会の生活習慣を反映するものであるべきで、立法は役に立つ法であり、中国の大地に立脚し、中国の国情に立脚し、中国の現実問題を解決するものでなくてはならない。と同時に、立法も社会情況と民意に適ったものでなくてはならず、法は人間の為に定められるものであり、人間が法の為に生まれるのではない。制度や体系の案配の一つ一つは悉くその国の歴史と文化と伝統を反映し、社会の実際の需要に適ったものでなくてはならない。法律はある種の社会生活の規範として、それ自体が即ち良好にして秩序立った社会効果を追い求めるものであり、法律の社会生活を調整する効果を存分に発揮させるには、実際と密に連繋しつつ、現実に存在する問題を解決する必要がある。改革開放以来、中国の経済発展は多大な成果を勝ち取りはしたものの、それによって貧富の不均衡、社会矛盾の激化、環境の悪化等の問題が生じてしまっている。この事は、現実の問題に基づき立法を強化することで、社会発展の需要に適応し、国情、社会情況、民情の発展変化に基づく形で絶えず法律を改正し且つ十全化させ、社会の変化に基づき立（立法）、改（法改正）、廃（法の廃止）、釋（法の解釈）を並行させる事で、法律、法規のタイムリー性、系統性、照準性、有効性を強めるべきことを我々に求めているのである。

　五に、科学的且つ合理的な体系を具備していること。法律は、外在の規則体系の一致性、内在の価値体系の一致性、論理の上での自足性及び内容

上の全面性を有してこそ、はじめて法律の有するべき社会生活を調整する役割を果たすことができ、その各部分の内容は相互に協調し合い、助け合い、しかも互に矛盾しないものでなくてはならない。良法は社会生活の基本面を基本的に覆い、社会の規則正しい統治を実現すると同時に、法律と道徳、習慣及び社会自治規則等の面の分業と協調を実現し、完備され、一貫性のある、科学的である規則系統を形成することを求めるものである。「大道は至りて簡し、法は簡約なるを貴しとする」との言葉通り、法律は表現の上でも明確性と正確性と簡潔性を具えたものでなければならない。

　六に、法の定める手続きに合致し、手続きの正当性を具えていること。法律は国民全体の意志の反映であるからには、手順的正当性を具えている必要がある。よしんば法律の内容が良法に属するものであったとしても、手順を制定する上で瑕があるようでは、良法の規準に適さない。

　「法令とは、民の命であり、統治の基本である」〔『商君書・修権』〕と有るように、良法は法律規則の制定が広範な人民大衆の根本的意思と利益を出発点とすることを求め、法律規則の設計は科学的かつ合理的で、国情、社会情況、民情に符合しているべきで、最も根本なのは公平・正義の価値理念に符合しているということである。立法の価値は精緻さを究めることに在り、良法は一つ一つの法律を真の意味で社会生活の中で重要な調整機能を発揮し得る様な優れものにする事を求めるのである。

### (二) 善治 (Good Governance) は法治の目標

　「民を治むるに常無く、唯だ法により統治するのみ」〔『韓非子・心度』〕と有る様に、法治が追求する目標は良法の獲得であるのみならず、鍵は良法の治を通して「善治」を実現させることである。中国数千年の歴史においては、「政治が上下に行き渡って、人民は和やかに仲良くし、多くの仕事が盛んになり、道に落ちているものは拾わず、夜になっても戸締りをしない」という「盛世」と呼ばれた段階が存在し、一般にはそれが既に善治

であると考えられている。『史記・商君列伝』は、商鞅の変法後の秦国の社会形態を「道では落ちたものを拾わず、山に盗賊はおらず、家々は富み充実していて……郷や村は安定していて良い秩序を持ち」と描写しているが、これは実は当時における善治の理想状態でもあった。盛唐時代は「民富国強」で、「牛馬は野に普く満ち溢れ、庶民は暖衣飽食で」、「天下は平和で、国は安定」であったとして常に史学者たちから「大治」と呼ばれた。実際は、社会が発展した今日に至っては、善治の基準は必ずしも一致するものではない。中国の歴史上出現した「文景之治」、「貞觀の治」、「開元盛世」、「康乾盛世」等は、同時代の他の地域あるいはそれ以前の社会発展と比較して、当時の社会経済発展レベルがより高い程度に達していた事を示していて、これは社会統治の次元における成功であったことは疑うべくもなく、中華文明を世界において長きに亙ってトップクラスの地位に置く事と成った。今日、我々が中華民族の偉大なる復興を実現するには、古代の「治国理政」（国の統治と政治）から経験を汲み取り、古代の善治の思想を継承して然るべきであるのは全く疑う余地のない事であるが、同時に現代の社会経済発展と民主法治発展の趨勢にも注意を払い、善治の内包を深化させる必要がある。

　善治とは何か？国連アジア・太平洋経済社会委員会は、それが発布した『善治とは何か』の中で、「善治」に対して以下の８つの基準を提起している。それぞれ共同参与（Participation）、法治の励行（Rule of Law）、政策決定の透明性（Transparency）、タイムリーな反応（Equity and Inclusiveness）、実効と効率（Effectiveness aud Efficiency）、問責（Accountability）である。筆者は、「善治」の「治」には以下の二つの意味が含まれると考える。一つは統治の方式とパターンである。一種の統治パターンとして、善治それ自体が良法の治であり、その核心的内容とは即ち「依法治国」戦略を全面的に推進し、法治を真の意味で「治国理政」の基本方式とすることで、真に国家統治の現代化を実現することである。

二つ目は、ある種の秩序、状態、結果を指す。所謂「天下大治」とは即ち「善治」のことであり、その最終目的は人民生活の幸福、調和的で秩序立った社会及び国家統治の長期的安定である。政治が開明的で、経済が発達し、人民が幸福で、国家と民が安泰である法治国家を建設することが即ち現代社会の「善治」に対する定義なのである。「治国理政」の方策として、善治は以下に挙げる幾つかの面の内容を包んで然るべきである。
　――善治は民主的統治である。善治の鍵は公民の全てが国家と社会の統治に共同で参与するのを実現することであり、現実社会においては、民主はこの種の参与のベストな方式である。民主的統治は正に我々が言う所の「善治」であり、封建社会の善治との根本的な違いがそこに在る。1945年、毛沢東同志は黄炎培氏の如何にして国家政権を歴史の周期律から抜け出すのかに関する質問に答えた際、明確にこう指摘している。「人民に政府を監督させてこそ、はじめて政府はだらける事をしなくなる。一人一人が責任を負ってこそ、人が亡んで政治が滞ることがなくなるであろう」」と。中国は社会主義国家であり、国家と社会の統治は、本質的には人民大衆が主人公となり、法に基づいて国家を管理し、社会を管理して然るべきである。最も広範な人民大衆が国家統治に参与してこそ、はじめて最も幅広く民衆の智慧を結集させ、国家と社会の統治の科学性を高めると共に、この種の統治を最も広範な人民大衆の根本利益に合致するものにすることができるのである。中国『憲法』第2条に、「中華人民共和国の一切の権力は人民に属するものである」と明文化されている。民主は一定の制度保障を必要とし、これには民主的な法治化が求められる。中国共産党のリーダーシップの下、全人民は人民代表大会を通じて、自らの意志を国家の法律へと転化させると共に、法律を通じて人民大衆が憲法と法律に基づき有する所の国家統治の権力を適切に保障することができる。従って、「依法治国」と人民が主人公になることとは密接不可分なのである。法治が民主を前提とし、「依法治国」には人民の主体的地位を堅持することが必要で、

民主の基礎の上での法治であってこそ、はじめて真の意味における法治なのであり、さもなくば、それは所謂少数の人間の「法治」であるに過ぎない。それ故に、民主は「依法治国」に必須の政治的基礎なのである。もう一方で、民主は又、法律の保障を拠り所とすべきである。人民大衆の国家・社会管理は、何れも憲法と法律の規定する権限と手順を通じて行われるものである。民主が十全であるには、法律を通してそれを制度化しかつ手順化すると共に、法律に由って充分な制度保障が提供されていなくてはならない[23]。要するに、民主を離れて法治に取り組むならば、それは法治をして土台を失わしめかねず、真の意味で法治国家を築く術はなく、法治を離れて民主に取り組もうとすれば、社会の混乱と無秩序を招きかねず、甚だしきに至っては、無政府という混乱状況がもたらされ、真の意味での民主の実現は為し得なくなる。故に、「依法治国」の戦略方針を推し進めるには、社会主義民主政治の建設と歩調を合わせ、互いに協調し合うことが必要なのである。

　——善治は「依法治理」（法に基づく統治）である。ドイツの著名な法学者グスタフ・ラドブルフ（Gustav Radbruch）に、「民主は確かに賛美に値する善であり、法治国家は日々の食、渇飲する水及び呼吸する空気のようなものである」[24]との名言がある。つまり、民主を強調するのみでは、法治が自ずと実現することなど決して有り得ないというのである。社会の効果的統治を実現するには、民主の基礎の上で法治を全面的に推し進める必要があるのである。「依法治理」の内包は極めて豊富で、一に法治国家、法治政府、法治社会の建設を全面的に推し進めることである。法律の公権力に対する規範化と制約を通してこそ、はじめて真の意味で私的権利が保障される。この意味において、法治は根本から公権力を制約かつ制限し、公権力にタガを嵌める必要があるのである。成熟した法治社会は、法律を通して庶民を制約し、更に役人を制約すると共に、有効的に公権力を牽制し、私権が公権力の侵害を被った後において、法律はそれに充分な

救済を提供して然るべきである[25]。要するに、法治政府を確立させてこそ、はじめて真の意味で権力を制度の籠に閉じ込め（公権力が法制度による制限、制約を受けるようにし）、公民の合法的権益が侵害を被らないことを適切に保障し得るのである。二に、法治を利用して社会矛盾を効果的に解消させ、社会の秩序立った安定と長期的治安を維持すべきである。社会の調和と安定を実現するには、法治を通じて紛糾を解決し、矛盾を解消し、利益の衝突を調和させることが必要である。現段階の社会の貧富間の矛盾、官民間の矛盾、及び各種の社会的紛糾は調和の不可能な衝突では決してなく、法治の手段を通じて解決して然るべきである。法治の有利な点は、それが「規則の治」を通し、人々が平等的で交渉的で公開的で、予期可能な手続きを踏まえて矛盾や衝突を解決する事に在るのであり、法治とは即ち現代社会の矛盾を解消しかつ衝突を解決する最も有効な方式なのである。

　三に、法に基づき人権と民生を保障し、社会の成員全員の基本的権利を守るべきである。人民の生活が幸福であるということは、人民が落ち着いて生活し且つ愉快に働き、物質生活が幸福であることを意味するだけでなく、個人が自由で平等で安全な法治環境において生活することができ、人々が尊厳を持って生きられることを意味する。それ故に、人権及び社会の成員全員のその他の基本的権利を保障し、民生を保障することも善治の基本的内容なのである。

　――善治は「賢能の治」である。所謂「賢能の治」とは、賢能つまり優れた見識を具えた有能な人間を選んで国家と社会の統治に参与させるのを重要視することを指す。中国古代の善治は主に賢能統治、即ち優れた見識を具えた有能な人間を選んで国を統治させることを重要視するものであった。儒家の学説の核心は「賢才を挙ぐる」、即ち優れた見識を具えた有能な人材を選んで国を任せるという賢人統治に在る。賢能とは一般には人徳と才能とを具えた才徳兼備の「君子」を指す。孔子は「君子は賢を尊びて

衆を容れ、善を嘉めて不能を矜れむ（人徳と才能のあるひとは、賢者を尊重し、また大衆をも受け容れる。善良な人を賞賛し、また無能な人を憐れむ）」〔『論語・子張』〕と説くに対して、孟子は「賢者を尊び、有能な者を用い、秀でたものを在位させる」〔『孟子・公孫丑上』〕と強調した。西洋においては、プラトンが「哲学王」による統治を最も理想的な統治選択として尊び、「哲学者が我々のこうした国家の国王となるか、或いは我々が目下国王や統治者と称している人物が厳粛かつ真面目に智慧を追求し得ない限り……」[26]としているが、こうした観点と中国古代の「賢能の治」とは同工異曲である。古代の「賢能の治」は本質的には法治ではなく、「人治」に属するものであり、この種の善治を当今の法治時代の善治と同一視してはならないと考えるものの、それは「賢能の治」を排除する事を意味するものではない。事実上、「賢能の治」は現代の法治社会における善治の部分的内容でもある。何故かというと、善治の主体はあくまでも人間であり、こうした人間は真の意味で国家統治の能力、優れた道徳的品行及び極めて高い素質を具えているからである。「賢能の治」を行うには、真に科学・教育推進による国の振興、人材による国の振興戦略を実施し、民智を開き、人材を育てると共に、人材の評価、選抜及び任用のメカニズムを十全化させ、本当の意味で個人が役に立つ事を学び、人材が適材適所で、役立つ人間は悉く用い、人間ひとり一人が自らの持てる才能を存分に発揮できるようにしなければならない。個人の才能が存分に生かされ、個人の智慧が存分に発揮され、個性が全面的に伸ばせるようにするのである。

　——善治は社会の共同「治理」である。当今の社会は、グローバル化の推進と社会経済生活の発展変化により、国家の「治理」と社会の管理に関する理念も深刻な変化が起きているが、それは主として、伝統的で単純な統治（Government）理念から「治理」の理念（Governance）へと転化し、単なる政府任せの管理から多種多様な管理方式の結合による社会の自

治管理へと転化している事に体現されている〔俞可平著『全球治理引論』、『馬克思主義与現実』、2002(1)〕。「国富民強」と「社会の長期的安定」には、様々な社会管理方式と管理メカニズムをかみ合ったもので、協調し合うものにしなければならない。従って、社会の共同管理は社会自治と社会管理の秩序立った連繋の実現を強調するものである。中国社会の変化の中で現れた食の安全、環境汚染、誠実さの欠如等の問題は、何れも複雑かつ綜合的な社会問題であり、社会の共同管理を通じて初めて解決され得る。習近平は、「治理（統治）」と「管理」は一字だけの違いであるが、それが体現しているのは系統立った統治、法に基づいた統治、源からの統治、綜合的施策であると強調している。統治と管理に存在する本質的な違いは以下の点に現れている。管理モデルの下では、主に政府の行政の強制が強調されるのに対して、統治モデルの下では、社会全体の力を発揮させ、民衆の社会統治への参与を形成し、私法自治の機能を存分に発揮させ、社会の活力を掻き立て、社会組織の健全な発展を促進し、政府管理と業界管理、住民自治の良性的連動を実現し、国家統治と個人の権利の行使及び保護との間の秩序立った連繋を形成する必要がある。その一方で、管理には政府の角度から社会に対して管理を行うという単一方向性が有るのに対して、統治パターンには多面的特徴が有り、政府は法に基づいて公権力を行使する権利があるが、協商と意思疎通のメカニズムを運用しつつ、協商・民主の精髄を充分に反映し、民意を尊重し、民の声を聴取し、民の願望を反映し、民智を受け入れ、公衆の広範な参与を受け入れることを重要視する。要するに、社会統治（管理）は法治とその他の管理メカニズムを綜合した制度案配であり、情報メカニズム、意思決定メカニズム、評価メカニズム及び監督メカニズム等といった各種メカニズムの有機的総体であり、この種の社会共同統治の形式に基づいて社会管理を行うという善治の基本方式である。

　——善治は「礼と法を組み合わせての統治（道徳の感化と法律の執行

を並行させながら国を統治する)」である。中国伝統社会の治国経験とは即ち「礼と法を組み合わせての統治」と「徳は主、刑は補たり（道徳の感化は主な手段であり、刑罰は補充的な手段である）」[27]というものである。「礼」は中国における数千年の歴史を誇り、人々の行為に対する「感化を与えて知らず知らずの内に考えや性格を変えさせる」ように影響を与え、その心における内面化と行動における外形化は、中国古代の「治国理政」の重要な経験である。社会主義法治建設に在っても、「礼」の人間の行為に対する調整の役割を重要視する事により、法律の効果的な実施を促すと共に、良好な社会管理効果を実現して然るべきである。四中全会決議は、「依法治国」と「以徳治国」の結合を堅持する事を打ち出した。その一方で、「依法治国」の方略を全面的に推し進めていくにあたって、道徳の教化の効果を充分に発揮しなければならない。法律はあくまで最低限度の道徳規則であり、その調整範囲は限りあるものであるからには、大量の生活領域は主に道徳規則に頼って調整を行う必要がある。国は徳無くしては興らず、人は徳無くしては立たない。司馬遷は『史記・太史公自序』において、「夫れ礼は未然の前に禁じ、」「法は已然の後に施す（礼は事が起こることを未然に防ぎ、法は事が起こってから施行されるものだ）」と述べている。つまり、道徳の決まりは個人の行為に対して事前に教化し、関連する違法行為に対して予防を進める事に重きを置いたものであるのに対して、法律の規則は主に違法行為に対して制裁を行うというある種の事後の予防である。今日からすれば、法律も予防と引導の功能を積極的に発揮すべきであるが、社会の道徳教化は法律が効果的に実施されるその前提なのであって、法治そのものは一種の「規則の治」であり、社会の一人一人が誠実に信義を守り、道徳を尊び、決まりを遵守してはじめて良好な法治の基礎が築かれるのである。その一方で、法律と道徳の相互作用を充分に発揮させる事で、法治に道徳理念を体現させ、法律の道徳建設に対する促進作用を強化することで、道徳に法治精神を育み、道徳の法治文化に対す

る支えの役割を強化させることで、法律と道徳を互いに補完させ、法治と徳治が両々相俟って益々良い効果を収められるようにしなくてはならない。

### (三) 法治は良法と善治の有機的結合

　四中全会報告は、良法は善治の前提であると示している。これは、良法と善治の関係性を明確に言い表したものである。根本的に言うと、法治とは即ち良法と善治の有機的結合なのである。18期第三回全体会議は、国家統治体系と統治能力の現代化を推し進めるべきであると打ち出した。国家統治現代化の目標は統治の善良化であり、統治の善良化は統治の法治化を拠所とする。法治は人治と相対立する治国方略であり、法治は現代国家の重要な印しであり、法治能力は最重要の国家統治能力である。法治化は国家統治現代化の核心的内容である。国家統治体系と統治能力現代化の実現という目標の下、全面的に改革を深化させる重点の一つが即ち「依法治国」戦略推進の具体的実施である。正にこうした背景の下、党中央は初めて「依法治国」を党の18期四中全会のテーマに据えたのであり、全会一致で採択された「『依法治国』の全面的な推進に関する決定」と三中全会の「全面的に改革を深化させる決定」は姉妹編を成しているのである。改革の全面的な深化の核心は「依法治国」を全面的に推進することによって、国家統治の現代化を推し進め、善治の目標を実現することである。法治は人類社会の歴史の証明を経た最も効果的な社会統治方式であり、「有法無治（法律があるが、その法律を利用して国を統治する人がいない状況)」を回避するには、良法と善治を結合させて然るべきなのである。

　先ず初めに、良法を以って善治を促し且つ保つべきである。中国古代社会における所謂「盛世」（繁栄した時代）の時代は、主に人治であったとは雖も、自ずから体系を為す法律制度を有していた。例えば、漢や唐の繁栄時代には比較的整備された法典が形成されていた。今日、我々が善治を実現させるには、立法の導きの作用を存分に発揮させる必要がある。良法

が有ってこそ、初めて善治が出現する。というのは、良法は最大限に民衆の賛同と遵守を得ることができるが故に、最大限に法治の効率を発揮させることができるからである。立法を通じて関連する手順を規定し、行為の準則を制定し、行為の自由の限界を線引きする等の方法で、社会資源の合理的配置、権利と義務の合理的配分、権力と責任を明確にする等といった目的を達成させる必要がある。良法の確立有って初めて善治を行う根拠がある。善治それ自体は規則の治であり、良好な規則がなく、規則が欠けているかあるいは互いに衝突する様では、均しく善治は実現し得ない。その一方で、良法が有って初めて善治は保たれる。善治の有るべき義とは、即ち良法の励行であり、善治の各々の統治方式は何れも良法を拠所にして確認されねばならない。良法が含む所の公平・正義等の価値は善治を拠所として実現されるべきなのである。「法立ちて能く守らば、則ち徳久しく、業大なる可し（もし法律が確立され守られれば、道徳や秩序が長く保たれ、大業を成すことができる）」〔朱熹『論語集注』〕との言葉通り、法度を確立し、しかもそれを厳格に遵守してこそ、事業は壮大と成り得るのである。法治の含む所の価値の追求と統治とは両々相俟って益々良い効果を収めるのである。「良法は善治の前提である」という深い認識に基づき、中国共産党は、中国の特色ある社会主義法治体系を建設するには、立法の先行を堅持し、立法の導きと後押しの作用を発揮させると共に、立法の質の向上という鍵を握る必要があると提起した。善治には、即ち良法の価値を実現し、公平かつ公正な秩序立った社会を構築しようとするものである。

次に、善治は良法実施の貫徹を核心とする。良法有るのみでは、当然ながら善治の実現も又法治の実現も有り得ない。中国の法律体系は既に形作られてはいるものの、法律体系は立法次元の問題を強調するのみで、法律の実施及びその実効を強調してはおらず、法律体系が効果的に実施された後においてこそ、法治体系は形成されるのである。それ故に、四中全会は法治体系建設目標を打ち出し、既に制定済みの良法を如何にして真の意味

での行動中の法へと転化させるかを強調した。「法令が執行できれば、則ち国治まり、法令弛めば、則ち国乱る」〔王符著『潜夫論述赦』〕との言葉通り、法治体系の建設には、「完備された法律規範体系」が必要であるのみならず、「高効率の法治実施体系」、「厳格な法治監督体系」及び「有力な法治保障体系」の形成が必要である。法律体系から法治体系へと向かうには、実質的にはつまり善治を実現せねばならない。四中全会が「依法治国」戦略に対してより新しい目標とより高い要求を打ち出したのは、中国共産党の「治国理政」方式の重大な転換を明らかにすると共に、中国の「依法治国」の青写真が既に新たな段階へと突入したことを表明したものである事が見て取れる。

　最後に、良法と善治とが有機的に結合してこそ、はじめて法治の基本的内包を体現することが可能となる。良法の治は善治が追求すべき目標でもある。法治が含む所の良法価値追求と善治とは両々相俟って益々良い効果を収めるものである。統治能力の現代化と法治化を推し進めるその鍵は、良法・善治の実施であり、法治の理念と法治の精神を政治、経済、文化、社会及び生態建設に貫徹させることである。法治中国建設の目標を達成するには、「法治」を人治と相対立する治国戦略とすべきで、「依法治理」を強調するには、「法に基づいて対処して問題を解決する」制度的案配及び営為のメカニズムが具備されている事が求められるのみならず、法律至上、権力の制約、権利の保障、手順の公正さ、良法の治等の精神および価値を強調するものである。「依法治国」、「依法執政」、「依法行政」は共同推進されて然るべきである。法治の精神は最終的に悉く善治を目指すものなのである。今日、経済発展のプロセスにおいて生じた利益の衝突の解消にせよ、改革において出くわした抵抗や障碍の突破にせよ、更には社会の貧富化が引き起こす所の不公平現象の解決にせよ、権力が制御を失うことによりもたらさせる腐敗から抜け出すには、何れも法治を社会全体に根付かせる必要がある。

良法と善治は良好な秩序と状態を必ず形成する事と成ろう。ⅴ。法治国家を建設し、法治を盛んにするのを推し進めることは、党と政府の奮闘目標であり、億万の人民の麗しき期待であり、中華民族の偉大なる復興という「中国の夢」を実現する必然の選択なのである。四中全会が法治建設の新たな青写真を描き出し、中国の特色ある社会主義法治体系及び社会主義法治国家の建設という戦略目標を打ち出すと共に、「依法治国」戦略実施の具体的段取りに対して全面的な配置とトップダウン設計を行ったことは、中国の法治建設が既に新たな歴史的段階に突入したことを明らかに示すものである。

## 十、法治は一種のライフスタイル

2021 年、本部をワシントンに設けている米国のコンサルティング会社ギャラップが発表した『グローバル法治』（Global Law and Order）は、安全指数に就いて言えば、ノルウェーが世界第 1 位で、94 ポイント、中国が第 3 位で 93 ポイントであることを明らかに示している。このレポートはギャラップが毎年家庭訪問、テレフォンコール、アンケート、面談等の方法を通じて行っているもので、50 の国・地域（2020 年は 115 の国・地域を網羅）を包括した調査結果のとりまとめである。当該レポートは人々の安全感、警察に対する信頼、及び犯罪遭遇経歴等を評価することを旨としたものである。西側（西洋）の調査研究機関であるギャラップは、今度ばかりは公平な言葉を述べていると言えよう[28]。

中国国内においては、中国社会科学院社会学研究所の社会心理学研究センター発表の『社会意識白書：中国の社会意識研究報告（2021）』は、2020 年の民衆の各項目の安全感は均しく 2019 年に比べて高く、安全感は人々の日常生活の不安全な要素やリスクに関連する内容で、高いものから低いもの順で、食の安全、情報及びプライバシーの安全、環境安全、医療

安全、交通安全、労働安全、財産安全、人身安全となっている[29]。このレポートも前述のギャラップ会社レポートの結論を裏付けている。

　西洋諸国が既に数百年の道を歩んできたのとは異なり、中国の法治建設は数十年の時を経ているに過ぎず、中国の様な人口大国における法治社会の建設は、絶えざる模索を必要とする。上述の研究報告書が存在するとは雖も、中国の法治が総体的に既に世界第３位にランキングされているとは未だ云い得ない。法治の内容は多様なものではあるが、単に安全指数について言うならば、中国の法治建設は世界が注目する成績を収めていることになる。かつて多くの米国の都市を訪れた事の有る筆者は、中国の安全性は米国のそれを遥かに上回っていることを深く実感したものである。米国社会は銃が氾濫し、麻薬管理が制御を失い、暴力犯罪が横行し、マフィアが猖獗していて、こうした悪弊は様々な理由で根絶するのが極めて困難である。それ故に、この研究報告書における安全指数からして、米国のランキングは中国よりも遥かに低いというのは米国の大勢の民衆の認める一つの現実でもある。法律・秩序指数の上昇は、中国の法治の進歩を象徴するものであると共に、人民の素晴らしく幸福な生活の質が絶えず上昇していることを反映するものでもある。

　法治は「治国理政」の基本方式であり、一つの国は「法に基づき物事を処理する」という制度案配を具備して然るべきであると共に、「有法可依」、「有法必依」、「執法必厳」、「違法必究」を厳しく成し遂げるべきである。と同時に、法治は一種の良好で、「法に基づく統治」の社会「治理」状態であって然るべきである。法治は一種の生活方式であり、その特徴は理性化、規則化及び民主化の方式を用いて人々の生活を指導する事に在る。

　法治が一種のライフスタイルであるのは何故か？

　法は社交の行為原則であり、決まり無くしては一定の基準は成し得ず、法は人々が社会生活に参与する際の行為原則なのである。社会生活においては、「人は世間を離れて独りで生活することは出来ず、社会性を持ち、

社会及び経済生活を共営するものである」〔王沢鑒著『民法総則』、37 頁。北京大学出版社 2009 年版〕。それぞれの主体が自らの利益の需要を満たすには、様々な社交に従事し、各種の社会関係を生む必要がある。と同時に、社会関係が安定し、平和的で、秩序立っているのを実現し、人と人との間に調和的な交際関係を形成させる為、法律は各種の社会関係を調整する必要がある。人が動物と異なるのは、人間が理性的で、精神生活を持つものである事に在り、人類社会は自らの為に規則を制定すると共に、規則を遵守するのである。法は社会規則の最も重要な形式の一つである。法律規則を確定性と予期可能性を具えていて、法律規則を遵守すれば、人間一人一人が自らの生活を合理的に案配し、予期的に各種の社会活動に従事できるようになり、法律規則を遵守すれば、良好な習慣を形成することができ、慣れれば慣れるほど、自然に法律規則を遵守することになる。「習慣の初めはクモの糸の如きものであったのが、習慣が成り立てば、それは荒縄の如きものとなり」、「故に利欲よりも甚だしき禍は無い」のである。法律規範を通じて人々の行為を制約且つ規範化し、次第に人々に一種の生活習慣を養わせ、そうして人々が善を択んで行うようになって、はじめて本当の意味での良好な社会秩序が形成されるのである。

　法は一種の考え方である。法治が発達した社会においては、人々が法律に基づいて生活すれば、良好な考え方を形成することができる。法的思考は、先ず以って一種の公平・正義の考え方であり、法的思考に基づくならば、人々は何れが正当なもので、何れが非正当なものであるかを正確に判断することができ、これは社会の公平と正義を守るのに対して良好な社会的基礎を築く事となる。社交においては、規則意識と公平正義の観念を持つことが必要で、社会関係のそれぞれの主体は常に自らが実行する所の行為が合法であるか否かを考慮せねばならない。例えば、行政機関は決定を下す際には、常に法的拠所の有無、庶民の権益を侵害する可能性の有無を考慮せねばならず、そうであってこそ、法ははじめて心に内在化し、形に

外在化する形で役割を発揮できるのである。法的思考は一種の規則的思惟であり、我々の行為をして法律の規定に合致せしめる思惟である。法的思考が有って、はじめて我々は最低限守らなければならない法律は何かを心得、高度な道徳心を保ち続けることができるのである。法律は最低ライン、道徳は頂垂線に譬えられ、法律に基づいた行為であってこそ、限界を越えないことが保障される。法的思考は一種の権利義務思惟でもあり、法的思考に基づいてこそ、我々は自らの権利と義務を明確にし得るのみならず、行為の自由を享受しつつも、他者の行為の自由を妨害せずに済むのであり、そうであってこそ、人と人との調和的共存の良好な状態を形成することが可能になるのである。

　法は現代社会統治の最も重要な道具である。現代社会は複雑かつ価値が多元的であり、宗教或いは道徳等といった伝統的な社会統治の道具を以ってしては単独で現代社会の統治に対処することは難しく、こうした背景の下においては、法律が最も効果的な国家社会統治の方式の一つとなる。法律は立法者が最大限に社会のコンセンサスを凝集し且つ多数の側の利益を協調させることを通じて制定したものであり、法律は抽象的かつ普遍的で、統一された行為規範として、特定の人民大衆に対して制定されたものではなくして、普遍的な適用性を具えたものである。法律は社会の成員全ての行為を制約し得ると共に、持続性と安定性を保持することができ、随意に朝令暮改に付すことができないのも、法律の権威性と信頼性を実現するのに有利である。「法典は人民の自由を保護するバイブルである」との言葉通り、法律は社会の成員全員の基本的利益と自由を保証し、人々の人身と財産の安全を保障することを旨とし、それが法律の主な功能でもある。社会統治において、特に各種の官民関係、民民関係、労資関係等といった複雑な社会関係においては、利益の衝突は常に尖鋭に対立するものであるからには、これら複雑な社会の衝突及び利益の衝突を妥当に処理し、社会の矛盾を解消乃至予防し、社会発展の長期的安定を確保し得るのは法治をお

いて他にないのである。

　法は公平・正義へと通じる道である。公平・正義は人類社会の理念であり、それは宛も北極星の如く、人々を前進の道へと導く。法そのものが即ち公平・正義の集中的体現であり、法治の最終目的が即ち社会の公平・正義を実現することである。正に習近平総書記が言う所の「人民大衆が全ての司法事件において公平・正義を感受できるよう努力するものである」という言葉の通りあり、公平・正義は司法の永遠のテーマなのである。これは全ての事件において個々の事件の正義を実現すべきであるのみならず、社会全体の公正をも守らねばならないことを意味している。但し、公平・正義は司法の目的であるのみならず、あらゆる公権力の行使が追求すべき目的でもある。行政の法の執行活動においては、法の執行者も公正なる法執行の理念に則るべきであり、随意に公民が法に基づき享受し得る合法的権益を差し引くようなことが有ってはならない。法治社会は、正義が実現されるのみならず、眼に見え方式で実現されて然るべきである。法治の最終的効果とは、この社会に在っては、理有るものは天下を駆け巡り、理無きものは一歩も進めず、善人であって初めて一生平安で、悪人は一歩たりとも進めず、濡れ衣である限り上告が可能で、晴らす事の出来ない冤罪が雪がれ、社会が一人一人に公正な結果を与えられるというものである。

　法は良好なる秩序の保障である。法律と秩序の関係について、アウグスティヌスは次のように述べている。天国であろうと、地上の国であろうと、又社会であろうと、人であろうと、その何れもが平和と秩序を追求せんが為に、社会関係を秩序有るものにし、個人の心を安寧ならしめるのであり、法律は正に平和と秩序を維持しかつ守るのに必要な道具なのである[30]。中国は数千年来、かつて異なる時代に「文景の治」、「貞觀の治」、「開元盛世」等といったものが出現しはしたものの、大多数の時代において、人民は飢餓、匪賊の騒乱、戦乱、災難等をいやという程嘗め尽くし、太平な日々を過ごすことは稀でしかなく、それは「寧ろ太平の犬、離乱の人となる莫

れ（太平の世の犬になっても、戦乱の世で家族と離散する苦痛を味わいたくない）」や「興なれども民は苦しく、亡なれども民は苦しい」との言葉通りであった。新中国建国以来、とりわけ改革開放以来、法治の励行により良好な社会秩序が形成され、数千年に亙って中国社会が終始解決成し得ずにいた飢餓や貧困の問題にけりがつくのみならず、匪賊の騒乱や「兵匪一家」といった痼疾（持病）が徹底的に解決されると共に、闇組織が片方に害をなしても誰も問題にする者がいないといった局面に終止符が打たれた。前述のレポートの中で、中国の安全指数が大幅に上昇したことも、ある面で中国の法治建設の成果を反映しており、社会秩序が整然としていることが良好な社会統治の基本前提であり、人々が真の意味で秩序から安全感と獲得感を生むのである。アリストテレスは「法律とは即ち秩序であり、良き法律が有って初めて良き秩序が保たれる」と考えたが、正に法律の保障があってこそ、はじめてこのような良好なる秩序が形成されるのである。

　法は素晴らしい幸福生活の保障である。法治によって国が安定してこそ、人民は安穏に暮らすことができる。人々の基本である衣食の保障が満たされた後においては、更に安定で公正な社会生活の秩序が形成されなくてはならない。幸福と無事健康であることは一つに繋がったものであり、物質上の豊かさは人民生活の無事健康と同じでは決してない。幸福且つ無事健康な生活には、人々が皆安全感を持ち、文明的で礼儀正しく、安穏に暮らし、法・規則を遵守し、社会の秩序が整然としている必要がある。人々が安全な環境において自由な空気を吸い、安寧な生活を享受し、あらゆる非合法的強制や恐怖から免れる。投資と創業とを問わず、創新か累積かを問わず、社会の成員の人身と財産は何れも法律の保障を得るのである。公権が法に基づき行使され、私権が保障を得るというのは何れも幸福生活の源である。その一方で、幸福で安穏な生活は、人々が皆尊厳感と公正感を持つ必要がある。尊厳が得られるというのは幸福生活の重要な内容であり、中国の夢も個人の尊厳の夢であり、人民の尊厳ある生活への期待でもある。

それ以外に、幸福安穏な生活は、人々が皆法律の保障する自由を享受する必要がある。法は人に体面と尊厳を有する生き方をさせるのみならず、人に安全感を与え、明日に対する期待をみなぎらしめる。法治社会に在っては、人々は暮らすのに住居が有り、老いては養ってもらえ、弱者が思いやりを得られ、法律の前で人皆平等で、個人の人格が他人から十分に尊重され、個人の正当な訴求が効果的に表現され、個人の正当な権利が法律の保護を得、個人の価値が何れも社会からの認可を得るのである。

　法治は社会の長期的安定の保障である。法治は中に国家と社会が調和的に安定し、統治が秩序立っていて、長期的に安定しているという意味を含むものである。法治建設は、国家と社会にとっては、一種の「治国理政」の内容を具えた基礎的な制度案配である。人類社会の歴史経験は、法治は最も安定し、最も効果的な社会統治方式であり、「依法治理」を実現し得るか否かが国家統治体系と統治能力現代化の重要な現れでもある。法律は根本を固め、予期を安定させ、長期を利する効果を具え、人によって異なるものでもなく、人が亡くなれば政治が途絶えるといった様なことも無いので、人々をして、合理的な予期を形成する事に由って人々が大胆な投資や不動産買いや大胆な創新を為すのを可能ならしめる。中国共産党が長期の執政を実現し、国家が長期的な安定を実現するには、法治の励行が必須である。旧ソ連や東欧社会主義国家の失敗の教訓は、法治の励行なくしては、特権の横行と個人崇拝の現象が容易すく現れ、社会主義事業もそれ故に由々しき挫折に遭いかねないことを常にわれわれに警告している。法治は公権力の秩序ある実行を保障し、私的生活の行方が秩序立ち、人々が法律を畏敬し、崇めかつ従うことを保障するのである。心に最低ラインと戒尺が有って初めて社会は調和的で秩序立ったものになる。「依法治国」を全面的に推し進め、社会主義法治国家を建設することは、発展を促し且つ善治を保つという要求であるのみならず、党の執政の地位を鞏固にし、国家の長期的安定を確保する根本的保障なのである。中国の様な人口14億

の大国においては、政治の清明、社会の公平、民心の安定、長期的安定を実現するのに最も根本となるのはやはり法治に頼ることである。

　法は人々の信仰である。米国の法学者ハロルド・バーマンはかつて「法律は信仰されるべきであり、さもなくば、それはやがて形骸化するであろう」[31)]との名句を残している。法治の実現は民衆の心の中の法治に対する信仰に依頼するものであるが、ここでいう所の信仰とは民衆の心の奥深くの法治に対する合意と自ら買って出る帰依を指す。これは人民に権力への崇拝ではなく、心の底から法律を尊重し、法治社会の根本的な印しは社会の成員一人一人が皆心に法を持ち、法を守ることを誇りとし、法に違うことを恥じとし、法律を一種の行為の準則とするという認識に至る様求めるものである。そうであって、はじめて人と人との間に良好で調和的な関係が形作られ、社会共同体の中に調和と整然たる秩序が形成されるのである。法治は我々の理想と追求であり、仮に若し法治を単に一種の他の社会発展の目標を実現する道具であると看做そうものなら、我々をして未来の戦いの方向を見失わしめることにもなりかねない。

　デビッド・ルーベンはかつて著書『法律の現代主義』の中で、「法治の善は我々の見た目に立派な生活に不可欠の条件である」[32)]と指摘している。「依法治国」、「依法執政」、「依法行政」を共に推し進めてこそ、はじめて真の意味での「依法」であり、科学的な立法、厳格なる法執行、公正なる司法、国民全員の法律遵守の全面的な推進こそが真の法治なのである。「以法為綱、崇法善治」にして、大なるは国家の政体から小さきは個人の言動に至るまで、何れも法治の枠の中で実行される必要がある。法治の重要性に対しては、如何に強調しても行き過ぎではない。法治は人類文明の進歩の重要な印しであり、「安邦固本」（国を安定させ鞏固ならしめる）の土台である。改革発展の安定は、法治の護衛を離れては有り得ず、経済社会の発展は「法治よりの駆動」を頼りとし、庶民の平安と福祉が頼りにするのは法治が守ってくれていることである。一言で要約すれば、人々の幸

福無事なる生活には法律の保障が必須であり、正にアリストテレスの言う所の「法律は人類の理性の体現であり、法律に基づいて生活することが幸福を得る根本保障なのである」との言葉通りである[33]。

## 十一、「依法治国」と「依憲治国」

憲法は国家の根本法であり、「治国安邦」の総規約である。「依法治国」は、先ず以って「依憲治国」であり、「依法執政」の鍵は「依憲執政」である。四中総会決議の決定は、憲法の権威を擁護すべきであり、「如何なる組織及び個人も皆憲法の法的権威を尊重し、憲法の法律の範囲内で活動し、憲法の法律に照らして権力あるいは権利を行使すると共に職責あるいは義務を履行して然るべきであり、皆憲法の法律を越えた特権を有する事はできない」と述べている。習近平法治思想は「『依法治国』を堅持するには、先ず以って『依憲治国』を堅持すべきであり、『依法執政』を堅持するには、先ず以って『依憲執政』を堅持しなければならない」と明確に指摘している。新たな情勢の下、中国共産党が「執政興国（政権を掌握し国を振興する）」の重大な職責を履行するには、憲法に基づいた「治国」と「理政」が必須なのである。

憲法は国家の最高法であり、中国の社会主義法律体系における統帥及び核心的地位に在る。従って、「依法治国」を推し進め、社会主義法律体系を全面的に実施に移すには、先ず以って「依憲治国」を実行する必要がある。憲法は万法の母であり、中国のあらゆる法律は何れも憲法に基づき制定されたものであると共に、憲法の精神、原則及び制度に対する具体化である。因みに、『中華人民共和国民法典』は冒頭に主旨を明らかにし、「憲法に基づき、本法を制定するものである」と規定しており、この事は憲法が部門法の立法の拠所であり、「依法治国」は先ず以って憲法の最高権威を擁護して然るべきであることを明らかにしている。

「依法治国」を推し進めるには、国家法制の統一を擁護すべきである。四中全会決議の決定は、「国家法制の統一と尊厳と権威を擁護し、憲法法律の効果的な実施を適切に保障すべきである」と打ち出した。のべ１万７千余字からなる当該決定は、「憲法」という言葉を 38 回も触れており、その中の多くは「依憲治国」を強調するものである。憲法は根本法と最高法の地位を有するものであるが故に、如何なる法律、行政法規、地方性法規及びその他の規範的文書の何れもが憲法と相抵触するものであってはならないことが決定づけられており、如何なる法律であろうとも、憲法に悖るものは何れも無効となる。この事は、あらゆる法律規範たりとも制定時に憲法に厳格に基づくことが必須であり、憲法と抵触するのを避けねばならない。その一方で、憲法の監督制度を更に十全化し、違憲である法律法規に対する審査を強化する事で、憲法をして、国家法制の統一を擁護し、国家の政令を滞りなく通じさせる基礎及び準則ならしめることが求められる。

　「依法治国」を推し進めるには、憲法に基づき公権力の実行を規範化し、法に基づき行政を行い、法治政府を打ち立てることが必須である。四中総会決議の決定は、「『依法治国』を堅持するには、先ず以って『依憲治国』を堅持すべきであり、『依法執政』を堅持するには、先ず以って「依憲執政（施政者は憲法に基づき、国を統治管理する）」を堅持せねばならない」と指摘している。当該決議は、政権を担当している政党の憲法における地位に対する明確な解説がなされていると共に、執政党が憲法を通じて「治国理政」すべきであると規定している。憲法は国家の根本制度を規定し、国家公権力の組織体系、職責権限及び行為規準を規定し、国家権力の分業と相互監督のメカニズムを確立すると共に、権力制約の有効性の問題を解決し、党のリーダーシップ、人民が主人公であること及び「依法治国」を如何にして有機的に統一させるかといった問題に答え、国家権力に対して科学的で合理的かつ効果的な配置を行っている。憲法は国家権力のスムーズな交代と引継ぎの制度を確立しもすれば、国家権力の行使が合法的で秩

序立っていることを保障しもする。権力の実行を監督しかつ制約するのは憲法の基本的功能であり、「依法治国」たるには、憲法を厳格に実施すると共に、国家公権力の実行を規範化する事で、公権力に対する効果的監督を形成する必要がある。如何なる国家機関も憲法の規定する職権範囲及び手順に基づき権力を行使し、その尽くすべき職責を履行しなければならない。如何なる公職人員も法に基づき職責を履行すべきであり、職権を濫用してはならず、職務上の怠慢・過失、汚職、法の番人の汚職ひいては情実に捉われた違法行為に至っては更にもっての外である。憲法に基づき公権力を厳しく規範化してこそ、はじめて習近平総書記が打ち出した「憲法に基づく『治国理政』」との要求を実施に移すことが可能となるのである。

「依法治国」を推し進めるには、憲法に基づき公民の基本的権利を保護する必要がある。憲法が公民の諸々の基本的権利を確立していることは、各部門法が保障する所の公民の権利の源泉である。民権を保障するには、先ず以って憲法の中からその拠所を見出さねばならない。部門法の規定する公民の各種権利は、何れも憲法の定める公民の基本的権利の具体的な展開である。憲法が確立した公民の人格の尊厳、人身の自由は民法上において生命健康権、姓名権、名誉権、栄誉権、肖像権、プライバシー権利等といった各種の権利として表現され、刑法上においては不法拘禁、侮辱誹謗、誣告、陥れ等の犯罪行為に対する制裁として表現され、刑事訴訟法においては、公民は不法逮捕を受けず、不法に人身の自由を制限されずといった各種の制度として表現されている。憲法の実施を貫徹するには、部門法が定める所の各項の公民権利保護の規則や制度を全面的に実施し、権利保障の体系とメカニズムを十全化させる必要がある。と同時に、もしも法律の中に公民の基本的権利の保障が不足していたり、或いは不当に制限されたりしている情況が存在したりする場合は、憲法に基づき修正を加える必要がある。行政機関は、公権力を行使する過程においては、憲法を初めとする法律の規定に違反し、公民の基本的権利を侵害したり妨害したり

してはならない。中国『憲法』第135条は「人民法院、人民検察院及び公安機関が刑事事件を処理するには、分業で責任を負い、チームワークを取り合い、制約し合う事により、正しく効果的に法律を執行することを保証して然るべきものとする」と定めている。中国『刑事訴訟法』は公（公安機関）検（検察院）法（人民法院）の三機関は刑事訴訟活動において各々の職務を司り、チームワークを取り合い、互いに制約し合う様定めているが、これは中国の国情のマッチした、中国的特徴を有する訴訟制度であり、堅持して然るべきである。但し、実践においては、個別の地方の公・検・法の三機関は、チームワークを取る事のみ重んじ、互いに制約し合う事は重んぜず、甚だしきに至っては、三機関が共同で事件処理に当たることで、冤罪・誤審がもたらされるというケースも生じる。かつて起こった佘祥林事件、趙作海事件は何れも公・検・法の三機関の間で制約が重んじられなかった事に関係するものである。この事は、厳格に憲法に基づき権力を行使してこそ、はじめて効果的に公民の基本的権利が保障され、人権が尊重且つ保障され、人民が広範な権利と自由を享受する事が保障されると共に、総書記が打ち出した憲法をして、「人心に深く根付かしめ、人民大衆に入らしめる」との要求を叶え、人民大衆の素晴らしき生活への憧れと追求を保障することが可能になるのである。

　「依法治国」を推し進めるには、憲法意識を堅固に打ち立てる必要がある。憲法意識は法律意識の重要な内容である。法律思惟とは即ち仕事において「辦事依法」（物事を処理するには法に従う）、「遇事找法」（事が起きれば法を探る）、「問題を解決するには法を用いる」、「矛盾を解消するには法に頼る」という理念及び問題を考える習慣を打ち立てることである。五千年の華夏文明史は中国に無尽蔵の精神的財産を残しはしたものの、歴史の大河における封建思想や伝統が当面の法治建設の大きな障碍となると共に、今後長きに亙って直面せざるを得ない問題となるであろう。それは正に鄧小平同志が「旧中国が我々に残したものは、封建独裁的伝統が多

く、民主法制的伝統は極めて少ない」〔『鄧小平文選』、2 版、第 2 巻。北京、人民出版社、1994 年〕と指摘した通りである。故に、一般民衆のみならず、一部の指導者幹部も封建的特権思想の影響を深く受け、人々の権利意識や平等観念は極めて薄く、しかも等級観念、官僚意識、官本位思想等が社会に蔓延ってしまっていて、これらは何れも現代の法治精神にそぐわぬものである。憲法意識を強化するべく、四中全会は、憲法宣誓制度の制定を提起した。即ち人民代表大会及びその常務委員会に選ばれた、また任命された政府の職員の全員は、正式に職務に就く際に公開で憲法に向かって宣誓を行うのである。この方法は、憲法の権威を明らかにし、公職者の憲法観念を強め、憲法に忠実で、憲法を擁護するよう公職者を励ますのに有利であるとともに、社会全体の憲法意識を強め、憲法の権威を打ち立てるのに有利でもある。

習近平同志は、法治の権威が打ち立てられるか否かは、先ず以って憲法の権威の有無を見なければならないと指摘した。中国は既に「依法治国」の社会主義法治国家を築く治国戦略を憲法に盛り込んだが、「依法治国」とは先ず以って「依憲治国」である。我々は四中総会の決定の求めに従い、憲法の実施を重要視し、憲法の権威を強め、科学的立法、厳格なる法執行、公正なる司法、全人民による法の遵守のプロセスを全面的に推し進めねばならない。

## 十二、法治建設は「上から下へ」も「下から上へ」も必要

人類社会発展の一般法則の反映として、法治は現代の世界が公に認めている国家統治と社会管理のベストな方式である。一旦法治が効力を失えば、国家の営為と社会の発展に様々な問題が生じるであろう事は、実践が証明している所である。人類の歴史経験も、法治は単なる上から下への立法活

動ではなく、下から上への法治の生長も必要であることを明らかに示している。

　法治は現代世界の一般法則及び普遍的経験ではあるものの、一つの国家がどのような法治の道を歩み、如何なる法治国家を建設するかは、その国家の国情によって決まるものであり、中国とて例外ではない。中国の政治、経済、社会、文化等の実情及び人民の期待と実践の需要は、我々の法治建設のリアルな環境であり、中国の法治の道及び法治パターンの制約的要素であり、我々の法治研究の具体的文脈（コンテクスト）である。この一点を踏み外してしまうと、中国の法治事業は方向を見失うか、或いは盲点が現れるかし、中国の特色ある社会主義建設事業は大きな影響を受けることになろう。中国の現実から出発すれば、中国の法治は上から下の設計と後押しが必要であるだけでなく、下から上への実践と成長も必要であり、両者の何れか一方を欠いてはならず、互いに補完し合わねばならない。

　所謂「上から下へ」とは、国家権力主導の下で法治建設を推し進め、良法でもって発展を促し、善治を保つことを言う。中国が「上から下へ」の法治建設パターンを採用せねばならない所以は、主に以下の理由によるものである。中国の法治建設は党のリーダーシップの下、中国の特色ある社会主義法治の道を歩み、終始法治建設のトップダウン企画及び設計を重要視し、我々の法治建設は総体的な目標と青写真を持ち、各々の段階においても具体的な建設計画及び保障措置を有しているその一方で、中国の法治建設の実践が既に証明している通り、中国の社会主義現代化建設事業は世界が注目する成績を収めており、その成績の取得は上から下への全体計画に基づき一歩一歩推進され、人民の願望を法律へと転化させ、党と国家の指導的主張と重大意思決定配置を法律法規及び政策政令へと転化させると共に、「上から下へ」と押し広め、厳格な法執行及び公正な司法を通じて法律をして実施貫徹し得るようせしめており、この事も我々の「上から下へ」の法治建設推進が多大な成果を収めている重要な原因である。

更に見るべきは、中国は法治後進国で、改革開放当初においては、法治事業の諸方面が均しく大きな欠陥を抱え、実践の需要を満たすことができ得ずにいたことである。こうした現実に直面して、中国共産党のリーダーシップの下、中国の国情に応じて、国外の先進的経験を参考にする基礎の上で、社会主義の力を集中させて大事業を為す優位性を発揮しつつ、法治建設のトップレベル・デザインを進め、厳密な計画を立て、効率的に実施すことで、はじめて回り道を経ること少なくして飛躍的な発展を実現し、改革開放の安全稼働を確保することができ得るのである。中華人民共和国成立以前、中国の封建専制社会の歴史は長く、朝が幾度となく交代すれども、「歴代皆秦の王制を継承」し、根強い封建的伝統が今に至っても深く影響し、長大な歴史の大河の中で、歴代の統治者が公布施行した律令がより多く伝統的習慣を再現させ、実質的には依然として自然発生的な社会秩序のままであったが故に、完全に整備され、現代化した所有権や債権等の法制度は形成されてはいなかった。黄仁宇氏は、伝統的中国社会が何故に資本主義社会へと進まなかったのかを論じるに際し、中国は数千年来私有財産権に対して充分な保障を提供しなかった事がその主な理由であると考えた。こうした点からも、国家主導の下での良法が社会を発展へと導き、社会生活を規範化するのを抜きにしては、社会主義市場経済建設に適応する法制度を確立しようとしても、それは完全に不可能であることが見て取れるのである。この例は、単に時間の推移や社会の進化発展に頼るのみであっては、中国を現代化の法治社会に入らせようとしたところで、恐らく通用しないであろうことを物語っている。中国共産党のリーダーシップの下、外来先進の法律文化を学び、それに続いて中国の優れた伝統文化を受け入れることを通して、中国の国情に適った法律制度を確立すると共に、上から下へと押し広めれば、我々をして速やかに法治現代化の社会へと入らしめることができ得よう。「上から下へ」と法治建設を進めるのは、一つの成功の経験であり、実行可能なプランであると共に、中国が世界に

融け込み、現代へと向かう重要な保障であることを事実が証明しているのである。

「上から下へ」の法治建設が重要であることは疑うべくもないが、それのみでは不十分で、「下から上へ」の法治建設も不可欠である。所謂「下から上へ」とは、法治建設は自国の歴史、文化、伝統及び法律の実践と密接に結びついたものであることが必要で、社会と時代から逸脱してはならないことの謂いである。「法律は完全なものになるように絶えず改善していく一種の実践でである」とロナルド・ドゥオーキン（Ronald Dworkin）は指摘した。法治は特定の時間と空間を離脱し得ずに存在するものであり、国家の法制定は実践経験を特に重要視するものである。19世紀の歴史法学派の現代の法律に対する影響は絶大で、その代表的人物であるサヴィニー（Savigny）は、法律は創造されたものではなくして、発見されたものであり、それは一民族のそれまでの歴史の中で形成された生活経験と実践的智慧に根を下ろしたものであると指摘している。その意味において、「法律は歴史の産物なり」と言うことができる。マルクスもこう強調している。「立法者は自らを一自然科学者と看做すべきで、彼は法律を製造しているのではなく、発明しているのでもなく、法律を述べているだけのことである」[34]と。確かにその通りで、立法者の法律制定は、天馬空を行くが如くに想像力を頼りに完成し得るものではなく、真の良法は社会実践を充分に考慮する事を必要とし、とりわけ社会生活の中で生まれた習慣や慣例等を特に重んじ、法の執行及び司法の実践経験を汲み取り、時を移さずその成熟した精髄部分を法律へと高めることを重要視すべきである。「下から上へ」より生まれた実践経験が一定の行為規則へと転化されれば、社会の大多数の人に理解され且つ認められ、フリードリヒ・ハイエク（Freiedrich Hayek）の言う所の「自発的に生長した秩序」を形成することが可能となる。もしも法律がこうした経験を吸収して取り込むならば、それ自体がより地に足がつくようになると共に、人々から自覚的に遵守さ

れるようにもなる。これとは反対に、もしも立法者が訳も無く法律規則を設けようものなら、実践から逸脱し、空文と化してしまうか、ひいては悪法と化してしまい、法治建設はそれ故に根本を失ってしまいかねない。

　法治文化を培うには、「下から上へ」の生長が必要で、法治の発展は社会の諸要素の制約から逃れることができず、社会という土壌を離れてしまっては、法治及びその文化は生存し得なくなる。「法の全ての効力は、当時の歴史の総体的状況の産物であり、縮図である」[35]。モンテスキューは自著『法の精神』の中で、一国の法律及びその政治、経済、宗教、自然条件等といった諸々の自然社会的要素は内在的に結びついていて、それらの関係の総和が所謂「法の精神」なるものを構成している事を詳細に論じている。フリードリヒ・カール・フォン・サヴィニー（Friedrich Carl von Savigny）も、法律を一種の歴史的社会事実として経験と研究を加える様主張し、法律は内なる民族精神の反映であり、立法者の意志の単純な顕れではないとしている。「法律は人民の成長に従って成長すると共に、その力が増強するにつれて増強し、最後はそれに連れて民族性を失い、消滅する」[36]。米国の著名な法学者ロスコー・パウンド（Roscoe Pound）は、評価する際にも、一国家の法律はそれ自体の歴史文化、価値観及び実践経験と切り離すことができず、中国の法律も「中国の歴史と中国国民の長年来良く知る所の制度と理念に深く根付いているものである」[37]。それ自体の歴史的境遇ならびに経験と結び付けて解釈し且つ適用する必要がある。これらは何れも、法律は立法者が定めた抽象的な法律規則であるばかりか、更には社会の営為メカニズムの法的表現なのである。

　法治は一種の統治方式として、積極的に実践経験を吸収し取り入れる必要がある。中国の法治建設の経験は、数多の法治建設の経験が何れも各地の実践経験の総括であって、完全に計画されたものではなく、実践において不断に模索し、総括することを通して良好な社会統治経験が形成されたことをはっきりと示している。或る意味からすれば、法治は国家と社会の

共同統治管理の産物であって然るべきで、法治建設は実践経験の総括を必要とするのみならず、社会の自治機能を発揮させる事も必要で、とりわけ現代のハイテク社会に在っては、行政機関は往々にしてタイムリーに現代科学技術発展の足並みに付いて行くのが難しく、これには業者協会、住民規約及び単位（団体）規則等の社会統治における役割といった様な社会自治機能を充分に発揮させ、社会の多次元的統治・管理を実現させる必要がある。

　ここで特に強調しておかねばならないのは、法律以外の社会規範とは、現在の習慣を指すだけでなく、中国の優れた伝統文化をも含んで然るべき事である。中国の伝統は法律と道徳の相互補完を重視し、「礼法合治（道徳の感化と法律の執行を並行して国を統治する）」、「徳主刑輔（道徳は主、刑は補。道徳の教化は主たる手段、刑罰は補助的な手段）を主張し、家庭の倫理と秩序を重んじるものであり、これらは何れも現在法治建設に優れたDNAを提供すると共に、中国の法治発展の文化的基礎を築くものでもある。我々は、法治建設においては、優れた伝統文化を土台に、「依法治国」と「以徳治国」の有機的な結びつきを形成せねばならない。そうであってこそ、人々ははじめて心の中に法治に対する尊崇の念を懐くと共に、法を遵守することを誇りにし、法に悖ることを恥じとし、真の意味における法治に対する尊崇を確立することができるのである。さもなくば、我々の法治建設は浮き草の如く根無しにして真の意味での生命力を持つ事は難しい。

　「上から下へ」と「下から上へ」は法治建設の二つの道及びパターンで、一見矛盾するものの様に思えるが、実はそうではない。この両者は互いに歩調を合わせ、両々相俟って益々良い効果を収める関係に在る。法治建設においては、「上から下へ」と推し広げるのみではいけない。さもなくば、法治は社会に融け込む土台を欠くことになってしまう。又、「下から上へ」だけでもいけない。さもなくば、法治を有力に推し広めるのは難しい。法

治建設においては、「上から下へ」の推し広めがあるからといって、「下から上へ」の生長など要らないという訳にはいかず、「下から上へ」は法治の為の土台をしっかりと築く事で、法治が役割を発揮し難い空中の楼閣と化してしまうのを回避することができる。そして更に、「下から上へ」の生長に頼りっきりで、「上から下へ」の推し広め、導き及び規範化など要らぬという訳にもいかず、さもなくば、法治の生長は方向を見失ってしまうことにもなりかねない。何故なら、自発的な成長に頼りっきりであっては、「法治」の発展は全くの盲目的で、無秩序で、混乱し且つ立ち遅れた野蛮なものとなってしまう可能性が有り、それでは法治の本意に違背してしまうことになる。法治建設においては、「上から下へ」の推し広めであるからといって国が一手に引き受ける事により、社会の自治が失われてしまってはならず、社会の自治に必要な空間を残し、「下から上へ」の生長が一定の程度にまで発展するのを待って、タイムリーにそこから法律規則を取り出すべきであり、又「下から上へ」であるからといって法治の自然な生長を放任してしまってはならず、さもなくば、生長のスピードが緩慢になり過ぎてしまい、先進的な法治文化理念も推し広められなくなってしまいかねない。

　法治建設においては、「上から下へ」と「下から上へ」は何れも必要なものであり、それらの間はよい状態での有機的な連動関係である。両者は同時進行すべきであり、また整合性も備えていなくてはならない。そうであってこそ、はじめてスムーズに法治建設のプロセスを推し進めることができると共に、中国の社会主義法治事業の不断なる進歩を確保することができるのである。

註
1) 学者の考証によると、「法治国家」という言葉は清朝末期に日本語からの訳語である。1906年、朱少濂は木喜徳郎（口述）の『法治国主義』を翻訳した。韓大元著『中国憲法文本中

「法治国家」規範分析』を参照、『吉林大学社会科学学報』に掲載、2014(3)。
2) [英国] トム・ビンガム著『法治』5頁。毛国権訳、北京。中国法政大学出版社2012年。
3) 【古代ギリシャ】アリストテレス著『政治学』、呉寿彭訳、202頁。北京、商務印書館、1965年。
4) [葡] 孟狄士 (Mendish) 著『法律研究概述』, 黄顕輝訳、147頁。マカオ、マカオ大学法学院、1998年。
5) 『マルクス・エンゲルス選集』3、第1巻、135頁。北京、人民出版社、2012年。
6) See Lon L. Fuller,The Morality of Law, New Heaven: Yale University Press, 1976,Chapter 3.
7) See Randall Peerenboom, Chinas Long March Towards Rule of Law, Cambridge University Press, 2002, pp.2-6.
8) 劉智峰著『国家治理論』を参照、111頁。北京、中国社会科学出版社、2014年。
9) 【米】Edgar Bodenheimer 著『法理学：法律哲学与法律方法』、鄧正来訳、422頁。北京, 中国政法大学出版社 ,2004年。
10) 【古代ギリシャ】アリストテレス著『政治学』、呉寿彭訳、138頁。北京、商務印書館、1965年。
11) 【古代ギリシャ】アリストテレス著『政治学』を参照、呉寿彭訳、348頁。北京、商務印書館、1965年。
12) 【豪】B.A.LL.B.phD. 著『普遍性と法治：グローバル化なる挑戦』、畢小青訳、夏勇等主編『法治と二十一世紀』に掲載、273頁。北京、社会科学文献出版社、2004年。
13) 鄭成良著『論法治理念与法律的思考』を参照、『吉林大学社会科学学報』より、2004（4）。
14) 宋功徳著『建設法治政府的理論基礎与制度安排』を参照、5頁より、北京、国家行政学院出版社、2008年。
15) 陳新民著『徳国公法学基礎理論』（上）を参照、81頁より、済南、山東人民出版社、2001年。
16) 『マルクス・エンゲルス全集 第1巻』、71、281頁。北京、人民出版社、1956年。
17) 季衛東著『法律程序的意義……対中国法律建設的另一種思考』、『中国社会科学』に掲載。1993年。
18) Linda Senden,Soft Law,Self-Regulation and Co- Regulation in European Law:Where Do They Meet?,Vol.9 Electronic Journal of Comparative Law,January 2005,羅豪才より、畢洪海著『通過軟法的治理』、『法学家』に掲載。
19) 羅豪才、畢洪海著『通過軟法的治理』を参照、『法学家』に掲載、2006（1）。
20) 【古代ギリシャ】アリストテレス著『政治学』、呉寿彭訳、171頁。北京、商務印書館、

1965 年。
21）Habermas,"Jgen (1987a) The Theory of Communicative Action", Volume 2, System and Life world: A Critique of Functionalist Reason,Boston, MA: Beacon Press.
22）石茂生著『法治概念的実質要素‥‥評亚里士多徳的法治思想』、《法学雑誌》に掲載、2008(1)。
23）李林著『当代中国語境下的民主与法治』、《法学研究》に掲載、2007(5)。
24）【独】Gustv.Radbruch 著『法律智慧警句集』舒国瀅訳、49 頁。北京、中国法制出版社 ,2001 年。
25）宋功徳著『建設法治政府的理論基礎与制度安排』、5 頁。北京、国家行政学院出版社、2008 年。
26）【古代ギリシャ】プラトン著『理想国』, 郭斌和、張竹明訳、214~215 頁。北京、商務印書館、1986 年。
27）段秋関著『中国伝統法律文化的形成与演変』、『法律科学』に掲載 ,1991(4)。
28）https://www.gallup.com/analytics/356963/gallup-global-law-and-order-report.aspx. 2022 年 2 月 16 日閲覧。
29）『< 中国社会心態研究報告（2021）>：民衆安全感、公平感、信任感都有所提高』、『法治周末』2022 年 1 月 13 日
30）陳兵『「法律秩序」形義研究』、『雲南大学学報（法学版）』2010 年第 2 期。
31）【米】ハロルド・バーマン（Harold.J.Berman）著『法律与宗教』、梁治平訳、中国政法大学出版社 2003 年版，3 頁。
32）【米】デビッド・ルーベン著『法律現代主義』蘇亦工訳、53 頁。中国政法大学出版社 2004 年版。
33）【古代ギリシャ】アリストテレス著『政治学』、呉寿彭訳、348 頁。北京、商務印書館、1965 年。
34）『マルクス・エンゲルス全集 第 1 巻』、347 頁。北京、人民出版社、1995 年。
35）【独】Bernd Ruthers 著『法理学』、丁暁春、呉越訳、275 頁。法律出版社 2013 年版。
36）張乃根著『西方法哲学史綱より孫引き、208 頁。中国政法大学出版社 1993 年版。
37）【米】Roscoe Pound 著『中国法律之基石 : 比較法和歴史』、熊丙万等訳、『財経法学』に掲載、2019 年第 1 期。

# 第二章

## 「依法執政」（法に基づく執政）

党の 18 期第四回全体会議（四中全会と略称）は、「党のリーダーシップと社会主義法治の建設」とは「表裏一体」の関係である、と指摘している。社会主義の法治には党のリーダーシップを堅持せねばならない。党自らが憲法と法律の範囲内で活動すべきであり、「依法執政」は中国共産党の人民を率いて執政法則を探求した科学的総括であり、基本的経験であると鮮明に打ち出した。本章は「党のリーダーシップは『依法治国』の全面的な推進というタイトル中に含まれるべき意義」、「『依法執政』を堅持するには先ず以って『依憲執政』であるべき」、「『依法執政』が『依法治国』の鍵」等といった命題を巡って掘り下げた解説を進めるものである。

## 十三、「依法治国」と「依法執政」

　党と法治との関係は法治建設の核心的問題である。依法執政とは、中国共産党が憲法及び法律に基づき全国人民を率い、全局の総覧、各方面の協調を堅持し且つ実現させ、人民が主人公となるのを確保すると共に、国家統治システムの近代化を実現することを指す。「依法執政」は人類の政治文明に共通の成果であると共に、当代における政党執政が共通して拠所とすべき法則であり、又中国共産党が新たな歴史的時期において堅く守って然るべき基本執政方式でもある。「『依法執政』を堅持することは、我が党が人民を率いて長年に亙って統治の道を探求してきた歴史的経験であり、共産党の執政法則に対する認識の絶えざる深化させた科学的総括である」と、習近平同志は指摘している。

　党の 11 期三中全会以来、中国共産党は十年に及んだ「文化大革命」の悲惨な教訓を括かし、人民の民主を保障するには、法治を強化すると共に、民主を制度化、法律化し、「依法治国」を党が人民を率いて国を統治する基本戦略とすべきであると提起してきた。鄧小平同志は、「以党代政（党が政府に取って変わること）、党政不分（党と政府を区別しないこと）」で、

「権力が過度に集中するという現象が、党のリーダーシップの一元化というスローガンの下、不適切且つ分析無しに全ての権力を党委員会に集中させ、党委員会の権力が往々にして幾人かの書記、とりわけ第一書記に集中することで、党のリーダーシップの一元化が各級の党の最高責任者である個人のリーダーシップと化してしまっている」〔『鄧小平文選』2版、第2巻、328~329頁。北京、人民出版社、1994年〕と幾度も指摘された。この種の「人治」色の濃い執政方式は、個人が独断で権力を一手に握ることによって、党や人民の事業に由々しき傷害と損失を極めて容易に与えてしまいかねない。社会主義法治建設の成功の経験と深刻な教訓に踏まえて、党の16大は、党のリーダーシップ方式と執政方式を十全にすると述べた時、最も早く「依法執政」という概念を示した。「依法執政」を堅持し、執政能力を絶えず向上させるという思想を明確に打ち出したことは、「依法治国」という基本戦略の党の執政活動に対する内在的要求を反映したものである。16期第四回全体会議は、中国共産党の歴史の方向と位置において起きた変化に基づき、改革開放の実践経験を総括した基礎の上で、党の新たな世紀、新たな段階における歴史的任務を全うする事を出発点とし、「依法執政」が新たな歴史条件の下での党の執政の基本方式であることを明確に打ち出したのである。

　18大以来、習近平同志を中核とする党中央は、法治建設を高度に重視し、中国の法治建設のプロセスを大いに加速させている。習近平法治思想は、「依法治国」、「依法執政」、「依法行政」の共同推進及び法治国家、法治政府、法治社会の一体化建設を堅持すべきであると指摘している。立法という点から見るならば、社会主義法体制が形成されて以降、絶えず十全の方向へと向かいつつある。司法改革の総体的目標と具体的措置は、各項目の改革措置が正に司法機関の独立の保障、公正なる職権行使という目標を一歩一歩達成しつつあり、司法改革に新たな高まりが起き、今正に発展の最中に在ってその勢いは衰えてはいない。と同時に、党の管理を厳しく

し、党の統治を厳しくし、権力を制度の籠の中に閉じ込めることも、「依法執政」の重要な措置となっている。「依法行政」と法治政府の建設は、既に「三位一体」建設における重要な一環となっており、政の簡素化と権力の分散化、政府の職能の転換の数多の措置の施行は、高効率で廉潔な奉仕型政府建設の為の良好な基礎を築いたのである。18期三中全会は、改革を全面的に深化させる戦略配置を打ち出し、改革の全面的深化の目標を国家の「治理」（統治・管理）能力及び「治理」システムの現代化の推進に定め、党の18期四中全会は「依法治国」の全面的な推進を打ち出すと共に、法治システムと法治中国建設の総目標を確定し、詳しいロードマップを示した。「依法治国」は中国共産党の執政興国（政権を握り、国家を振興すること）に関わり、人民の幸福と平安無事に関わり、党と国家の長期的安定に関わるものである。中国共産党は法治建設を高度に重視するものであり、習近平同志は、「党と法の関係は一つの根本的な問題であり、上手く処理できれば、法治は栄え、党が栄え、国家が栄えるし、上手く処理できなければ、法治は衰え、党が衰え、国が衰える」と指摘しており、これは党と法治の相互関係を深刻に解析している。党のリーダーシップと「依法執政」との関係は、中国が「依法治国」戦略を着実に実施し、法治国家を建設するその鍵となるものであり、両者の関係が上手く処理されるならば、党と人民の事業は栄え、両者の関係が上手く処理されなければ、党と人民の事業は挫折に遭いかねないのである。

　四中全会決議は、中国の特色ある社会主義法治の道を歩むには、先ず以って中国共産党のリーダーシップを堅持すべきであると提起すると共に、「依法治国」、「依法執政」、「依法行政」を共に推し進めることを堅持すべきであり、「依法治国」は総体的内容及び目標であり、「依法執政」と「依法行政」はその具体的内容であると提起した。「三位一体」建設は「治理」に対する認識の重大な飛躍であると共に、「治理」システム近代化の具体的現れでもある。四中全会決議は、この重大理論問題に対して系統的な解

説を行い、党のリーダーシップこそ中国の特色ある社会主義の最も本質的な特徴であり、社会主義法治の最も根本的な保証であると指摘している。党のリーダーシップを「依法治国」の全プロセス及び各方面に貫徹させることは、中国の社会主義法治建設の基本的経験なのである。法治建設の総目標を確定した後、四中全会決議は、真っ先に党のリーダーシップを堅持すべきであると打ち出している。四中全会の決議の中では、党と法治の関係に関して、多くの深く理解し且つ体得する必要のある理論的ハイライトが存在しており、それらは少なくとも以下に挙げる幾つかの面に体現されていると筆者は考えるものである。

### (一) 党のリーダーシップの堅持が「依法治国」の全面的推進というテーマに含まれる意味

中国憲法は中国共産党の指導的地位を確立させた。『憲法』の序文は、「中国諸民族人民は引き続き中国共産党の指導の下、我が国を富強、民主にして文明的な社会主義国家へと建設するものとする」という国家の総目標を定めている。憲法は根本法、最高法規範という角度から党の指導的地位を確立させているのである。党の15大の報告が「依法治国」のスローガンを打ち出してより以降、「依法治国にして、社会主義法治国家を建設するものとする」が憲法に明文化され、憲法確立の基本原則へと高められると共に、党と国家の「治国理政」の基本方針及び行動指針となるに至った。党の16大は、「三つの統一」という法治原則、即ち「社会主義民主政治を発展させる上で最も根本となるのは党のリーダーシップの堅持、人民が主人公となる及び『依法治国』を有機的に統一することである」と打ち出し、こうして中国の特色ある社会主義「依法治国」戦略の根本原則が確立されたのである。

改革を全面的に深化させ、「依法治国」を全面的に推し進めるには、何れも終始党のリーダーシップを堅持する必要がある。「深海ゾーン（より

複雑な領域）」に入った目下の改革は、陣地を固めて攻略する戦いを展開する必要があり、しかも社会の衝突や対立の形態が複雑化するとともに、国際情勢も複雑で変化しがちである。この様な時代背景の下で全面的な改革の深化を実現す事と「依法治国」戦略を着実に実施する事とは、相い補完し合うと共に、相互に促し合うものである。党の確乎たるリーダーシップこそ社会主義事業が輝かしき成績を収める根本原因であり、国家と社会生活の法治化は国家の長期的安定と人民の幸福安穏の根本保証であり、中国共産党が執政方式を転換し且つ長期執政を実現させる有力な保障であることが歴史の経験によって如実に示されている。従って、党のリーダーシップと法治との関係こそ即ち中国の特色のある法治理論が掘り下げて研究し且つ詳しく解説すべき問題であると共に、中国の特色のある法治理論が全面的に回答して然るべき核心的な問題である。四中全会は、更に明確に、党のリーダーシップを堅持する事は「依法治国」の全面的な推進というテーマの中に存在して然るべき意義なのである。所謂「テーマの中に存在して然るべき意義」とは、党のリーダーシップと社会主義法治とは一致するものであり、党のリーダーシップは社会主義法治の根本要求であり、社会主義法治は党のリーダーシップを堅持し、党のリーダーシップは社会主義法治を拠所とすべきであるという事を指す。社会主義法治国家の建設は、社会主義を建設すべく党が人民をリードする構成部分であると同時に、党のリードする社会主義建設もまた法治に拠って保障されるべきなのである。それ故に、四中全会決定は、党が人民をリードして憲法と法律を制定し且つ実施し、党と共に憲法、法律の範囲内における活動を統一させる事を堅持すべきであると打ち出したのである。党の主張を法に定められた手続きを通じて国家の意志とする事に長け、党組織が推薦する人選を法に定められた手続きを通じて国家政権機関のリーダーとすることに長け、国家政権機関を通して党の国家及び社会に対するリーダーシップを実施させる事に長け、民主集中制の原則を運用して中央の権威を維持させ、全党、全

国の団結と統一を維持することに長けるようになるのである。

### (二)「依法治国」の全面的推進には党のリーダーシップを堅持すべき

　四中全会は中国の社会主義建設の成功の経験と深い教訓を深く総括すると共に、「依法治国」を全面的に推し進めるには党のリーダーシップを堅持する必要があるとより一層強調している。党のリーダーシップは「依法治国」を全面的に推し進め、社会主義法治国家の建設を速める最も根本的な保証であり、党の法治任務に対するリーダーシップを強化し且つ改善することで、党のリーダーシップを「依法治国」の全面的推進の全プロセスに貫徹させる必要がある。執政党としての中国共産党は、西洋の政党とは違って、国家全体を指導し、国家と社会の「治理」方式を決定するものである。中国憲法は根本法の形式でもって党が人民を率いて進めた革命、建設、改革が収めた成果を反映すると共に、歴史と人民の選択において形成された中国共産党の指導的地位を確立させた。党のリーダーシップの下での「依法治国」と「法治の励行」であってこそ、はじめて人民が主人公となることが充分に実現され、国家と社会生活の法治化も秩序立った推進が可能となるのであり、中国が果たして社会主義法治体系及び法治中国を築くことができるか否かの鍵は中国共産党自らが法治を実現し得るか否かにある[1]。四中全会決定は、「依法執政が依法治国の鍵である」と指摘しているが、執政党の「依法執政」は憲法と法律の範囲内での活動であってこそ、はじめて執政党が絶えず執政レベル及び執政能力を高めると共に、全国人民を法治の励行及び社会主義法治国家の建設へと導くことができるのである。四中全会の精神に基づけば、党の法治建設における指導的役割は主に以下の点に現れる。

　一に、立法をリードすること。中国共産党は人民の共通の意志と根本利益を代表し且つ反映するものであるからには、党の政策の制定は大衆の中から到来し、大衆の中へと入って行くという様に、人民大衆の意志を体現

したものであって然るべきである。その上で、法的プロセスを通じてこうした意志を法律へと転化させるならば、党の主張は人民の主張の集中的な体現となる。党の法治建設に対するリーダーシップは、先ず以って法に定められた手続きを通じて自らの主張を国家の意志へと転化させることで、全国人民が共に遵守する法律となって、社会主義法治建設をリードするのである。党は国家の大局と人民の願望に基づき、適時に立法の建議を提起すると共に、立法の手続きを通じて国家の意志へと転化させ、法律へと高めることに長けていなければならない。

　二に、法の執行を保証すること。法の執行を保証するには、国家機関が法に基づき職権を行使するのを督促し且つ支持せねばならず、法執行部門は厳格に法に基づいて物事を処理し、適切に公民の合法的権利を擁護せねばならない。その為には、党はイデオロギー指導、政治指導及び組織の指導と仕事の指導を通して法執行部門が厳格に法を執行するのを監督し且促すと共に、法執行効果を保障する努力をしなければならない。

　三に、法の執行を監督すること。政府が公権力を行使するには、党委員会の監督を受けねばならない。当然ながら、この種の監督は具体的な作業に対して随意に関与するというものではなく、法的手続き及び関連規定に基づき行われる監督である。党の監督は党が全ての社会管理事務を一手に引き受けたり、又各種の国家機関が具体的に公権力を行使するところの活動を一手に引き受けたりするのとは決して同じではなく、党の各級組織も各種の国家機関に取って代ることはできない。党の監督は主に国家機関の公権力が正しく行使され、党の政策が国家機関によって着実に実施されるのを保証するというものである。

　四に、司法を支持すること。司法の公正性を保障するべく、党委員会は司法機関が法に基づき独立して裁判権と検察権を行使し、憲法と法律が賦与する所の司法の職責を真摯に履行し、司法の公正性の実現に努めるのを支持して然るべきである。四中全会決議は、指導者幹部が司法活動に干渉

したり、具体的な事件処理に介入したりすることを記録して通報する制度と、責任追及制度を構築することを要求した。如何なる党政機関（党の機関と政府の機関）や指導者幹部であれ、何れも司法機関を法の定める職責に違反し、司法の公正性を妨げる様な事情に従事させてはならず、如何なる司法機関も党政機関や指導者幹部が違法に司法活動に干渉する要求を執行してはならない。司法機関の事件処理に関与した者に対しては、党紀政紀処分（党や政府の規律要求に違反した者に対する処分）が与えられるべきであり、冤罪・でっち上げ・誤審或いはその他の由々しき結果をもたらした者は、法に基づく法的責任の追及が為されて然るべきである。こうした決定は、何れも効果的に司法を支持する為のものである。

　五に、率先して法を遵守すること。『憲法』第5条は、「一切の国家機関及び武装勢力、各政党及び各社会団体、各企業事業組織は何れも憲法及び法律を遵守すべきであり、一切の憲法及び法律に違反した行為は追及されて然るべきものとする」と規定している。執政党は人民を率いて法律を制定するものであるからには、憲法及び法律を遵守する過程においても手本としての役割を果たさねばならない。全党員が何れも憲法と法律を遵守すると共に、各級国家機関、各種社会団体及び各民族の人民大衆が憲法と法律を遵守するようリードする必要がある。憲法の規定に基づけば、党は必ず憲法の法的範囲内で活動すべきであり、憲法及び法律を越えた特権を擁してはならない。如何なる権力も憲法及び法律の制約を受けねばならず、誰人たりとも権力を法に代えたり、権力で法を抑えつけたり、法を廃したりすることは許されないのである。

　法治国家と法治社会建設のプロセスにおいては、各種の抵抗や障碍に出くわす事は不可避であるが故に、執政党は終始法治の確乎たる信念を打ち立て、確乎不動にして全国人民を法治の励行へと導くことが、各種の抵抗を効果的に取り除き、法治国家及び法治社会を築く鍵なのである。

### (三) 党のリーダーシップは社会主義法治を拠所とすべし

　法治は人類社会の歴史が証明する所のベストな「治理」の模式的なスタイルである。法治には安定性、持続性及び予期可能性をもつといった特徴が有り、人々の行為の予期可能性を維持し得ると共に、社会発展の有秩序性と安定性をも保障し得る。中国の憲法及び法律は、党が代表するところの人民の意志を体現すると共に、党の国家の諸事業に対する指導的地位を確立させていて、この意味から云えば、憲法及び法律の着実な実施を全面的に貫徹することが即ち党のリーダーシップを全面的に着実ならしめることになるその一方で、法治は党の執政能力及び執政レベルを高める根本保障でもあり、法治思考と法治方式を貫徹し、法の定める道筋とプロセスを通じ、人民の願望を反映し且つ公平・正義に合致した良法に基づき政務を執ることによって、党の執政ははじめて科学性と正当性を具えたものとなり、この事は執政における誤りを回避し且つ減らすと共に、誤りを糾すコストを下げるのに有利であり、党のリーダーシップの強化と改善は法治を拠所とすべきなのである。

　党が全国人民を率いて全面的に「依法治国」を推し進め、法治体系及び法治中国を建設するには、「依法執政」を堅持する必要がある。習近平同志は、中国共産党が執政党であるからには、「依法執政」を堅持し得るか否か、正しく立法をリードし、率先して法を遵守し、法の執行を保証し得るか否かが、「依法治国」の全面的な推進に対して重大な役割を果たすことになると指摘している。故に、「依法執政」は「依法治国」の鍵であり、「依法執政」を実行するには、先ず以って憲法と法律に基づく国政運営が党に求められるのである。

　「依法執政」は先ず以って「依憲執政」でなくてはならない。憲法と法律は党が人民を指導して制定したものであるからには、依法執政は各級の党組織及び指導者幹部には憲法と法律の権威を守り、その実施を保証する義務がある事を意味している。憲法は科学的且つ合理的に国家権力を配置

したものであるからこそ、憲法を実施してはじめて真に公権力を制度の籠の中に閉じ込めると共に、国家権力の順調なる引継ぎを保障することが可能となる。憲法を実施するという事は、憲法が確立した法律の前で人々は平等であるという原則を着実なものならしめ、誰人たりとも憲法と法律の定める以外の特権を享受してはならない事を意味している。各級の指導者幹部は憲法と法律の範囲内で職権を行使すべきであると同時に、法律に対して畏敬の念を懐き、法律のレッドラインを越えてはならず、法律の最低ラインは触れるべきでなく、率先して法律を遵守すると共に、法に基づき物事を処理し、違法に権力を行使してはならない事をしっかりと心に刻むべきである。党員である指導者幹部が率先して法を遵守し、法律遵守の模範となれば、自然と社会全体に見本を示す役割を果たすことができる。それによって、全民が法を信じ、法を遵守するのを実現することができるのである。「依憲執政」を堅持してこそ、はじめて真の意味において憲法の権威を擁護し、憲法の実施を保障する事ができるのである。

「依法執政」は党の執政能力と執政レベルを高め、「治理」能力の現代化を実現するのに有利である。民主政治は必然的に法治化された政治であり、中国共産党が社会主義現代化の国家を建設し、中国の夢を実現するよう全国人民をリードするには、「依法治国」の基本戦略と「依法執政」の基本方式を統一させる必要がある。「依法治国」戦略推進のプロセスに在っては、執政党が率先垂範すべきであり、自らの執政能力を高め、政策決定のミスを防ぐと同時に、党委員会の法に基づく政策決定のメカニズムを十全化することで、政策と法律の各々の優位性を発揮させると共に、党の政策と国家の法律との連動を促して然るべきである。党の活動は憲法と法律の制約を受けるべきであり、党の国家機関に対する指導は必ず科学的且つ民主的で、法の定める手続きに従うと共に、立法手続き、行政手続き、司法手続きに基づき、公正なる人員任命手続き、監督手続き及び重大事務の決定手続きを尊重し且つ遵守すべきである。故に、「依法執政」であってこ

そ、はじめて中国共産党は人民の利益と要求に基づき、円満にその執政任務を完遂し且つ実現させると共に、最も広範なる人民大衆の根本利益を実現することができるのである[2]。

　「依法執政」は指導者幹部が法治の思考と方式を運用しつつ改革を深化させ、発展を推し広げるのに有利である。習近平総書記は2014年2月28日の中央改革全面深化指導グループ第2回会議の席で、「凡そ重大改革に属するものは何れも法において拠所の有るものである」と述べ、改革のプロセスにおいては、執政党は法治の思考と方法の運用をマスターし、法治が改革において導きと推し広めの役割を発揮できるようにするには、党の立法関連作業に対する協調を強化することで、改革事業が法治の軌道の上で推し進められる事を確保する必要があると強調している。それ以外にも、「依法執政」の要求に基づき、各級党組織は方向性及び組織から政法（政治と法律）工作に対するリーダーシップを実現すべきであるが、具体的な作業においては、党委員会政法委員会と司法機関との間の関係を正常化させ、司法機関が憲法と法律に基づき独立して職権を行使するのを支持すべきであり、非合法な干与、ひいては越権行為を働く様なことが有ってはならない。

　「依法執政」は法に基づき様々な社会矛盾や揉め事を効果的に解消させるのに有利である。目下、中国は社会変革期に在って、経済体制の本質的変化、社会構造の本質的変動し、利益構造の本質的調整、思想観念の本質的変化により、様々な社会矛盾が絶えず現れている。こうした背景の下においては、各級の指導者幹部はより一層習近平同志の求めに従い、法治の思考と方式を運用しつつ改革を深化させ、発展を後押しし、矛盾を解消させ、安定を維持する必要がある。実践において、一部の地方は「高圧的に安定を維持」しようとするあまり、個体の権利の保護を蔑ろにし、その結果を維持しようとする。そうすればするほど不安定になり、矛盾を効果的に解消できないばかりか、却って矛盾の更なる激化を招いてしまっている。

法律の基本的機能は名分を確定して紛争を鎮めるものであり、法律は各種の揉め事を解決する試案と手段（方法）をプログラム化し、社会矛盾と紛糾の解決の為に最も安定にして有効な解決方法を提供するものである。法律を通じて社会矛盾や紛糾を解消すれば、紛糾の解決における随意性や差異性を避け、公正性を保証することが可能になるのである。

## 十四、厳正なる治党と依法治権 [3]

党の18大以来、全面的な厳しい党管理が著しい成果を収めてはいるものの清廉潔白とする党の健全性の確立及び反腐敗闘争は依然として「任重くして道遠し」である。習近平同志の18期中央紀律委員会第7回全体会議におけるスピーチは、全面的な厳しい党管理を深く推し進めるには、表面に現れた症状も病根も併せて治療することを堅持することが必須であると指摘している。根本から治す鍵は体制とメカニズムの刷新、法規制度の健全化、党内監督の強化、制度化の確立と十全化、法律化された「治理」システムであり、「依法治国」をトータルに推し進め、党管理を厳しくし、法に基づき権力を管理する必要がある。

### （一）党の厳格な統治の本質は権力管理の厳格化と法に基づく権力管理である

中国共産党は執政党であり、その長期執政を保障するには、党管理を厳しくし、法に基づき権力を管理する必要がある。党管理を厳しくする鍵は「厳しく」であり、急所は「管理」に在り、これには法治意識や規則意識を強化し、法に基づき権力の運用を規範化し、権力に対する監督を強化する必要がある。党の18期第六回全体会議は、権力運用の制約と監督システムを十全化し、権力があれば必ず責任も生じ、権力を用いれば必ず責任を負い、権力を濫用すれば必ず追責されるという制度案配を形成せねばな

らないと指摘している。これは実際には習近平同志の「権力を制度の籠に閉じ込める」という思想及び重要理念の具現化でもある。モンテスキューはかつて、「一切の権力を有する人間は皆権力を濫用しがちだが、これは万古不変の経験である」と指摘している。仮に若し法律と党規が守られなければ、、権力の濫用は宛も洪水の如く大きな災害をもたらしかねない。党管理を全面的に厳しくし、権力監督を強化するには、監督を制度化し、法律化する必要がある。具体的に言えば、以下の二つの面が成し遂げられねばならない。

権力が憲法と法律の制約を受けること。『憲法』第5条は、「一切の国家機関及び軍隊、各政党と各社会団体、各企業事業組織は何れも憲法及び法律を遵守すべきものとする。憲法及び法律に違反する一切の行為は、必ず追及されるものとする。如何なる組織或いは個人は皆憲法及び法律を越えた特権を有してはならないものとする」と定めている。

『中国共産党規約』もその総則において、「党は憲法及び法律の範囲内で活動すべきものとする」と強調している。中国共産党は執政党であり、「依法執政」を堅持し得るか否か、正しく立法をリードし、率先して法を遵守し、法の執行を保証し得るか否かは、「依法治国」の全面的な推進にとっての重要な役割を持つものである。「依法執政」を実行するには、先ずもって憲法・法律に基づき国政運営すべきことが党に求められる。「依法執政」の堅持は、権力に対する監督が法治化され、監督の長期有効のメカニズムが形成され、時の推移や人事の変動によって変化が生じるものでないことを意味している。

権力が党内法規の制約を受けること。8800万もの党員を擁する大きな党を立派に管理するには、伝統的な管理方法では多くの不適応な部分が存在する。新たな歴史の時代においては、党が直面する内外の環境は日増しに複雑化し、直面する自らの建設任務も日を追う毎に重くなっており、こうした変化は何れも中国共産党の指導方式及び執政方式に対してより高い

要求を提示するものであり、客観的には何れも党内法規体系に基づき党を管理統制する事が必要となる。国には国法が有り、党には党規がある様に、「依法執政」は党に憲法・法律に基づき国政を管理することを求めると共に、党内法規に基づき党を管理統治することを求めるものである。「党章を尊崇し、準則と条例を厳格に執行すべきである」と習近平同志が指摘している通り、党内法規は党員全員及び党組織の行為に対する標準的な要求であるのに対して、法律は社会の成員全員の行為に対する標準的な要求であり、党内法規が求める所の行為規準は法律によりも厳しいものとしなければならな。2016年1月に実施が始まった『中国共産党廉潔自律準則』及び『中国共産党紀律処分条例』は党員の高規準及び党管理の紀律戒尺を明確にしている。憲法・法律は党の「依法執政」を保証する拠所であり、党内法規は党を管理・統治する規則の拠所である。法律と党規を有機的に結び付けてこそ、はじめて全面的に党管理を厳しくするための制度保障を提供し得るのであり、「依法治国」の全面的な推進の為の堅実な基礎を築くことになるのである。

## (二)「従厳治党・依法治権」の核心は、法に基づく中央の権威を擁護し、中央の政令を滞りなく行き渡らせること

　党のリーダーシップは中国の特色ある社会主義の最も本質的特徴であり、中国の特色ある社会主義制度の最大の強みでもある。党管理を厳しくし、法に基づいて権力を管理するには、民主集中制を堅持し、健全化を図り、且つ着実に実施することにより、民主の基礎の上での集中と集中指導下の民主とを有機的に結び付けねばならない。党内生活の正常な秩序を確立し、全党の意志統一と行動の一致を保証するには、個人は党の組織に従い、少数は多数に従い、下級組織は上級組織に従い、全党が中央に従うという根本原則を堅持する必要がある。この根本原則の基礎は、少数は多数に従うことであり、核心は全党が中央に従うことである。

党のリーダーシップを堅持するには、中央の権威を維持し、党の集中統一を確保すると共に、党中央の政令がスムーズに行き渡り、組織や規則を無視することを禁止し、それらの行為を未然に防ぎ且つ克服せねばならない。命令有れども行わず、禁じられても止めず、それぞれが思い思いの事をやるといった行為を防ぎ且つ克服せねばならない。「上に政策有らば、下に対策有り（上級機関から出された政策に対して、それを守るのではなく、様々な抜け道や誤魔化しの対応策などを講じる不正行為）」という現象を断乎途絶させるべきで、「汝に汝の門を閉ざす計有らば、我には我の壁を跳び越える法有り（様々な対応策を講じて相手を躱す）」であってはならない。党が「依法執政」たるには、法的手段をもって中央の政令がスムーズに行き渡り、政策決定が着実に根を張るのを確保せねばならない。そのために、党の主張をして、法の定めるプロセスを通じて国家の意志ならしめ、法律法規に制定すると共に、その厳格なる実施を保障することに長じていなければならない。中国においては、憲法は党と人民の意志の集中的体現であり、科学的で民主的な手続きを通じて形作られた根本法である。党が人民をリードし、憲法を拠所に、法の定める手続きを通じて法律・法規を制定するというのは、即ち民主集中制を貫徹し、中央の権威を擁護し、政令がスムーズに行き渡ることを保証することである。何故ならば、法治社会に在っては、法律は至高無上のものであり、法律は最高の地位を有し、法治は法律の前で人々は平等であることを含むものであり、その規則は普遍的適用性を有するものだからである。人治と相対して言うならば、それはより一層確実性と予期可能性を具えている。中国古代の法家は、法を尺寸（ものさし）、墨縄（すみなわ）、規矩（きく＝コンパスとものさし）、衡石（はかり）、斗斛（とこく＝桝）、角量（かくりょう＝はかり）等に譬えているが、その意は法律の統一性、公平性及び普遍適用性を強調することに在った。従って、中央の政令がスムーズに行き渡るのを確保するには、法治化の保障システムを確立し且つ十全化して然るべきであ

る。当面は、中央の権威を維持し、政令が行き渡るのを保持するには、法治思考でもって関連制度の建設を十全にし、上級と下級の間での政策の配置及び実施の連携制度を確立することで、下級の政策建議がタイムリーに上級にフィードバックするのを保障すると共に、上級の政策配置が効果的に下級に伝達されるようにしなければならない。と同時に、政策の着実な実施の審査制度を確立し、各関係部門への政策の伝達情況に対して評価と検査を行い、政策の伝達を妨げた組織及び個人に対しては、法に基づき責任を追究する必要がある。

## （三）党管理を厳しくし、法に基づく権力の管理の重点は党員の指導者幹部である

　中国共産党は執政党であり、一部の幹部は党内職務を担当するのみならず、同時に公権力を管掌するものであるからには、彼らの法に基づく権力行使を保証するには、法律を通じて公権力を制約する必要があるというのも法治が持つ所の公権規範化のあるべき内容である。党管理を厳しくし、法に基づき権力を管理する重点は「鍵となる少数」である。そのためには、次のようなことを党員である指導者幹部に求められる。しっかりと法治意識を確立し、法治を崇め尊び且つ厳格に法に基づき物事を処理する理念と習慣を培うと共に、終始法に対する畏敬の念を懐き、法のレッドラインを踏み越えてはならず、法の最低ラインに抵触してはならいことを肝に銘じなければならない。また、厳格に憲法・法律の範囲内で職権を行使し、違法に権力を行使してはならない。そして、誰人たりとも憲法・法律の定める以外の特権を享受してはならないのである。法に基づく行政を堅持し、法が権利を授けていない事は為すべきでなく、法の定める職権は必ず為さねばならないのである。党員である指導者幹部は率先して法を遵守し、法律遵守の模範となって、社会全体において範を示す役割を演じるべきである。党管理を厳しくし、法に基づき権力を管理するには更に組織の

リーダーをどう監督するかという難題を解決せねばならない。また、各級の指導者の陣容における最高責任者は「鍵となる少数中の鍵となる少数」であり、指導者幹部の責任が重大であればあるほど、ポストが重要であればあるほど、監督を更に強化せねばならない。修正後の中国『行政訴訟法』は、「告訴された行政機関の責任者は出廷して訴訟に応じねばならない」という制度を定めることで、法律の角度から行政のトップに対する監督を強化している。党員である指導者幹部が法に基づき権力を行使するのを確保する為には、更に問責のメカニズムの健全化を高め、責任有らば必ず問い、その問責が厳格であるのを堅持すべきである。責任は明確にせず、責任は追究せずであっては、真の意味において党管理を厳しくすることは実現し難いのである。

　当面の中国は、経済体制が本質的に変革し、社会構造が本質的に変動し、利益構造が本質的に調整され、思想観念が本質的に変化するという正に社会の転換段階に在り、さまざまな社会矛盾が絶えず顕在化している。法律の基本機能は紛争をストップさせるというものであり、法律によって各種紛糾解決のプラン及び処理方法をプログラム化させ、社会の対立と紛糾の解決の為に最も安定的且つ有効的な解決方法を提供するのである。法律を通じて社会の矛盾と紛糾を解消するならば、解決のプロセスにおける随意性や差異性を回避し、公正性を保証する事が可能となる。実践において、一部少数の幹部は法律意識が薄く、法に基づく職権行使の意識を欠いているが、この事は矛盾の解消に不利であるのみならず、逆に矛盾の更なる激化を招きかねない。この様な背景の下に在っては、党員である指導者幹部が法治思考を確立し、法治方式の運用に長じることが更に重要となるのである。

## （四）党管理の厳正化、法に基づき権力を管理するには法律と法規による党員の民主監督権を保障すべし

　党内の監督強化のポイントは、日常に監督すること及び持続的に監督することである。また、党員の民主監督権の強化は、政策決定の誤りや失敗及び権力の濫用を防ぐ重要な措置である。現実からすると、一部の党員幹部が情実に囚われて法を枉げ、絶えず法律の最低ラインに触れるその根本的原因は監督の欠如にある。故に、党員が党内事務の討議に参与する道をスムーズに通れるようにするとと共に、党員による意見発表をしやすくするによって、民主的に討論できるという党内の治的雰囲気を作り出す必要がある。習近平同志は、一部の党組織及び党員が批判と自己批判という武器を用いる勇気に欠けており、最終的に傷つくのは党の事業なのであると指摘している。批判と自己批判という武器をしっかりと用い、党員の民主監督の権利を保障することが、党内監督を十全化する重要な道筋なのである。

　党内監督を強化するには、党内民主監督の効果的メカニズムを確立し且つ十全化にし、法に基づき適切に党員の民主監督の権利を保障しなければならない。『中国共産党規約』の規定に基づけば、党員一人一人が批判、検挙及び罷免要求等といった監督権を持つ。この数年来、中国共産党は党内監督制度の確立を極めて重視し、一連の具体的な民主制度を設けた。例えば、民主的生活に関する会の制度、民主評議の党員制度、党内告発・告訴制度、党員権利保障制度等を確立させた。2017年1月に実施が始まった二つの党内法規は、民主監督制度化の保障であり、民主監督を制度化する拠所でもある。監督は法律・規則に基づき行われねばならず、これには党規を通じて党員の民主監督権利を充分に保障することによって、党員民主監督の制度化及び法律化を実現する必要があると同時に、適切な措置を講じて党規約の定める党員の民主的参与、民主的選挙、民主的政策決定、民主監督等の民主的権利が充分に行使されることを保証すべきであるその

一方で、党員の民主監督の役割をより一歩発揮させるには、監督を制度化し、トータル的且つ系統的な操作可能な手順と規則を確立せねばならない。党内民主のルートを広げ且つ十全化することで、党員の党内事務に対する幅広い参与、効果的な管理及び適切な監督を実現しなければならないのである。これ以外にも、更に党員の検挙、摘発、申し立て、告発、陳情等といったルートを広げると共に、具体的且つ厳密で、操作性の強い制度を制定することで、党員の幹部管理監督に参与する範囲を広げて然るべきである。

### （五）党管理の厳正化、法に基づいて権力を管理する鍵は法に基づいて腐敗を懲罰し、法律の前で皆が平等であるのを保障すること

党の管理を全面的に厳格にし、腐敗を厳罰してとことんまで追及することである。反腐敗に聖域無し、全てを覆い、容認をゼロとするのを堅持し、腐敗蔓延の勢いを食い止めるのに力を入れ、大衆の身辺の不正の気風と腐敗の問題を懲罰すべきであると、習近平同志は指摘している。腐敗を懲罰するには、記録有らば必ず調査し、誤り有らば必ず糾すのを堅持せねばならない。18大以来、党は反腐敗活動において「虎退治」と「蝿叩き」（虎と蝿は、それぞれ要職にいる腐敗高官と地位の低い腐敗幹部を比喩している）を並行して進め、腐敗を厳しく懲罰することで、厳粛に問責して責任の履行を後押しし、党内政治生活の新たな情況を現出し、党心と民心を勝ち取り、党・国家事業の新局面を切り拓くのに重要な保証を提供した。既に公表済みの反腐敗事件から見れば、本当の意味で「反腐敗に聖域無く」、腐敗に対しては「ゼロ容認」を為し遂げている。それは、中国に特殊な公民など存在せず、党内に特殊な党員は存在せず、本当の意味で法律と党規の前では皆平等であることを確かなものにしていることを明らかに示している。但し、反腐敗の状況は依然として険しいものであり、反腐敗に対して厳しく対処する姿勢を崩してはならぬことを認識せねばならない。党管

理を厳しくし、法に基づき国を統治する事を通し、制度を拠所にして根本から腐敗を防止する必要がある。全面的な「依法治国」と全面的に党管理を厳しくするとの要求に基づき、違法と紀律違反の事件の問責と取締りは厳格に法規に則って行われなければならない。事件の調査・処分、紀律条文をもっての問責、手腕を発揮して手強い相手と直に戦うだけの勇気が必要なのである。と同時に。組織と制度の刷新に取り組み、国家監察体制の改革を推し進め、全面的に反腐敗資源の能力を全面的に整合させ、観察範囲を拡げる事で、集中統一で、権威性の高い観察システムとメカニズムを確立する必要がある。

習近平同志は、「民心は最大の政治であり、正義は最強のパワーである」と指摘している。国を統治するには先ず党を管理し、党の管理は必ず厳しくして然るべきである。全面的に党管理を厳しくするには、法に基づき権力を管理すべきであり、「依法治国」の全面的推進は、全面的に党管理を厳しくするのに長期的且つ効果的な制度保障を提供し得るのである。

## 十五、合憲性審査による公権力に対する制約機能の構築[4]

党の19大報告は、「憲法の実施と監督を強化し、合憲性審査を推し進め、憲法の権威を守る」と指摘した。「合憲性審査」は、現代法治国家が憲法を実施し、公権力を制約し、憲法の実施を保障する重要なメカニズムであり、その重要な機能は既に数多の国の憲法実施の経験が実証済みである。中国の多くの憲法学者も、全人大及びその常務委員会により法律・法規及び政府機関の公権力行為に対して行われる合憲性審査のメカニズムの十全化を図るようと主張している。19大報告は初めて「合憲性審査」という専門用語を党の重要文書に取り入れた。それは、中国共産党の新たな時代における「依法治国」の全面的推進という最新思考を現れであり、「依憲治国」及び「依憲執政」に対する最新の要求を打ち出したものでもある。

合憲性審査は憲法の根本法及び最高法としての地位を守る重要なメカニズムである。中国憲法の序文は、「本憲法は法律の形式を以って中国諸民族人民の奮闘の結果を確認し、国家の根本制度及び根本的任務を規定した、国家の根本法であり、最高の法的効力を有するものである」と定めている。習近平総書記は、『首都各界の現行憲法公布・施行30周年を記念する大会におけるスピーチ』の中で、「憲法は、国家の前途及び人民の命運と互いに密接な関係にある。憲法の権威を守ることは、即ち党と人民の共通意志の尊厳を守ることであり、憲法の実施を保証することは、即ち人民の根本利益の実現を保証することである」と指摘している。では、如何にして憲法の権威を守り、如何にして憲法の効果的な実施を保証すべきなのか？これには、国家機関の公権力を実施する行為は憲法違反であってはならず、あらゆる違憲行為は何れも必ず追及されることが求められる。多くの国の憲法実施経験から見るに、特定の憲法審査機関により国家機関の行為の合憲性に対して行われる審査は、国家のあらゆる行為が何れも厳格に憲法に基づいて為されていることを保証するという、憲法の権威を守る最も重要なメカニズムである。中国人民は19大報告の要求に基づき、現有憲法体制の下、合憲性審査のメカニズムを十全化させることで、憲法の権威をより良く守って然るべきである。

　合憲性審査は法律体系の統一性を維持する重要な保障である。一国の法律体系は憲法の基礎の上に構築され、統一的な合憲性法秩序を形成して然るべきである。中国『憲法』第5条は、「あらゆる法律、行政法規及び地方性法規は何れも憲法に抵触するものであってはならない」と定めている。党の18期四中全会報告は、「立法の全ての項を何れも憲法の精神に合致するようにさせる」よう提起したが、これは憲法に基づき、憲法の精神、原則及び規範を法律において具体的に貫徹させるよう立法に求めているものである。行政法規、地方性法規及びその他の規範的法律文書も憲法の精神を体現していて然るべきである。目下、中国の立法の主体は多元化の特

徴を具えており、2015年の『立法法』が修正されてから、区を設けている282の市が地方立法権を有している。これまでに、立法権を有する地域は既に地方性法規4000件余りを制定しており、将来的に地方性法規の数は更に大幅に増加するであろう。絶対多数の地方性法規は良好な効果を発揮していることを実践が証明している。しかしながら、地方の利益に制限されて、一部の地方の立法は国家の大局に注意を注ぐ事ができなかったり、立法の権限を越えたり、或いは不当に公民の基本的権利を制限したりするといった情況が現れる可能性が有り、現にこうした問題が実践において既に現れている。もしも有効的な合憲性審査制度を確立しなければ、有効的に国家の法律体系の統一性を保障することが難しく、公民の基本的権利を充分全面的に保障する術がなくなってしまいかねない。従って、国家の法律体系を統一する審査メカニズムを確立せねばならず、19大報告が「合憲性審査の推進」を打ち出したのは、中国の立法の現実問題に照準を当てた、正に時を得て為された正しい政策決定であると云い得る。

　合憲性審査は憲法実施監督メカニズムを十全化する重要内容である。如何にして憲法の実施を監督するかに関しては、1982年『憲法』の起草過程において様々な考慮がなされ、当該憲法は最終的に全人大及び全人大常務委員会により憲法の実施が監督されるよう定めている。しかし、1982年『憲法』の公布施行以来、この職権が有効的に行使されたことはない。然りと雖も、憲法は国家の根本大法として、その実施は本当の意味で「依憲治国」を成し得ているか否か、又全面的な「依法治国」戦略が着実に実行されているか否かという問題に関わってくる。習近平同志は、「憲法の生命は実施に在り、憲法の権威も実施に在る」と指摘した。但し、中国の憲法実施の監督制度は長期に亙って良好な運営が為されておらず、この事は既に中国の法治建設の弱点（手薄な部分）となっており、速やかに改善（補強）すべきである。その為に、党の18期四中全会は、「憲法の実施及び監督制度の健全化」を打ち出し、「憲法違反のあらゆる行為は何れも

追求し且つ是正すべき」ことを求めた。具体的に言うと、「全人大及びその常務委員会の憲法監督制度を十全化し、憲法に関する法解釈のメカニズムを健全化」する必要がある。19 大報告は又、更に一歩憲法の実施及び監督を強化するという次元から、「合憲性審査の推進」を打ち出すと共に、その作業を憲法監督の重要内容であるとしたが、これには、全人代及びその常務委員会が適切に憲法実施監督の職責を履行し、憲法監督権がほったらかしのままであり続けないようにすることが求められる。各国の合憲性審査の経験からするならば、合憲性審査の職責を専門的に司る機関を設置するのが効果的なやり方である。中国においては、『憲法』の規定に基づくならば、全人代の下に専門の憲法委員会を設け、それを全人代及びその常務委員会が憲法監督の職責を行使する機構として、合憲性審査の作業を専門的に請け負わせることを考慮することも可能である。専門の機関を通じて合憲性審査の責任を持たせてこそ、はじめて 19 大報告の要求を全面的かつ確実に実施することが可能となるのである。これ以外にも、合憲性審査の手続き及び憲法解釈の手続きに関する専門的な法律を制定することで、合憲性審査に法的拠所を与え、秩序立った展開を可能ならしめることを考慮して然るべきである。

　合憲性審査は公民の公権力に対する有力な監督を促すことに有益である。『憲法』の規定に基づけば、憲法実施を監督する職権は、全人代及びその常務委員会により受持たれる。但し、『憲法』は同時に、人民は各種のルートと形式でもって、国家事務の管理に参与する事ができると共に、国家の公権力に対する批判、提案する等の監督権利を有する。中国『立法法』も又、公民はもしも行政法規、地方性法規、自治条例及び単行条例が憲法に抵触すると認めた場合、全人代常務委員会に審査の建議を提出することができると規定している。実践の中で、公民が全人代常務委員会に出したこの類の提案は 1000 件余りに及び、その中の幾つかの建議は収容送還制度及び労働改造教養制度撤廃のプロセスにおいて積極的な役割を発揮

してはいるものの、総体的に見れば、制度化、経常化の手続きのメカニズムは形成されてはおらず、公民の憲法実施への参与及び国家公権力監督への参与といった役割は依然として充分に発揮されてはいない。19大報告の要求に応じ、公民が国家公権力に対する合憲性審査の提案の手続きを完備させ、国家権力が厳格に憲法に基づき行使されることへの監督するメカニズムを更に十全させて然るべきである。

　合憲性審査はあらゆる憲法・法律を超越した特権の出現を防ぎ、真の意味において公権力を制度の籠に閉じ込める事に有益である。中国『憲法』第5条第5項は、「如何なる組織もしくは個人は何れも憲法及び法律を越えた特権を有することができないものとする」と定めている。合憲性審査は法律・法規等の規範性文書に照準を合わせるのみならず、国家機関の公権力を行使する行為に照準を合わせて審査を行うべきである。封建伝統の歴史が長い中国は、階級の特権が強く、たとえ数十年の民主法治建設を経ることにより、こうした状況は大きく改変されているとはいうものの、一部の権力を握る人間には依然として権力は法よりも大きいとの観念が存在すると共に、「言を以って法に代え」、「権を以って法を圧し」、「利を逐って法を違え」、「情実に囚われて法を枉げる」という行為が存在している。合憲性審査制度の確立には、更に憲法・法律を越えた公権力に対する審査システムを確立する事で、公民が関連手続きに基づき公権力に対する監督の建議を提出することを許諾すると共に、合憲性審査機関は建議を受けた後、厳格に憲法に基づき審査を行うべきである。習総書記は、公権力を「制度の檻(おり)」の中に閉じ込めるべきであると指摘している。合憲性審査制度には重要な「制度の檻」を構築する必要があると提起している。

　習近平総書記は、「我々は掛け値なしに『依憲治国』、『依憲執政』を貫いており、我々が拠所としているのは中華人民共和国憲法である」と述べている。合憲性審査の推進とは即ち掛け値なしに「依憲治国」、「依憲執政」を貫くことであり、「依憲執政」は仕事の手がかりを明確にし、関連

制度の確立に方向性を示したものであり、中国が全面的に「依法治国」を推進することに対してやがて重大かつ深遠な影響を生じることになろう。

**註**
1）姜明安主編『法治国家』「前書き」を参照、9頁。北京、社会科学文献出版社、2015年。
2）張恒山等『依法执政 中国共产党执政方式研究』を参照、7頁、北京、法律出版社、2012年。
3）『光明日报』2017年2月13日、第11版より。
4）『学習時報』2017年11月6日、第3版より。

# 第三章

## 良法の制定

2021年8月末まで、中国現行の有効な法律は286本、行政法規613本、地方性法規12,000余本で、拠所となる法律は既に基本的に実現済みではあるが、法律体系は時代と実践の進展に伴い絶えず発展するものである。中国の特色ある社会主義法律体系の十全化するには、正しき法の制定が鍵となる。「人民大衆の立法に対する期待は、既に有るか無いかではなく、良いかどうか、使い物になるか否か、実際問題を解決し得るか否かであり、どんな法であっても国を統治できるというのではなく、どんな法であっても国を立派に統治し得るというのでもなく、法治を強調すればするほど、立法の質を高める必要があるのである」〔習近平著『論堅持全面依法治国』、20頁。中央文献出版社、2020年版〕と、習近平が指摘している。新たなる時代は高質なる立法を通じて質の高い発展、改革の全面的な深化の推進、社会の大局の安定維持を保障すべきなのである。

## 十六、科学的な立法が立法の質を確保する鍵

　立法それ自体は一つの技術であり、また一つの科学でもあり、そして更には国家の経済と人民の生活に関わる国家権力行使の活動である。これには立法が人民の願望を反映し、民主的立法と科学的立法との有機的な結びつきを実現することが求められる。四中全会決議は、「科学的立法と民主的立法を確実に推進すべきである」と指摘している。科学的立法とは即ち立法をして、社会の客観的発展の法則を充分に尊重し且つ体現せしめ、法律規則自らの法則を尊重せしめると共に、法律の内在的価値を体現せしめることによって法律の持つべき機能を充分に実現せしめることである。マルクスは、「立法者は自らを一自然科学者と看做すべきである。彼は法律を創造しているのでなければ、発明しているのでもなく、単に法律を説明しているだけであり、主観的な認識のある実定法（Positive Law）を用いて精神関係（精神的な関わり方）の内的法則を表現しているのである」[1]

と指摘している。両者の関係からすれば、民主的立法が導き手で、科学的立法は鍵であり、立法のプロセスにおいては、「民を本と為し、民の為に法を立てる」という理念を厳守し、民意を尊重しつつ民の声を聴取し、民の願望を反映し、民智を受け入れる事で、立法の一つ一つが憲法の精神に合致し、人民の意志を反映し、人民から擁護されるようにしなければならない。

　全体から言うと、民主的立法と科学的立法とは矛盾しないものである。何故ならば、民主的立法であれ、科学的立法であれ、何れも客観的に民意を反映すると共に、民衆の秩序有る立法プロセスへの参与が必要だからである。科学的立法の核心は客観的法則の尊重と体現に在るのに対し、民主的立法の重要機能は科学的立法の各種メカニズムの健全化を図ることに在り、これには立法機関と社会大衆の意思疎通のメカニズムを健全にして、立法協商を展開することが求められる。しかしながら、或る状況の下においては、両者の間に一定の衝突が存在し得る可能性もある。例えば、破産立法において、労働債権が抵当権よりも優先されるのか否かに関して、激しい争議が起こったとする。そこで若しも民意を募ろうとすれば、大多数の民衆は労働債権が抵当権よりも優先されるのを求める可能性がある。しかし、科学的立法の角度から見るならば、抵当権が労働債権よりも優先されるというのは、法学原理に適っているばかりか、取引の奨励にも有利で、最終的に社会経済の発展を促すのに有利である。従って、民主的立法と科学的立法に対して言うならば、両者は何れもゆるがせにすべきではなく、前者は立法が民意を反映すべきであることを強調してはいるものの、民意は必ずしもその全てが客観的法則に合致するものであるとは限らず、民衆が立法に参与するのは科学化を求めるのを前提とするものであり、従って科学的立法を通じてこれらの法則を正確に把握することで、立法の質を高める事に努力すべきであると筆者は考える。民主的立法が強調するのは立法プロセスへの多方面からの参与であるのに比べて、科学的立法が強調す

るのは立法結果が客観的法則に合致することである。科学的立法と民主的立法を堅持してこそ、はじめて善良なる法、使い物になる法を制定し得るのである。

　科学的立法は立法の質を確保する鍵であり、科学的立法に特に力を入れるには、以下に挙げる幾つかの問題に注意せねばならない。

　一に、立法はその適度な抽象性を保持する必要が有れば、その操作可能性をも保持する必要が有ること。中国は領土面積が広大で、人口が多く、各地域の差異も極めて大きいが為に、法律の定めるものが余りに具体化され過ぎてしまうと、その一部の地域における実効性に影響を与えてしまう可能性が有る。但し、仮に若し旧態依然に「粗いに越したことはない」というやり方を実行すれば、法律は操作可能性を欠く事になり、その実効性を発揮できなくなってしまいかねない。立法は操作可能性と執行可能性を具えていて然るべきであり、出来得る限り精密化するのが好ましい。

　二に、矛盾の衝突においては科学的決断を行うこと。現在、立法において普遍的に存在している「争議の棚上げ」というやり方は、凡そ争議の大きな問題に対しては回避の態度を採り、こうした問題に対する規範化の時期が未だ熟しておらず、立法においては回避すべきと考えるというもので、これを「薄泥捏ね立法（無原則に折り合いをつけるいい加減な立法の謂い）」や「重きを避けて軽きに就く立法（重要なことを避けて些細なことに拘る立法）」と称する者もいる。立法は社会矛盾を回避してはならないと筆者は考える。正に彭真同志が指摘した通り、立法は衝突や対立し合っているところに合理的に解決させる「基準線を引く」ものでなくてはならない。利益の多元化した時代に在っては、立法機関は社会生活における利益の衝突に対して妥当な決断を下すことに勇敢であり且つ長けている必要が有り、さもなくば、立法がその持つべき社会生活調整の役割を発揮するのは難しい。

　三に、法律の展望性と安定性の問題を解決すべきこと。立法は時効性を

重要視し、現実の経験を総括すべきであり、現実から乖離してはならないと同時に、一定の先取り性を具えたものである必要が有る。法律は経験の反映であるべきではあるが、それは実践の経験に対する総括であって、実践に全く等しいものであってはならない。中国社会のモデルチェンジ段階に在っては、立法が展望性を持たなければ、法律の立ち遅れが容易にもたらされ、これには必然的に法律の廃・改（廃止と改正）作業を不断に行う事が求められる様になることにより、法律の権威が損なわれてしまう事にもなりかねない。それ故に、立法改善の調査・研究を強化し、真の意味で実践における問題を理解することで、立法の照準性と実効性を増進させる必要が有る。

　四に、立法は本国性を重視し且つ国際性も重視すべきこと。立法は人類社会の法則を総括し、国外の先進的な立法経験を吸収して然るべきである。経済グローバル化の時代に在っては、経済分野に関する法律規則に対して、我々は國際的に通用しているルールから遊離してはならない外、積極的に参与すると共に、国際ルール制定における発言権を勝ち取る努力を為さねばならない。と同時に、経済分野における先進的な取引ルールに対しては、大胆に参考にすべきである。当然ながら、一部の婚姻・家庭等といった固有の法律分野のルールに対しては、やはり我々の優れた伝統及び生活習慣のやり方を維持する必要が有る。

　五に、立法後の実効評価を重要視すべきこと。法律の公布は立法作業の終わりを意味するものでは決してなく、法律の社会生活における実効性に関心を持たねばならない。一部の法律が実効性を発揮できずにいる真の原因を充分に探り当て、法律十全化の具体的措置を提起すべきである。例えば、公布後に一早く棚上げにされ、未だ社会生活に対する規範の役割を効果的に発揮し得ぬままの法律が有るとすれば、真剣に評価し且つ問題の所在を探り当てる必要が有る。と同時に、これは爾後の立法の為に経験を積み、教訓を総括することでもある。

六に、法学専門家の積極的役割を発揮させるのを重要視すべきこと。法律の起草及び論証のプロセスにおいては、専門家人士の意見を充分に吸収し且つ尊重すべきである。大陸法系は成文法系及び法典法系であり、法学者が立法のプロセスにおいて重大な役割を発揮していて、これは立法の科学化推進の軽視し得ぬ力なのである。

## 十七、立法は憲法の精神に合致すべし

　「小智は事を治め、中智は人を治め、大智は法を立てる」との諺通り、古今を通じて、成功した執政者は何れも立法を治国の要務であり、理政の規準であると看做した。但し、立法者は任意に立法すべきではなく、憲法に基づいて立法すべきである。
　国は憲法無くしては成り立たない。「憲法は国家の根本法であり、『治国安邦（国を治め、民を安らかならしめること）』の総規約であり、最高の法的地位及び法的権威を有するものである」と、習近平は指摘している。憲法はまた人民の大法であり、人民がそれを用いて政府権力を制約する大法でもある。孫文氏は「憲法というのは、政府の構成法であり、人民の保証書である」と言った。憲法は国家の根本大法として、最高の法的地位と効力を具えた治国安邦の総規約であり、党と国家の事業発展の根本保障なのである。憲法の尊厳と権威を擁護することは、国家の法治の統一、尊厳及び権威を擁護することであると共に、最も広範なる人民の根本利益を守り、国家の長期に亙る安泰を確保する重要なる保障でもある。立法者からすれば、先ずもって「依憲立法」（憲法に基づき法を立てること）の理念を奉じて然るべきであり、「依憲立法」の核心とは即ち立法をして、憲法の精神に合致せしめることである。
　18期第四回全体会議（四中全会と略称）の表現の仕方に照らせば、「民を以って本と為し（人民の利益を最優先にする）、立法は民の為との理念

を厳守し、社会主義の核心的価値観を貫徹し、立法の一つ一つが何れも憲法の精神に合致し、人民の意志を反映し、人民の擁護を得るようにせねばならない。そして、公正・公平・公開の原則を立法の全プロセスに貫いて然るべきである」。全ての法律をして、何れも憲法の精神を体現せしめるべきであり、憲法の精神と合致すれば全ての法律が真に人民の願望を体現し、最も広範なる人民大衆のコンセンサスを凝集したものになるその一方で、憲法の精神に合致すれば法律の統一性を保障することができる。梁啓超はかつて、憲法は「国家の一切の法度の根源である」〔梁啓超著『政論選』、26頁。新華出版社、1994年版〕と述べている。民法は効力のレベルにおいて憲法を拠所とするというのは、ハンス・ケルゼン（Hans Kelsen）の「規範効力の階層理論」（Grundnorm）に由来するものである。行政法規、定款、地方性法規が憲法と矛盾し衝突するという現象を防ぎ、法律実施以降もタイムリーに審査を行い、憲法の規定にそぐわないものに対しては、速やかに改正を進めねばならない。そして更には、憲法の精神に合致することは社会主義の核心的価値観を明示するのに有利であり、或る種の度合いから言えば、憲法精神と社会主義の核心的価値観と一致するものであり、憲法の精神を発揚することは、実は社会主義の核心的価値観の増進でもあることに目を向ける必要が有る。

　憲法の精神とはどのようなものなのか？憲法の精神は、①あらゆる権力は人民に属するという精神、②公権力は人民から生じるものであるからには、人民に奉仕し、人民の監督を受けて然るべきである、③公民は法律の前では誰人も平等であり、人権は保障され、権力は監督を受け、公権は制約を受ける等々といったものを包括するものであり、これらは何れも憲法の基本精神である。四中全会は、立法は憲法の精神に合致すべきであると強調しているが、その宗旨は以下に挙げる幾つかの点に具体的に表している。

　一に、立法機関は憲法を具体化する義務を負うものである。清末の改革

者梁啓超はかつて、憲法は「国家の一切の法度の根源である」〔同上〕と言った。憲法は憲法以外のその他あらゆる法律の拠所であり、立法機関の立法任務とは、即ち憲法の精神、原則及び制度を具体的に着実なものにし、憲法を具体化しなければならない。具体的な部門法及び単行法において実施に移すことで、憲法が公民に賦与する所の権利と義務を具体的に実現させることである。故に、立法機関は憲法の具体化作業を進める義務を有する。もしも立法機関が憲法に対する具体的な立法活動を進めることを怠るならば、これは不作為となる。立法に対する不作為は、その性質からして違憲に属するものであり、立法機関の違憲責任が追究されて然るべきである。例えば、人格権の問題に対しては、憲法が既に人格権を規定しているからといって、立法機関がこれ以上人格権を規定しなくても良いという訳ではなく、異なる分野の立法でもって実現させ、公法に頼るのみならず、民法もはっきりと実現させる必要が有る。中国憲法の多くの条項が公民の人格権を定めており、こうした権利に対しては、『民法通則』以来、民事立法の承認と規定が得られてはいるものの、具体的且つ系統的な規定を欠いたままで、就中『民法総則』には人格権に対して僅か三つの条文が定められているのみであり、この事は人格権の保護にとっては由々しき不足である。

　二に、合憲性秩序（verfassungsmaessige Ordnung）の構築である。当該秩序は「実質的及び形式的に何れも憲法の一般法秩序に符合するもの」と理解されて然るべきものであり、即ち実質的及び形式的に何れも憲法に合致した法的規範の総和でもある[2]。合憲性秩序という要求は、本質的には憲法の最高効力及び根本大法という地位に由来する。ケルゼンの「規範効力の階層理論」（Grundnorm）に照らすならば、憲法の規範は最高レベルの規範であり、その他の如何なる規範も全て憲法の規範から導き出されたものであり、国家の憲法は国家の政治生活と社会生活において最高の階位を有する規範体系ということになり、あらゆる法律・法規は憲法の精神

に合致してこそ、はじめて完璧な憲法秩序を構築し得るのである。

　立法は合憲性の秩序及び憲法の意思に適ったものでなければならず、法秩序全体が合憲の方向に向かって調整され、法律の立（制定）、改（改正）、廃（廃止）、釈（解釈）の活動が何れも合憲性に向かって転換されるべきである。若しも立法機関が某かの条項の規定もしくは制度が憲法にそぐわないものであることに気付いたならば、「悪法もまた法なり」と主張するのではなく、即座に修正を施して十全なものにすべきである。立法活動は憲法に適ったものでなければならならず、「立」（制定すること）のみならず、その他の解釈等においても然りである。例えば、憲法に基づいた公民の住宅の自由の保障であるが故に、刑法が住居進入窃盗に対して、一般の窃盗に課せられる刑罰よりも重いものであるとするのは、即ち刑罰の合憲性秩序に対する構築なのであり、これに対しては、民事的立法も考慮する必要が有る。民法においては、憲法の住宅に対する保護を貫くべく、公民住宅のプライバシーの保護を強調して然るべきである。また一般の場所のプライバシーの保護よりも重要であると共に、この合憲性秩序に対しては、具体的な法律の条文を通じて表現し且つ構築せねばならない。

　三に、基本的権利に対して随意に制限してはならないこと。憲法は公民の基本的権利の根本保障であり、「権利は公権力の立ち入り禁止場所」であるからには、国家と公民との間の関係に対して一線を画することは、公権力が公民の権利に対する侵犯と蹂躙を防ぐのに有利である。例えば、物権法で定められた徴収・徴用の規則は、憲法の関連規定の精神に合致するものでなければならない。民法典は各条項の人格権を積極的に確認することを通し、また関連の保護ルールを設ける事により、憲法の人格尊厳の保護に関する規定を実現して然るべきである。この意義から言えば、憲法の精神、理念及び具体的規則は法律の上位法の拠所となるべきであり、憲法は積極的に法律規則を形成する役割を有するものである。王軼教授の観点に照らせば、「充分かつ正当な理由が無ければ、民事主体の自由に対して

制限を行うことを主張してはならない。当該規則は論証負担規則を反映しており、それは、特定の価値判断の問題に対して、民事主体の自由を制限せよと主張する者は、自らの価値傾向性の正当性を論証する責任を担うべきであるとするものである。もしも民事主体の自由を制限するのを求める充分かつ正当な理由が存在することを証明し得ぬならば、その自由を確認し且つ保障して然るべきである」という基本的権利を充分に保護する為には、憲法の精神に照らして公権を厳しく規範化し、真の意味において行政権を「制度の檻(おり)」に閉じ込める必要が有るのである。

　四に、公権の有るべき憲法の拠所を設定すること。「法の授権無くば、為すべからず」という言葉の通り、憲法は即ち公権力を規範化する根本的な法律であり、あらゆる公権を生み出す本源であると共に、公権の行使を監督する根本的な拠所でもある。中国が此度の憲法修正で専門的に国家監察機関を設けたことは、国家の公権関連機関の設置は憲法という拠所が有って然るべきであることを明らかに示すものである。例えば、憲法は権力分業の原則、監督原則、正当手続き原則、基本権利保障原則等を確立したが、これら憲法精神は何れも公権の設定及び行使に対して要求を突き付けたものである。従って、憲法は公権力を閉じ込める檻であり、あらゆる公法は行政法等の法律をも含め、公権を規範化する上では何れも憲法を基本的拠所として然るべきであると言える。

　法律が充分に憲法の精神に適ったものであることを保障する為には、憲法の積極的な指導機能を発揮させると共に、憲法の消極的な制御機能も発揮させねばならない。所謂積極的な指導機能とは、憲法が確立した基本原則及び制度が各レベルの立法活動に明確なる価値及び規則の指針を提供し得ることを指す。消極的制御機能とは、即ち目的が法律・規則が憲法に悖るものでないことを保障する事に在る。つまり、憲法は法律の内容に対して一種消極的な内容制御の役割を有するもので、それは常に「不抵触」原則と呼ばれている。これは19大報告が指摘しているところの合憲性審査

システムを確立し、法律・法規と憲法の精神が抵触し合うのを防ぐというのに基づくべきである。

　立法は憲法の精神に適ったものであってこそ、はじめて真に我々の法律一つ一つが何れも良法となるのを保障し得るのである。

**註**

1) 『マルクス・エンゲルス全集（2版）第1巻』、347頁。北京、人民出版社、1995年。
2) 張翔主編『徳国憲法案例選釈』（第1期）を参照、8頁。法律出版社、2012年版。

# 第四章

# 依法行政（法に基づく行政）

「依法治国」を全面的に推し進めるには、法治政府の建設が重点任務であり、主体となるプロジェクトである。法治政府の建設には、法に基づいて政治を行い、「権限無き事はなすべからず」、「法の定める職責は必ず全う」という原則を堅持し、政府活動を全面的に法治の軌道に乗せることで、人民大衆をして、法治国家建設の成果を実感せしめることが各級政府に求められる。法治手段を通じて行政の権力にルールを定め、けじめをつけさせると共に、よりスピーディーに政府の職能を転換して市場化、法治化、国際化したビジネス環境を造り上げるのが新時代の「依法行政」推進に対する必然的な要求なのである。

## 十八、「依法治国」と法治政府の建設

　「依法行政」は政府の行政権運用の基本原則である。18期第四回全体会議（四中全会と略称）は二つの「三位一体」建設、即ち「依法治国」、「依法執政」、「依法行政」の共同推進の堅持及び法治国家、法治政府、法治社会の一体化建設の堅持を打ち出したが、この二つの「三位一体」建設においては、「依法行政」と「法治政府の確立」が何れも重要な内容である。習近平総書記は何度も強調している。全面的な法治国家の推進、法治政府の建設は重点的な任務であり、主体的なプロジェクトであり、法治国家、法治社会の建設には模範的な引き立て役となり、先駆けて突破するべきである[1]。

　法治は常に「公権の規範化、私権の保障」と表現される。その中で、「公権の規範化」の重点とは即ち行政権力の規範化である。18期四中総会の決定は、「依法行政」を掘り下げて推し進め、法治政府の建設を加速すべきであると打ち出した。「依法治国」推進の戦略においては、法治政府の建設が重要な位置に在る。

## （一）法治政府の建設は「依法治国」の全面的な推進の必然的要求

　所謂法治政府とは、政府のあらゆる活動が法律の支配を受け、法律に基づいて展開されることを指す。換言すれば、政府は法に基づいて生まれ、政府機関は法に基づいて設置され、政府権力は法に基づいて確定される。政府活動は法に基づいて展開され、政府の責任は法に基づいて担われるということである。1982年『憲法』第3章「国家機関」は、中央政府と地方政府の職責・権限を定めて政府と国家権力機関の相互関係を明確にすることで、中国法治政府建設の為に憲法的基礎を築いた。2004年3月、国務院は『依法行政の全面的推進実施綱要』を発布し、法治政府建設の奮闘目標を明確に打ち出した。2010年には、今度は『法治政府建設強化に関する意見』を発表し、こうした決定と意見が法治政府建設に具体的な指導を提供した。党の18大会「報告」は更に「依法治国」戦略を新たな高みへと高め、2020年に小康社会を全面的に築くに当っては、「依法治国の基本戦略を全面的に実行に移し、法治政府が基本的に築かれ、司法公信力が絶えず高まり、人権が適切なる尊重と保障を得る様にする」という目標を実現する必要が有ると打ち出した。四中全会と習近平法治思想は、全面的な依法治国の戦略的な計画の中で、法に基づく行政を深く推進し、法治政府の建設を加速することを、法治国家の総目標を達成するための重要な任務としている。依法行政と法治政府建設は、それ故に全面的な「依法治国」の全体的な布局の重要な内容となっている。

　法治政府の建設は、「依法治国」の全面的な推進の必然的要求であり、「依法治国」戦略の重要な構成部分でもある。行政権力は自ずと自己膨張と拡張という趨勢を具えるもので、もしも法に基づきそれに対して規範を進めなければ、公権力の私的権利に対する侵害を極めて容易に招いてしまう[2]。法律を通じて公権力に対して規範化と制約を行ってこそ、はじめて真の意味での私的権利を保障し得るのである。この意義において、法治は根本から公権力を制約且つ制限することで、公権力に「箍（たが）」を掛ける必要

が有る。一つの成熟した法治社会は、庶民を制約すべきであるのみならず、役人をも制約すると共に、公権力を効果的に牽制して然るべきである。私的主体が公権力の侵害を被るや否や、法律はそれに対して充分な救済を提供すべきなのである[3]。

　法治政府の建設は、人民が主となるという民主原則の体現でもある。中国においては、中華人民共和国の建国に伴い、人民が主(あるじ)となった。しかし、人民の主権を保障し、人民の利益が侵害されないよう保護するには、「依法行政」を堅持せねばならない。政府が有する行政権には強制性、単一方向性、能動性、拡張性等といった特徴が有り、一旦制約が失われた暁には、弱者側である公民の合法的権益を由々しく脅かし、ひいては損害を与えてしまうことで、社会の調和と秩序ある発展を妨げることにもなりかねない。「依法行政」は法に基づく職責の履行を政府に求めるものであり、最終的に公権力を制度の檻の中に閉じ込め、人民が効果的に政府を監督できるようにし、最大限に公権力運用の副作用を減らすことで、公権力の行使が最終的に国家と人民に福をもたらすようにすべきである。従って、あらゆる行為が法的依拠を持ち、実際的には人民民主の原則を貫くことが政府に求められるのである。

　法治政府の建設は、国家統治体系現代化実現の重要内容である。統治管理体系の現代化は、先ず以って政府が一つの法治政府であるべきことが求められる。政府の職権、職能、手続き及び責任は法定化されねばならない。法の定める職責は必ず履行し、法が授けていない権利は行使すべきではない。内容から見れば、統治管理体系の現代化には、政府は小さな政府でなくてはならず、単純な「夜回り人（機能を外敵の防御や国内の治安維持など最小限の夜警的な役割に限定した政府）」でもなければ、また「一切合切」の事務を引き受ける機関でないのだ。それとは反対に、現代統治管理体系は政府が有限の政府、責任の政府、高効率の政府であり、管理すべきことはしっかりと管理し、様々な不作為や乱作為の現象を断乎糾すことが

求められる。積極的に職責を履行すると共に、職務上の怠慢や過失に対して責任を負うべきである。統治管理体系の現代化は政府が奉仕型政府であり、秩序の維持、民生の保障、民に恵みと利益をもたらす事に力を注ぎ、法に基づき公民に高効率かつ廉潔な必要サービスを提供せねばならない。

法治政府の建設とは即ち権力を制度の「檻の中」中に閉じ込めることで、権力の正当なる行使を保証し、権力を個人もしくは少数の人間が利益をむさぼる道具にして権銭交換を行うのを防ぐべきものである。中国の近年来の反腐敗の実践は、腐敗分子の事件に関わる件数が絶えず逓増し、それに関わった高官の級別が益々高くなり、各種の権銭交換と政府と民間企業との癒着現象は驚愕に値するものとなっている。組織ぐるみの刑事事件や同じ職場の人間が結託して起こす事件の所謂「崩壊型の腐敗」現象が時に発生し、政府の末端役人が制度の欠陥や監督管理の欠員に乗じて権利を貪る現象も決して珍しくはない。これらの何れもが、権力が一旦制約を失った暁には、濫用されるリスクが有り、腐敗が蔓延りかねないことを物語っている。その原因を突き詰めれば、主なものはやはり公権力、特に行政権が「制度の檻」の中に閉じ込められていないことである。法治の励行と法治政府の確立がその効果的「防腐剤」であることを国内外の歴史がはっきりと示しており、それには制度の籠をきつく締めて権力の運用をして境界線を守らしめると共に、制約と監督を受けさせることが求められる。

法治政府の建設は法治社会建設の鍵となる部分であり、政府が厳格に法律を遵守し、法に基づく行政を行ってこそ、はじめて社会的側面における普遍的な法遵守の局面を形成することが可能となる。中国の古代に「吏を以って師と為す」という諺が有るが、これは一定の程度において官吏が法を遵守することの公民が法を遵守することに対する模範を示す役割を反映したものである。目下、社会の「誠信」（誠実と信用）の欠如、道徳の低下により、人々のルール意識の欠如がもたらされていることは、法律実施の社会効果に大幅に影響しているが、これにはより一層政府が率先して法

を遵守することにより、社会の公衆が法を崇め、徳を尊ぶよう導く必要がある。それ故に、法治政府の建設が法治国家建設の核心であって然るべきなのである。

## （二）法治政府の判断基準

法治政府とは何か？　如何なる基準に達してはじめて法治政府と呼べるのか？　この問題を明確にして、はじめて法治政府建設という任務に対して分解を行うと共に、具体的な基準を通じて具体的任務の達成状況に対して評価を行う事ことが可能となる。しかしながら、法治政府の基準に関しては、論争が存在し続けている。18期四中全会決議は、各級政府は党のリーダーシップの下及び法治の軌道の上で作業を展開し、職能科学（政府経営管理学）の確立、法によって権限・職責を執行し、厳正な法の執行、透明性且つ公正性のある、廉潔且つ高効率で、法を遵守し、誠実で且つ信用できる法治政府の建設を加速させるべきであると打ち出した。これは一つの極めてはっきりとした明確な法治政府基準の提起である。四中全会決議に基づけば、法治政府は少なくとも以下の基準を満たすものであって然るべきである。

一に、職能科学（政府経営管理学の確立）、法による権限・職責の執行。職能科学というのは、政府の管理権限が合理的に設置され且つ配置され、全てを一気に引き受けるという情況の出現を防ぐべきであることを意味するものである。権力・権限が法で定められているのには二つの面の内容が含まれる。一つは職権が法で定められていることで、これは政府の職権、機関設置、行為方式等の何れもが法律によって明確に規定されていることを指す。象徴的に言うと、職権の法定化は、即ち法で権限が授与されていない事はやらず、「法律無くば行政無し」を為し得るということが行政機関に求められるのである。行政法という側面から見るならば、公権力機関は法律に規定の範囲内で、法の定める手続きに基づきその権力を行使して

然るべきであり、制度という側面から見るならば、憲法に基づき国を統治し、公権力は憲法・法律に規定の範囲内において活動し得るのみであって然るべきなのである[4]。行政機関の職権は憲法と法律の授与から来るものであるに過ぎず、行政機関は職権範囲を自ら設けたり修正したりしてはならない。と同時に、政府は職権行使のプロセスにおいては、厳格に法の定める権限の境界線を遵守すべきであり、職権を超えた行政を行ってはならず、またその職権を曲解してもならない。二に、責任を法で定めること。つまり、政府機関が担うべき責任は法律に由って明確に定められているべきである。権力と責任の相応（権責対応）は法治政府の建設というテーマに具わるべき内容である。法治政府は責任政府であるべきというのは、政府は法に基づき積極的に法の定める職責を履行すべきであることを意味しているのみならず、政府は職務の怠慢や過失の責任を負うべきであることをも意味している。我々の言う私権においての権利に相対するのが義務であり、義務無き権利は特権である。ならば、公権力と相対応するのは即ち責任であって然るべきであり、責任無き権力は同様に特権なのであり、特権は必然的に権力の濫用を招いてしまう。公権力が濫用される特権となるのを効果的に回避するには、公権力の行使が法律の規定する権限と手続きを厳守するよう求めるべきであり、さもなくば、問責のメカニズムを通じて公権力機関及び関係人員の法的責任を追究すべきである。例えば、中国の『公務員法』に規定の公務員の職務怠慢・過失引責辞任制度は正に権限と責任の統一及び「失職必究（職務怠慢・過失は必ず追究されること）」という原則の具体的な現れである。実践において、多くの役人が違法失職行為故に法的責任を追究されているのは確かである。

　二に、法の執行は厳正で、公開且つ公正であること。職権は権力であるのみならず、義務でもある。行政機関は自らの職権を履行し、法の定める職責は必ず成し遂げるという原則を堅持すべきである。法の執行が厳正であるというのは、行政機関が履行すべき法的義務である。行政機関は法に

基づき職権を行使し、各種の違法行為を懲罰し、大衆の切実な利益の重点分野に関する法執行力を強化すると共に、法執行手続きを健全にし、具体的操作の流れを明確にしなければならない。行政許可、行政処罰、行政強制、行政徴収、行政チャージ、行政検査等をはじめとする行政行為の関連事項は、厳格に規範化することで、法執行における権力の誤用や濫用とレントシーキングといった現象を防ぐ必要が有る。

　陽光が最高の「防腐剤」である様に、公開であることを通じてこそ、はじめて権力及びその行使を変質なきのものにすることを保証し得る。行政権力を効果的に規範化し、陽光政府（透明性の有る風通しの良い明るい政府）を建設するには、行政権力の運用を公開且つ透明にする必要が有る。中国はこの方面で既に多大な進歩を遂げており、『政府情報公開条例』の頒布が既に権力運用の公開化と透明化の為の制度的枠組みを構築している。公権力及びその運用の公開化と透明化を保障するには、法に基づき公開が不適切であるとされる諸事項（例えば、国家機密、商業機密、個人のプライバシー等を保護するためのもの）を除いて、行政対象及び庶民の利益に関連する全ての情報は、行政プロセスにおいて何れも公開で進めることが求められる。公開を原則とし、不公開を例外とするのは陽光政府、責任政府建設の重要原則でもある。と同時に、政務の公開を全面的に推し進め、政策決定の公開、執行の公開、管理の公開、サービスの公開、結果の公開を推進し、財政予算、公共資源配置、重大建設プロジェクトの批准と実施、社会公益事業の建設等の分野の政府情報の公開を重点的に推し進める必要が有る。

　三に、廉潔且つ高効率で、法を遵守し、誠実で且つ信用であるること。国家統治管理体系の現代化は、政府が法の定める権限内において権力を行使し、しかも政府が高効率且つ廉潔に権力を利用することを求めるものである。行政行為は幾千万もの利益関係者に関わるものであるからには、行政プロセスの効率を如何に高めるかは、人民大衆の福祉に直接関係すると

共に、人民の主体的地位が実現されているか否かに関係するものである。近年来、多くの政府機関が積極的に「ワンストップサービス」を探求しており、行政許可の「統一処理、共同処理、集中処理」の関連制度を確立させた。これは「敷居が高く、顔が見えにくく、口が開きにくく、事が進みにくい」という官僚主義の態度を明らかに変え、良好な模範効果を得ている。

　法治政府は必ず誠実で信用できる政府であるべきである。社会全体の信義・誠実意識と道徳水準を高め、更に調和で信頼できる社会環境を築くには、先ず以って政府が率先して誠実にして信用を守ることが求められる。これに対し、中国『行政許可法』第8条は「信頼保護原則」を明確に規定し、政府のもつべき誠実性と信用性を強調している。政府は朝令暮改であってはならず、政府の定める手続きが人次第で異なるようであってはならず、既に為された行政行為は法的手続きを経ずしては随意に変えてはならず、政府部門の責任者が入れ替わっても、過去に既に行った決定を否定する事はできず、政府が約束を守らぬ事によって関連主体にもたらした損失は、法に基づき賠償が行われて然るべきである。

　四に、手続きを遵守し、政策決定が科学的であること。一般には、行政法中の正当な手続き原則とは、行政権力の運用が公正な手続きに符合するものであるべきことをいうのであり、行政機関は厳格に手続きに照らして職権を行使して然るべきである[5]。正当手続きの原則は、英国の古い自然公正の原則から生まれ、当初は司法審査に適用された、つまり「自己の判事としての立場を取らない」、「他人に不利益を与える行為をする前に、事前に通知し、理由を説明し、弁護を聞く」というものであった[6]。そして、正当な手続は「政府権力の独断専行及び濫用を防ぐ」という内容を含むようになり、それは手続きの制御の下での権力であってはじめて正当性を具え、公権の濫用を防ぐことができるというものである[7]。正当手続原則の要求に基づけば、あらゆる行政行為は全て法の定める手続きの規制を受け

るべきであると同時に、行政手続の設計は科学的且つ合理的であって然るべきである。例えば、行政行為を為すには、充分に理由を説明すべきであると共に、行政サービスを受ける相手に陳述と弁明の機会を与えねばならず、行政行為が為された後には、更にサービスを受ける相手の再議及び訴訟を提起する権利を保障し、その為に救済を求める道筋と手順を提供することを保障すべきである。目下、中国は既に『行政処罰法』『行政許可法』及び『行政強制法』等を初めとする一連の法律を頒布しており、『行政手続法』の制定も既に立法機関の議事日程に組み込まれているが、それは正当手続原則の更なる貫徹と着実な実施に有利であり、行政機関の法に基づく行政の保障に有利であることは疑うべくもない。

　厳厳格な手続きの遵守は、政府の政策決定が科学的であるのを保障する条件でもある。手続きを政府に対する制約や束縛であると看做してはならない。事実上、一部の地域では行政官員に「思いつきで方策を決定し、気やすく請け合い、地団駄を踏んで後悔し、無責任にずらかる」という悪しき現象が現れているのは、即ち政策決定手続に違反した結果である。手続の設置は政府が法の定める範囲内で、法の定めた手続に基づき職権を行使するのを保障するのに有利である。公権力それ自体の廉潔と高効率を確保し、最大限に社会資源の浪費を減らすのを確保する為には、公衆の参与、専門家の助言と政府決定の三つが結び付いた政策決定メカニズムを確立し且つ十全にし、政府の政策決定の合法性に対する審査、政策決定失敗のリスクに対する評価、政策決定の正確性に対する論証及び政策決定プロセスに対する監督を強化することで、更に行政機関が政策決定の全プロセスにおいて法の定める手順を厳格に順守するのを保障し、公権力の運用に対する効果的な制約と監督を実現させる必要が有る。

　要するに、法治政府を建設するには、小さな政府、サービス型政府、明るい政府（廉潔な民衆本位の政府）、効率的な政府、誠実で信用される政府、責任感強い政府の確立に努力し、「法執行に保障有り、権力有らば責

第四章　依法行政（法に基づく行政）　163

任有り、権力を用いれば監督を受け、法に違えば追及を受け、権利を侵害すれば賠償すべき」という法による行政準則を堅持すべきである。

### （三）法治政府は小さな政府

　所謂小さな政府（limited government）とは、規模、職能、権力及び行為方式等の面で何れも法律の明確な規定と社会の効果的な制約を受ける政府のことである。この理論は、最も早くはホッブスの著書『リヴァイアサン』にまで遡る事ができるが、一般的には英国学者ロックが比較的早く提起した小さな政府の概念で、後に幅広く受け入れられるようになった。当然ながら、西洋で言う所の小さな政府は、西洋憲政を出発点とするもので、主な目標は個人の権利と自由至上を追求し、権力が厳しい制限を受ける政府を構築することであった。西洋の「有限政府」（小さな政府）の「有限性」は主に次の二つのことから由来する。一つは分権理論に由来するものである。西洋の三権分立思想に照らせば、行政権は立法権と司法権の制限及び牽制を受けるのであるが、これは効果的に行政権の不当な拡張を制限するものである。もう一つは法律を源とする、即ち行政権の権限範囲及び行使方法が法律の厳しい規制を受けるとするもので、小さな政府は法治政府であって然るべきである。中国の政治体制は西洋のそれとは異なり、三権分立の政治モデルは採らないが、それは小さな政府の概念を採用できないことを意味しているのでは決してなく、我々が言う所の小さな政府は法律規範下の政府のことであり、政府の職権範囲、行使方法等は何れも法律の制限を受ける。四中全会決議は、各級政府は党のリーダーシップの下で法治のレールに沿って仕事をし、法執行体制を創新し、法執行のプロセスを十全化させ、綜合的な法執行を推進し、法の執行責任を厳しくし、権限と責任の統一性を保たせて権威の効果的な法による執行体制を確立し、政府経営管理学を確立し、法によって権限と責任を決め、厳正、公開且つ公正、廉潔且つ効果的に法を執行するという法を遵守し、信頼できる法治

政府の建設を速めると提起したのである。当該決議は「小さな政府」という表現を明確に用いてはいないものの、その核心的理念は法治を通じて政府権力を制限することである。

　小さな政府と法治政府は、実は二つの異なる角度から描述されたもので、小さな政府に就いて言えば、その権力は憲法と法律を源とする。故に、小さな政府であるか大きな政府であるかを衡る尺度は、一つの政府が権力、職能、規模の上で法律の明文による制限を受けているか否かに在る〔同上〕。その一方で、政府権力の行使は法律の厳しい規制を受けて然るべきである。法治の重要意義は政府と社会の間の矛盾を調停し、政府権力の専横と腐敗を抑制することによって社会の民主的自由と正当な利益を守る事に在る〔同上〕。故に、法治下の政府であってはじめて有限政府と成り得るのである。法治政府と小さな政府は相互依存の二つの側面なのであり、法治下の政府は必然的に小さな政府となり、小さな政府も又法治が実現され得る保障なのである。

　有限政府の確立は、行政権に対する制約を強化する為であり、つまり政府の権力というのは無限なものでは決してないのである。公権力は自ずと拡張という本性を具えているが故に、厳しく制限して然るべきであり、それは正に「権力を有する人間の権力行使は、境界線の有る場所に出くわしてはじめて休止するものであり……事物の性質からすると、権力の濫用を防ぐには権力でもって権力を制約すべきである」と指摘した通りである。従って、有限政府を確立するには、法に基づき政府権力に対して制限を行うべきであり、そうする事ではじめて高効率で、廉潔で、責任を言う政府を打ち立てることが可能となるのである。

　小さな政府の確立は、行政権に対する制約を強化する為であり、つまり政府の権力というのは無限なものでは決してないのである。公権力は自ずと拡張という本性を具えているが故に、厳しく制限して然るべきであり、それは正に「権力を有する人間の権力行使は、境界線の有る場所に出くわ

してはじめて休止するものであり……事物の性質からすると、権力の濫用を防ぐには権力でもって権力を制約すべきである。」とモンテスキューが指摘した通りである[9]。従って、有限政府を確立するには、法に基づき政府権力に対して制限を行うべきであり、そうする事ではじめて高効率で、廉潔で、責任を言う政府を打ち立てることが可能となるのである。

　小さな政府を打ち立てるというのは、即ち政府と社会管理との協力的連動を実現し、共同で国家統治管理体系の現代化を実現することである。長年来、中国は計画経済体制の影響を受け、政府権力が強大であり過ぎたが為に、「強い政府に弱い社会」という構造が形成されるに至り、「政府が一手に引き受けるのを重んじ、多方面からの参与を軽んじる」という現象が遍く存在し、社会組織の管理統治能力は普遍的に弱く、良好的「治理」（統治・管理）状態の形成を困難にさせた[10]。従って、小さな政府を確立する事を通じて、政府に自らが管理すべき事を管理させ、大量の政府によって管理されるべきではない事を社会組織及びその他の管理主体によって担わせるようにして然るべきである。とりわけ、末端の大衆自治組織の自己管理及び自己奉仕の役割を存分に発揮させ、社会自治の効能を発揮させるとともに、政府管理と社会自治との関係を有機的に協調させる必要が有る。

　小さな政府を確立するには、つまり政府と市場の関係を上手く処理する必要が有る。30数年に互る発展の末、中国は既に計画経済から社会主義市場経済への全面的な転換を成し遂げた。しかし、計画経済の名残である古い思考観念は未だ完全に消去されるに至ってはおらず、政府が随意に市場に関与し、市場の調節手段を信用せず、過度に行政の関与に依存するといった情況が依然として数多く存在している。地方政府の一部の管理部門が随意に市場に関与する現象が依然として見られるのである。これらは中国市場経済の更なる発展と経済の更なる転換に対して重要なマイナス影響をもたらしている。こうした問題に照準を合わせ、党の18大会は政府と

市場の関係を正常化させ、市場の資源配置における決定的役割を発揮させ、市場主体自身の活力を掻き立てる必要が有ると更に強調している。これに応じる形で、中央政府は「簡政放権（政府機構の簡素化と経営管理権の移譲）」と政府の職能の転化という一連の措置を明確に打ち出したのであるが、これらは何れも法治政府建設のあるべき内容である

18期三中全会決議は、統一の市場参入制度の実施とネガティヴリストの制定を基礎に、各種の市場主体が法に基づき平等にリスト以外の分野に進入できるようにすべきであると指摘した。これに基づき、中国は市場主体のアクセスの面で、ネガティヴリスト管理制度の実施を改革の突破口とすると共に、改革深化の重要内容とした。ネガティヴリストモデルの下においては、市場主体に関して言うならば、「法の禁ぜざるは即ち自由」であり、政府からすれば、「権限なきことはなすべからず」、「権限なきことは即ち禁止」という事になろう。社会の発展に伴い、各種の新たなビジネス形態が次々と現れ、市場主体がこうした分野に進入し得るか否かで、必然的に法律調整の空白地帯となり、「法律のブランク空間」となる。

ポジティヴ・リストモデルに基づけば、市場主体はこれら空白領域に自由に進入する術が無く、これが市場主体の経済活動の自由を大きく制限してしまいかねないのは疑うべくもない。だが、ネガティヴリストモデルの下では、法律・法規が明確に禁じている領域であってはじめて市場主体が進入できない事に成り、凡そリストに載っていない領域は、市場主体が均しく進入することが可能であり、この事は市場主体をしてより一層十分な行為の自由を得せしめると同時に、政府の行政審査・批准及び管理権に対する一種の有効的規範ともなる。政府管理は事前の審査・批准と事後の監督管理の関係を統一的に計画案配して協調させるべきである。事後に監督管理を行えるものに対しては、事前の審査・批准を行う必要がなくなる。ネガティヴリスト管理モデルを実行するには、必然的に有限政府の確立が求められる。効果的に政府と市場の関係を処理し、法治政府が建設される

ことが求められるのである。

　1959年の国際法学者会議が採択した『デリー宣言』は、法治の概念を詳述するに当って、「法治原則は行政権の濫用を制止する為に法的保障を提供することを求めるのみならず、政府をして有効的に法的秩序を維持せしめるべきである。」[11]と指摘している。これはつまり、小さな政府を確立し、政府権力を制限するのは、政府がそうするのを難しくさせる為ではなく、政府の行為をより良く規範化する為であり、科学的且つ合理的な権力配置を通じて、政府がより一層効果的に運営されるようになるというのが小さな政府にあるべき内容なのである。「法の授権無くば為す可からず」と「法の定める職責は必ず為すべき」の両者は密接な関係に在り、何れの一方も欠いてはならないのである。

## 十九、権力の職権内訳一覧による公権の規範化

　党の18大会報告は、重点領域及び鍵となる部分の改革の深化を強調すると共に、反腐敗の法律制度を健全化し、権力を「制度の檻」の中に閉じ込め、権力の運用に対する制約と監督を強化することを反腐敗工作の核心とするよう求めた。既に調査処分された汚職事件からすると、汚職行為をした人の殆どは何れも手中の権力を利用して個人の利益を獲得しようと謀り、しかも関連事件の数が増加の一途を辿り、職務犯罪の件数も日増しに増加し、事件に関わった高官の職位も高くなる一方で、調査・処分された人数も上昇の一途を辿り、各種の権銭取引（パワーマネー取引）及び官商結託といった現象は仰天ものである。例えば、元国家エネルギー局石炭司副長官の魏鵬遠に対して家宅捜索をしたところ、人民元に換算して2億余元相当が発見された。検察機関に捜査押収された汚職金額が、新中国成立以来最多となる事件の一つとなった。人民元2億余元という数値は果たしてどのようなものなのだろうか？ある統計によると、百元札を一枚ずつ積

み上げると、1万元分の厚さは1センチ程で、2億元だと200メートルの高さとなり、それは66階建のビルの高さに相当する。これは、近代西洋の法治理論の提唱者の一人である英国のジェームズ・ハリントンが提起した権力の制約を実行すべしとの観念を裏付けるものでもある。何故ならば、「権力は腐敗をもたらし、絶対的権力は絶対的腐敗をもたらす」からである。フランスの啓蒙思想家モンテスキューも「あらゆる権力を有する人間は皆容易く権力を濫用するが、これは永遠に変わらぬ経験である」と指摘している[12]。仮に若し、「権力は必然的に濫用される」というのが一つの法則であると言うならば、権力というものは一旦監督を欠いてしまえば、いとも容易く腐敗を誘発するのであり、然らば、腐敗を根治するには、権力を制約し且つ規範化することから着手すべきである。正に「権力を制度の籠の中に閉じ込めるには、法に基づき権力を設定し、規範化し、制約し、監督せねばならない」と習近平同志が指摘した通りである。法治の堤防が破れれば、権力の濫用は宛も洪水の如き災害となる。権力を制度の籠の中に閉じ込めるべきであり、これこそが汚職に反対し、清廉を呼び掛ける根本道なのである。

　如何にして権力を「制度の檻」の中に閉じ込めれば良いのか？これに対して、四中総会の「決定」は、「職権の法定」、「権限なきことは為す可からず」の原則を強調する基礎の上で、更に一歩進める形で「政府政府職権内訳一覧制度を推進し、パワー・レントシーキング（Power rent seeking）の空間を断乎取り除く」べきことを打ち出した。職権内訳一覧はネガティヴ・リストを基礎にした更なる発展とも言うべきもので、その内容はリスト方式で各諸政府機関が有する行政審査・批准、管理及び処罰等の権力を詳細に列挙すると共に、それを社会に向けて公開し、社会の監督を受け入れるというものである。これは公権の規範化及び腐敗防止の重要措置である。

　職権内訳一覧制度は権力を「制度の檻」の中に閉じ込めるのに有益であ

り、その理由は以下の幾つかの点に在る。

　一に、権力の法定化、明晰化、具体化実現に有利である。現代法治の核心は公権力の規範化と私的権利の保障である。公権力自体に自ずと自己膨張と拡張の趨勢が存在するが故に、もしも其れに対し法に基づく規範化を行わなければ、やがては私的権利に対する侵害がもたらされかねない[13]。政府は法執行の主体であり、中国の一部の法律・法規も政府機関が有する権力を規定してはいるものの、これらの規定は大まか且つ原則的であり過ぎ、公権力の行使に対する効果的な制約とはなり難い。実践においては、一部の政府機関が果たしてどのような権力を持っているのか、権力の境界が如何に確定されているのかは終始曖昧模糊としている。一部の政府機関はひいては自らがどれだけ大きな権力を持っているのかを知らぬままに、政府機関の為し得ない事など有りはしないと考えている。権力の境界線がはっきりとしていなければ、権力の正しい行使など保障の術がない。これには、職権内訳一覧の実施を通じて各級政府及びその作業部門の行政審査・批准、管理及び行政処罰の権力を整理すると共に、社会に向かって公開することにより、効果的に公権力を制約する必要が有る。公権力の内容と範囲に対して全面的な列挙を進め、公権力部門及びその作業人員の権力の範囲、内容、行使等といった関連要素を詳細に列挙しなければならない。職権内訳一覧が公権力の内容と範囲に対して詳しく列挙すればするほど、益々効果的に公権力の行使を制約し、公権力に「箍（たが）」を掛けることで、「法の許可なくしては為すべからず」、「法に明文の許可無くば即ち禁止とする」、「法律無くして行政無し」を着実に成し遂げることができるのである。

　二に、権力行使に対する監督の実現に有利である。職権内訳一覧の作成の目的は、公権力の範囲を確定することのみに止まらず、更に職権内訳を社会に開示する必要が有り、そうすることで公権力の行使に対して外からの監督を形成することが可能となる。各地の職権内訳一覧の制定に関する

経験からすると、「職権内訳一覧の作成（列単）」の外に、「職権内訳晒し（晒単）」と「職権内訳追跡（跟単）」を行う必要が有る。所謂「職権内訳晒し（晒単）」とは、即ち各公権力部門は適切な方式で社会に向かってその権力行使の実際のプロセス及びそれによって生じた具体的結果を開示することであり、所謂「職権内訳追跡（跟単）」とは、即ち社会の大衆により公権力の行使に対して監督が為されることである。「列単」から「晒単」、「跟単」に至るまでは、実際には統一を為す総体であり、公権力及びその行使に対する全方位的監督を形作っている。長年来、法律・法規の定める所の一部の公権力機関の有する権力範囲は模糊とした大まかなものであるが故に、庶民はこれら権力の範囲がどれほど大きなものであるかがはっきりとせず、これら部門自身でさえはっきりと言えないことから、実践において効果的に権力を「制度の檻」の中に閉じ込めることができず、結果的に所謂「牛を入れる柵の中に猫を閉じ込む（いくら頑丈な柵でも隙間が大きければ、すばしこい動物なら簡単に逃げ出せる）」という事態になってしまう。その結果、権力行使の行為が正当であるか否か、越権であるか否か、その責任を追究すべきか否か等の認定すら困難となってしまう。実践において現れたパワー・レントシーキング、野蛮な法執行、暴力的法執行等は何れもこれと関係がある。職権内訳一覧は効果的に権力を制約する一つの道具であり、公権力の行使に対する監督を強化するには、私的権利が公権力の行使に対して行う制限に頼る以外に、積極的に公権力間の相互制約の力を借りつつ、公権力の運用に対する監督と制約を実現して然るべきである。

　三に、政府の権限を簡素化し、真の意味における権力のスリム化を実現するのに有利である。職権内訳一覧の作成は当面の政府の権限の簡素化、政府機能の簡素化と結び付くことで、政府機構の権力のスリム化と「体力づくり」に制度保障を提供して然るべきである。腐敗防止の最も効果的な方法は政府の権限の簡素化である。統計によると、中国の目下における国

務院次元の行政審査・批准項目は1700余項で、2012年に221項が取消され、今期政府は更に3分の1を取消すことを打ち出した。行政許可を減らし且つ規範化するには、更に認可、記録載せ、基準到達、検査済み等といった形式による許可、つまり形を変えての許可なるものを一掃し「明放暗不放（表向きには権限を移譲したように見せかけて、裏では手放さずにいる）」、中途でのせき止めや妨害等の現象を防ぐ必要が有る。ネガティヴリスト管理モデルに照らせば、凡そ未だ明文で禁止されてはいない法律空白地帯は、市場主体が行為の自由と経営の自由を有し、政府機関の審査・批准と干与は不必要である。職権内訳一覧とネガティヴ・リストを結び付ければ、職権内訳一覧作成のプロセスにおいて、権力運用の境界線を明確にすると共に、政府の権限の簡素化の主旨に従い、行政権の制限とその範囲の縮小を行うべきである。

　四に、問責メカニズムの構築、違法及び職務上の怠慢・過失行為に対する追跡・懲罰力の強化に有利である。職権内訳一覧は一旦作成されると、行政機関が「依法行政」であるか否かを判断するのに明確な拠所が提供されることになり、この事は行政機関の違法や職務上の怠慢・過失行為の責任を追究するのに有利である。もしも私権上の権利に対応するのが義務なのであれば、義務無き権利は特権であることになり、ならば公権力に対応するのは責任で、責任無き権力も特権であり、必然的に権力の濫用がもたらされる。公権力が濫用可能な特権と化してしまうのを回避するには、公権力の行使は法律に規定された権限及び手続きを遵守すべきであり、さもなくば、相応の問責メカニズムを通じて公権力の部門及び関連人員の法的責任を追究して然るべきである。

　職権内訳一覧の公開後、公権力機関はリストが列挙する所の権力の法に基づく行為に関して、不作為であったり、乱作為（無秩序な行為、無茶苦茶な行為）であったりしてはならない。公権力は私的権利とは異なり、後者が行使するか否かを個人が自由に決定する権利を持つのに対して、公権

力は一旦列挙されれば、政府部門はその職責を積極的に履行せねばならない。公権力の行使は通常特定の公共目的或いは公共利益の実現に関係するが故に、公権力部門は権力を行使する権利を有するのみならず、その権力行使はそれが履行すべき職責であるが故に、権力を行使する義務をも有する。ただ、指摘しておかねばならないのは、職権内訳一覧は公権力機関の権力範囲を明確に列挙することが出来得るとはいうものの、それは公権力の行使が細部までリストによって規定されることを意味するものでは決してないということである。社会生活は複雑多岐で、具体的事件も千差万別であり、公権力機関にある程度の自由裁量権を与えるというのも必要な事ではあるが、この種の自由裁量権は必ず合理的なものでなくてはならず、しかも必要な範囲内に限定されて然るべきで、その行使も必要な監督を受ける必要が有る。

　ハイエクはかつて、法治の含む意味は政府が法律によって社会を統治管理する（Rule by Law）というのではなくして、先ず以って政府の行為は法律の制約の下に在る（Rule under Law）ということであると述べている。この言葉は、法治の核心は公権力を規範化し且つ制約することであり、一つの社会が法治社会であるか否かを判断するに当っては、それが効果的に公権力を牽制し得ているか否か、又人が公権力による侵害を受けた際に充分な救済が提供されているか否かを見るべきである[14]。つまり、法治の鍵は権力を制度の籠の中に閉じ込めることであり、これが正に法治の核心的意義であり精髄なのであって、職権内訳一覧制度の確立は政策決定の科学性、執行の決然性、監督の有力な権力運用体系の確立に有益であり、これは正に公権を規範化し、権力の法治の下における運用を実現する有効的措置でもあるのである。

　歴代の得失を見渡し、各国の成敗を横覧するに、国家の長期的安定と人民の安穏な暮らしを実現させるには、権力が陽光の下で運用されるようにし、権力を「制度の檻」の中に閉じ込めるより外に無い。しかして、職権

内訳一覧を用いて権力を規範化するのは、模索するに値する方途であると言えよう。

## 二十、私権が発達するほど公権が規範化される

18大会以来の反腐敗闘争は一連の重要な成果を収め、「強制立ち退きを推進する高官」、「ブルドーザー市長」（私利私欲のために都市開発などの大規模な工事を執拗に推進する市長）、「一手指市長」（強制立ち退きの命令を恣意に出す市長）等が次から次へと落馬した。それはある程度に現実にある野蛮な立ち退きや暴力的な立ち退き等の現象の存在を映し出し、社会における物権観念が依然として希薄で、庶民の物権が侵害される現象が相変わらず時に発生していることを反映している。この種の現象に照準を合わせ、学界は一般的に、公法を通じて公権を規範化すべきであることを認めてはいるものの、往々にして私権による公権に対する規範化を主張することが見落とされている。

中国古代法制の最も突出した特徴は即ち刑を根本とし、刑を重んじて民を軽んじたことである。『説文解字』に「法とは刑なり」と有る様に、漢代の桓寛は『塩鉄論』の中で、「法なるもの、刑罰なり」、「法とは、それによって悪を監督するものである」と述べ、明代の丘濬も直に法を刑と同等にしつつ、「法とは罰の本体であり、罰とは法の用途であり、実際には一つである」としていた〔丘濬著『大学衍義補』〕。この種の刑を以って法に代え、刑を重んじて民を軽んずという観念の中国に対する影響は深遠で、中国古代に私権は発達せず、民権は抑圧を受けるという現象がもたらされたのである。儒家は「民本」思想を唱導してはいるものの、終始この種の民本という観念を民権思想に転化させてはいないし、体系化された私権を保障する法律規則は形成されてはいなかった。

新中国成立以来、中国は高度に集中した計画経済体制を敷き続け、政府

が社会生活のあらゆる面に関与することによって、「大きな政府に小さな社会」、「強い政府に、弱い社会」という構造が形成された。一方では、公権力の境界がはっきりせず、常に不当に私的な生活領域にまで延び、私権に対して幾つかの不当な関与が行われた。例えば、或る地方政府は、企業誘致と資金導入に当って、一部の田畑が未だ徴収される以前に、商人に対して当該地域を徴収して商業経営に用いることを承諾し、農民の請負経営権を微塵も考慮しなかったというケースもあった。これらの地方政府官員からすれば、政府にはやれない事は殆どない様である。又他方では、市場経済が発達していないが故に、市民社会が未だ確立しておらず、公権に対する必要な制約も形成することが出来ずにいる。又、中国は民事立法が十全ではなく、私権体系が未だ確立されてはおらず、しかも私法規範体系に抜け穴が存在し、具体的な規則を欠いたままであるが故に、公権力の私的関係への介入に隙間を与えることになり、さらにそれに正当性さえも賦与してしまっている。

　改革開放以来、中国市場経済の発展と民事立法の絶えざる健全化に伴い、私権は一定程度の保護を得ると共に、財産の神聖性や契約の自由が一定程度貫徹され、行政機関の公民の合法的財産権への不当な剥奪及び契約関係に対する不当な干渉が大幅に制限されるようになってはいる。「民が官を告発する」事件が絶えず増え続けていること自体も私権の公権に対する制約が増え続けている事を明らかに示している。正に『物権法』（2020年『中華人民共和国民法典』の公布で、『物権法』は既に無効となっている）が物権を確認したことにより、庶民の財産権が保護され、公民がその財産権でもって公権力の「身勝手」に対抗することが可能になったことも、ある程度に不法な立ち退き現象の発生を抑制していると少なからずの学者が認めている。『物権法』が公民の財産に対して有する様々な物権を全面的に確認したことが、公民の有する民事権利体系を豊か且つ十全なものにし、私権を保障しているのみならず、『物権法』の公民の財産権に対する確認

もまた公権力の行使にしてより高い要求、即ち公権力の行使は非合法に公民の財産権を侵害してはならいとの要求を打ち出すことによって公権を規範化している。故に、『物権法』の公布施行は、中国の法治建設の推進に対して道標的な意義を持つのである。

　一般的には、公権の規範化は主に公法によって成し遂げられるものと考えられている。例えば、法律を通じて公権力機関の職権範囲を明確に限定したり、或いは法律を通じて公権力の行使の手順や方式等を明確にする等といった方法は何れも公権力に対して制限を行うのに有利である。こうした看方は、道理無きものではないが、私権の発達も公権を規範化する一つの方式であり、単に公法に頼って公権を規範化するのみであっては、行政行為のコストを増やし、行政効率を降下させてしまう可能性がある。何故ならば、公権力行使の方式は多くの裁量と判断に関わるものであり、法律のこの裁量権に対する制限が厳し過ぎるというのもマイナスの影響を生じてしまいかねないからである。しかも正面から公権を規範化するには、行政体制に対して必要な改革を進める必要が有り、その改革そのものが推進に当って常に艱難なものである。中国は近年来「簡政放権（政府機構のスリム化と経営管理権の企業への移譲）」を提唱し続けてはいるものの、効果ははっきりと顕れてはおらず、この事も公権改革の難しさを一定程度反映している。事実上、真正面から公権力の権限範囲と運用手順を明確に限定する以外に、もう一つの有効的に公権の行使を規範化する方法がある。即ち私権の保障を通じて公権を規範化することである。この種の方式の特徴は、基本的な民事法（即ち民法典）を通じて主体が有する様々な民事権益を全面的に認め、個人の私法自治を奨励し、民事主体に自らの行為を通じて自らの私的な事務を案配する、私権に対して全面的な救済と保護を行い、政府の不適法な干渉を排除することを賦与すると同時に、民事権益が侵害を受けた際に、私法規則を通じて救済が得られるようにすることである。それ以外にも、私権は普遍性を有するものであるが故に、人民大衆が

私権の主体であるだけでなく、公権力の主体も公権を行使する私権主体であり、彼等も公権を行使する際には私権を尊重して然るべきである。故に、私権を通じて公権を規範化すれば、社会的コストも低くなるのである。

　私権が公権の行使に対して制限を行うことが出来得る所以は、両者に自然的な繋がりが存在するからである。ルソーは『社会契約論』の中で、個人の何れもが私権の一部を譲出して公権を設置するのは、根本的にはやはり個人の私権の実現を保障するためであると指摘している。公権の産出や運用等は、何れも私権と自然的な繋がりを持つものであることが窺えるのである。公権設置の根本目的はより良く個人の権利の実現を保障し、人民の福祉を実現することであり、この点から見るならば、公権と私権は本質的には一致するものである。現代法治の核心理念が「公権を規範化し、私権を保障する」ことにあるというのは、事実上、「公権の規範化」と「私権の保障」との間は完全に懸け離れたものでは決してない。「公権の規範化」の目的が「私権の保障」に在るということ、即ち公権の範囲と行使方式を画定することを通じて公権力の運用を有効的に制約するというのは、公権力の私権に対する不当な関与を減らすことによって「私権の保障」という目的を実現するのに有利である。その一方で、「私権の保障」は「公権の規範化」に有利でもある。学界が現代法治という理念に言及するのは、一般的には「公権の規範化」の「私権の保障」に対する重要な役割を認識するのみで、「私権の保障」の「公権の規範化」という面での役割を蔑ろにしている。この種の現代法治の内容に対する理解は不完全なものであり、法治社会は公権が規範化されて私権が保障される社会であるのみならず、更には私権が効果的に公権を牽制し得る社会なのである。私権の発達は市民社会の発展にとって有利であり、私権が発達すればするほどに、その公権力に対する制約も強くなり、市民社会もより一層成熟するのである。

　私権が公権を規範化し得るのには、更に以下の理由が挙げられる。

　一に、私権の範囲を明確にするのは公権の境界を明確にするのに有利で

あるからである。権利は権利者に自由と利益を賦与すると同時に、権利者をして、他者（政府を含む）の不当な干渉に対抗し得る能力を有せしめる。この意義からすると、私権が公権の範囲を制約しているというのは、公権の境界を明確にするのに有利なものである。公権と私権の区別は公法と私法との区分を源とするもので、この種の区分はローマ法にまで遡ることができ、公権と私権は内容、来源、行使の方式等といった面で本質的な違いが存在し、この種の分類は一定の意義を有するものである。ローマ法は私人の平等と正義を法的価値であると看做し、権力の拡張に対して高度な警戒心を抱き、公法と私法を厳格に区分することでもって公権の拡張を制限しようと試みるに至ったものである。後世の学者の多くは、私権そのものが即ち国家権力に対する制限であり、私法自治と国家権力の制限との間には正の相関という関係が具わっていて、私法自治が拡張すればするほど、国家権力は益々狭められるものとしている。私権と公権は一方が縮めば他方が伸びるという関係を形作る可能性が有り、中国に在っては、私権と公権の区分に就いて言えば、私権は公権行使の目的であり、法律が公権を定める所以は、一定程度において私権の行使と実現を保障する為である。私権は一定程度において私人の利益を体現すると共に、個人の生存と発展の為にも基礎を提供する。公権の行使は私権を損ねてはならず、違法に私人の利益を損ねてもならない。故に、私権が明確に線引きされればされるほど、公権の範囲も益々明確になり、こうして公権が勝手気ままに越えてはならない境界線を画定できるのである。例えば、『民法典・物権篇』は個人の所有権の帰属を確認し、物権の帰属確定の情況下に在っては、公共利益に基づいた徴収を除けば、個人の物権を不法に横領したり、剥奪したりしてはならない。

　二に、私権が発達すればするほどに、個人が権利を主張し且つ行使する積極性も益々高くなり、これが公権に対する一種の牽制と成り得るからである。米国の経験から見るならば、プライバシー権は、それが始まったば

かりの頃は私的関係を規範化するのに用いられるのみであったのが、最終的には国家公権力に対する制限規則にまで発展するまでに至ったという事実からして、プライバシー権に対する保護が国家公権力と私人生活との間の境界線を正確に画定するのに有利に働いたことが窺える。中国の情況から見れば、改革開放初期においては、プライバシーという観念は発達しておらず、公安機関が各世帯を訪れて戸籍調査を行うのは見慣れた珍しくもない事であるとされていたのが、プライバシー観念の発達に伴い、人々は今では普遍的に各家庭に出向いて戸籍調査を行うには合法的な拠所が有って然るべきであり、勝手に民家に闖入するのは人物権とプライバシー権の侵害であると考えるようになっている。この事は、私権の誕生と発達も公権の行使に対する一種の牽制となっていることを物語るものである。と同時に、私権には利益性が具わっていて、それは社会生活のあらゆる面に関わるものであり、権利者はその権利が侵害されれば、法に依ってその権利が守られることとなっており、一定程度において公権力の濫用を制限することが可能であって、中国の「民が官を告発する」という実践もこの一点を証明し得る。故に、私権が発達すればするほど公権は益々規範化されることになる。従って、国家の公権力に対して一定の制限を与える必要がある。例えば、法律が個人のプライバシー権を保護し、個人のプライベートの境界線を確定することは、国家公権力の濫用を防ぐのに有益であると共に、政府と個人の間の行為の線引きをし、政府の「依法行政」の為に明確な基準を定めるのにとっても有益なのである。

　三に、私権に対する救済も公権の行使に対して一定の制約を為すことが可能であるからである。仮に若し公権力が不当に行使され、私権主体の権利が侵害される事で、私権主体の損害がもたらされた場合、私権主体は公権力機関に賠償責任を受け持つよう請求する権利が有り、これは公権力機関が法に基づいて職権を行使するのを督促するのを可能にするものである。例えば、不動産登記において、もしも登記機関が審査義務を尽くさぬまま

でいた為に登記のミスが招かれ、権利者に損害がもたらされた場合、権利者は登記機関が賠償責任を受け持つよう請求する権利が有り、この事も登記機関の法に基づく職権の行使を督促するのに有利である。

　四に、一部の私権そのものが公権の行使に対する制限となり得るからである。例えば、ドイツが民事判例において一般人格権を承認してより以降、一般人格権は基本法の高さにまで上昇したが、これは公権力に対して強力な制約を形成している。憲法上の一般人格権を通じて個人の自由な発展と人格の利益が国家の不法な干渉を受けない権利が保護されたのである。中国においては、『物権法』が私人の所有権を保護する為に、政府機関が徴収権を行使することに対して有効な制約を形成しているのは、公権力の行使の規範化にとって重要な意義を有するものである。『物権法』が公布施行された後、一部の地方の被徴収者が『物権法』に基づき野蛮な徴収、不法徴収、暴力的徴収に抗った事は、『物権法』の物権保護が公権力に対して形成している制約であることを証明している。

　五に、私権は発達すればするほど個人の自治能力が強くなり、公権力の不当な介入を減らすことがより可能となるからである。歴史の上では、市民社会は王権に相対する形で存在したもので、市民社会の内部管理は、通常は市民の自治を通じて実現され、現代市民社会もこの伝統を継続させている。成熟した市民社会は十全なる私法と成熟した市民自治を含むもので、前者は私人の交際に法律規範を提供し、後者は国家公権力が介入に不便であったり、もしくはコストが高い場合には、基本的な社会治理機能を提供し得る。自治が発達していない社会では、(何か問題が生じれば、) 市民は市長を探す。それに対して、自治の発達した社会においては、市民は市場（に目を向けて解決方法）を探すのである。健全な私法を具えた状況において、国家公権力が私人関係に介入しようとするには、充分な正統的理由が必要であり、とりわけ私法規則を遵守する必要が有る。それによって、公権力の不当な行使を制限できるのである。市民社会は発達すればするほ

ど、公権力に対する制約も益々強くなる。例えば、個人の物権意識が強ければ強い程、所有者の自己管理の権利意識も強くなり、所有者は所有者総会や所有者委員会を通じて自らの地所財産を管理でき、区役所出張所等の政府出先機関が過多に所有者管理事務に介入する必要がなくなる。私的事務の国家介入に対する需要が少なければ少ないほど、国家の関与を食い止める能力も強くなるのである。

　当然ながら、私権の保障は公権の正確な行使に頼るものであり、これは私権保障の基礎でもある。中国の社会統治管理に存在する問題から見るならば、公権の空席、軟弱さ及び不作為、ひいては違法行為或いは法的効果のない行為といったものも重要な原因である。例えば、食品の安全性の欠如、環境汚染、生態破壊等の現象は日増しに突出し、人民の生命財産の安全にとって多大な脅威となっているが、その中の極めて重要な原因は公権の不作為と違法行為或いは法的効果のない行為である。末端の社会管理面に在っては、公権力の不作為現象は同様に普遍的である。例えば、一部の地方においては、村のごみの山積み、汚水の溢れ、道路の破損、それに一部の末端水利施設は一年中壊れたままである。一部の県城の道路は混乱し、露店が通りや横丁乃至大通りの真ん中までに立ち並んでいる[15]。これも末端社会管理における公権力の職務上の怠慢・過失及び不作為といった現象の由々しき存在を反映したものである。故に、私権を通じて公権を規範化するのは、行政機関の手足を完全に束縛することで、それが何もできない様にするのでは決してなく、公権力の行使方式と行使手順をより良く規範化するためである。と同時に、社会統治管理面においては、もしも公権力の不作為によって私権の損害がもたらされた場合、権利人は法に基づき公権力機関に責任の負担を請求する権利が有ることからも、私権を通じて公権を規範化することは、公権力機関が適切に法の定める職責を履行するのを督促することで、公権力の職務上の過失や失言といった現象を減らすのに有利であることが明らかである。

ジェリングはかつて、「権利の為に戦うのは、即ち法律の為に戦うのである」と指摘した。私権の発達は法治社会構築の一重要基礎である。法治中国建設のプロセスにおいては、公権を規範化する必要が有れば、又不断に私権の法体系を十全化することで、その私権観念に対する啓蒙の役割を発揮させる必要もあり、民法典を制定する意義もそこに在るのである。法律が権利を賦与した人間が心の奥底で十分にその法の定める権利を意識すると共に、積極的且つ自発的にこの権利を行使してこそ、はじめて相応の権利が真の意味において公民の福利へと変わり得るのである。換言すれば、主体の有する様々な民事権利を全面的に認めることで、教化と啓蒙の役割を演じる事ができる。例えば、中国の民法典編纂のプロセスにおいては、独立して編をなしている人格権法を通じて個人の有する様々な人格権益を認めることは、公衆に対して人格の尊厳及びその発達に関する素晴らしいビジョンを示すと共に、内心から発する人格権観念を生むよう公民を導き、実際の行動でもって自身の人格権を主張し且つ他人の人格権を尊重するよう公民を励ますことによって、人格の尊厳擁護の新観念及び新境地を形成し、更には公権の行使に対して効果的な牽制を形成し、「私権の保障」を通じて「公権の規範化」という目的を達成するのに有益である。

　最後に指摘しておく必要が有るのは、中国の市場経済が今日にまで発展したからには、公権が絶対的に市場をコントロールする管理モデルは現代市場経済の環境下の統治管理需要に適応し難いものであるとはいっても、この事は私権の無限な膨張と公権に対する極度な制御を強調すべきであるというのでは決してなく、後者も同様に社会の高効率の統治管理にとっては不利なものである。西洋社会のここ三十数年における発展趨勢の一つは、新自由主義の影響を過多に受けることによって、私権の無限の拡張、ひいては公共利益の否認を強調し過ぎる余りに、その結果、経済のガバナンス構造において、ある種の不均衡が現れており、近年来の経済危機もこれを強く示している[16]。法に基づいて行政機関の職権を決定するということ

を市場の主体行動の自由を確保するネガティヴ・リストモードと連動させる。これによって、公権を規範化し且つ制約することを可能にすると同時に、私権に対する培いと強化を実現し、更に政府と市場の境界を合理的に区分することも可能になる。それは調和社会と法治社会を構築するに必要なことであり、また社会主義市場経済を完全なものにしていくには不可欠なものである。

## 註

1) 習近平著『堅定不移走中国特色社会主義法治道路 为全面建設社会主義現代化国家提供有力法治保障』を参照、『求是』に掲載、11 頁。2021 年第 5 期。
2) 羅豪才、宋功德著『行政法的治理逻辑』を参照、『中国法学』に掲載、2011（2）。
3) 宋功德著『建设法治政府的理论基础与制度安排』を参照、5 頁。北京、国家行政学院出版社、2008 年。
4) 李慶著『行政法视角下和谐社会建构之思考』を参照、『法学雑誌』に掲載、2011（10）。
5) 呂新建著『行政法视域下的正当程序原则探析』を参照、『河北法学』に掲載、2011（11）。
6) 姜明安著『正当法律程序：扼制腐敗的屏障』より孫引き、『中国法学』に掲載、2008（3）。
7) 王柱国著『論行政规制的正当程序控制』を参照、『法商研究』に掲載、2014（3）。
8) 陳国権著『論法治与有限政府』を参照、『浙江大学学報（人文社会科学版）』に掲載、2002（2）。
9) 【仏】モンテスキュー著『論法的精神（『法の精神』）』、張雁深訳、154 頁。北京、商務印書館、1961 年。
10) 魏見群主編『创新社会治理 建设法治社会』を参照、45 頁。北京、紅旗出版社、2015 年。
11) International Commission of Jurists, The Rule of Law and Human Rights: Principles and Definitions, Geneva, 1966, p.66.
12) 【仏】モンテスキュー著『論法的精神（『法の精神』）』、張雁深訳、104 頁。北京、商務印書館、1995 年。
13) 羅豪才、宋功德著『行政法的治理逻辑』を参照、『中国法学』に掲載、2011（2）。
14) 宋功德著『建设法治政府的理论基础与制度安排』を参照、5 頁。北京、国家行政学院出版社、2008 年。卓澤淵主編『依法治国理論学習読本』、15 頁。2008 年。
15) 範勇鵬著『馬路乱象背後的公権缺位』を参照、『環球時報』に掲載、2016.5.20。
16) 呂海霞著『論走向衰落的新自由主義』を参照、『生産力研究』に掲載、2010（1）。

# 第五章

## 公正なる司法

公正なる司法は人民大衆の切実な利益、社会の公平と正義、全面的な「依法治国」の全体的配置に関わるものである。党の18大会以来、司法体制改革の深化、司法の腐敗の厳罰、公益訴訟制度の十全化等の内容を巡って、公正なる司法が著しい進歩を遂げたが、「依法治国」を全面的に推し進めるには、公正なる司法を堅持し、人民大衆が全ての司法案件において公平性と正義を感受できるよう努力せねばならない。

## 二十一、司法機関の独立した職権行使の保障

　党の18期第四回全体会議（四中全会と略称）は、公正性は法治の生命線であると指摘した。司法が公正であることは、公正な社会の構築にとって重要な導きの役割を果たすのだが、司法が不公正であれば、公正な社会の構築に致命的な破壊作用をもたらすことになる。その故に、司法管理体制と司法の権力運用のメカニズムを十全化し、司法行為を規範化すると共に、司法活動に対する監督を強化せねばならない。それによって、人民大衆が全ての司法案件において公平性と正義を感受し得るようにすべきである。また、四中全会決議は、一連の司法改革に関する新たな措置を示した。これら新たな措置の着実な実施は、司法の独立性、公正性を保障し、司法の権威と信頼性を擁護することに対して重要な役割を持つものである。

　司法は社会正義の最後の防御線である。改革は人民の為、人民を拠所にし、人民に恵みを与えるものでなければならない。司法改革を深化させ、司法機関が法に基づき独立し、裁判権と検察権を公正に行使するのを適切に保障してこそ、はじめて司法の公正性を促し且つ保障することができるのである。四中全会決議が、司法改革を全面的に推し進める任務を打ち出した。それによって、中国の司法改革は歴史的な好機に恵まれることになったのである。

　四中全会決議の「決定」は、「指導者幹部が司法活動に干渉し、具体的

案件の処理に介入した記録、通報及び責任追究制度の確立」を提起したが、当該規定は人民法院、人民検察院が法に基づき裁判権と検察権を単独で行使するのを保障すると共に、司法の独立と司法の公正性を保障することに対する重要な意義を持つものである。司法機関が法に基づき独立して職権を行使するのは、各種の紛争を公正に解決し、公民の合法的権益を守り、法律の正しい実施を保障する鍵であり、本質的には公正な手続きの体現でもある。手続きの正義という概念は古い「自然正義」(Natural Justice)原則を起源とするものであるが、この原則は自然法の概念を起源とするものでもある。古代ローマ法においては、「人間は自分に関わる訴訟を裁いてはならない」という重要な手続き的規則が流行していて、それには裁判する者は必ず独立していなければならないという内容が含まれていた。裁判する者の独立というのは、本質的にそれがあらゆる非合法な邪魔だてを排除し、法律と事件の事実に照らし、法に基づき裁決を為さねばならないことを求めるものである[1]。正にエルマンの指摘する所の「もしも司法プロセスが何らかの方法で社会の行政機関及びその他の権力者の操りを回避することが出来なければ、あらゆる現代の法律制度は何れもその法に定める職能を実現することができず、又期待される必要な安全と安定を促す術もない」[2]との言葉通りである。

　しかしながら、中国の目下の司法体制は、司法機関が法に基づいて単独で職権を行使するための良好な環境が創出されるには至っておらず、客観的に見れば、外部から多くの不当な干渉は依然として存在しているのも事実である。とりわけ中国のような、「人情を重んじる」社会に在っては、如何にして制度の十全化を通じて様々な人情関係による司法への干渉を回避し、一部の指導者幹部が「根回し」という形で具体的な案件の審理に干渉するのを防ぐかは重要な問題である。司法機関の法に基づく独立した職権行使を保障することは、差し迫った解決を要する問題である。これに鑑み、四中全会決議は、「指導者幹部が司法活動に干渉し、具体的に事件処

理に介入した記録、通報及び責任追究制度の確立」を打ち出したが、当該要求を具体的且つ着実に実施する為、司法解釈を通じ、指導者幹部が案件に干渉するのを防ぐ十全なる実施規則を確立することを筆者は建議するものである。当該制度は少なくとも以下の幾つかの問題を明確にする必要がある。

　一に、「指導者幹部」の範囲を明確にすること。司法機関が法に基づいて独立且つ公正に裁判権と検察権を行使するのを充分に保障し、司法の独立と公正を保障するには、党委員会、政府、人民代表大会、政治協商会議等の党政機関を含めば、裁判所、検察院等の司法機関内部の指導者幹部をも含み、又在任の指導者幹部を含めば、既に定年退職している幹部も含めるといった様に、「指導者幹部」の範囲に対して相対的に幅広い理解を為すべきである。何故ならば、実践からすると、これらの指導者幹部が司法裁判活動に干渉する現象がしばしば発生しているからであり、故に彼等も「指導者幹部」の範囲に組み入れて然るべきである。

　二に、「司法活動に干渉し、具体的案件の処理に介入」した場合の行動パターンを明確に把握すること。総じて、指導者幹部の司法活動への干渉と介入には主に二つのパターンが見られる。一つは、口出しといったような一般的な干渉で、片方の当事者の為に口利きをしたり、便宜を与えるメモを書いたりして、担当の裁判官に可能な限りの配慮を与えるよう求めたりするものである。もう一つは、由々しく司法の公正性に干渉し且つ妨害し、甚だしきに至っては、冤罪、でっち上げ、誤審を招いたり或いは当事者に重大な損失をもたらしたりするものである。この二つのパターンによる司法の公正性への影響度には違いが有るため、それぞれの指導者幹部に対して課する責任も区別する必要が有る。もしも指導者幹部が具体的案件の処理に干渉、介入したが為に司法の秩序が由々しく妨害され、深刻な結果がもたらされた場合においては、法に基づく形で法的責任を追究して然るべきである。ただ、前者の情況に対しては、主たるはやはり紀律違反の

問題となる。当然ながら、その中の汚職や収賄等の違法犯罪活動に関わるものに就いては、法に基づく形で相応の法的責任を負わせて然るべきである。

　三に、記録、通報及び責任追究制度に関することである。指導者幹部が干渉、介入した案件の記録、通報制度を確立すべきであるその鍵は、関連規則に可操作性を持たせることで、裁判官、検察官が敢えて記録したり、公開したりする勇気を持たないといった問題を解決することに在る。実践から見るならば、司法関係者が記録をしたがらなかったり、記録する勇気を持たなかったりする現象はかなり普遍的である。真に当該制度を着実に実施し、現実の問題を解決するには、先ず以って関連の記録活動を司法従事者の明確なる法的義務として定めて然るべきである。つまり、記録することを司法従事者の法の定めた義務であると規定すべきなのである。と同時に、記録が適時で、真実で、正確であるのを保障する為、関連の裁判官、検察官の職業保障及び身分保障制度を制定することによって、彼等の後顧の憂いを解決すると共に、真の意味において、指導者幹部が司法活動に干渉し且つ具体的案件の処理に介入した記録、通報及び責任追究の制度がそのあるべき役割を発揮できるようにする必要が有る。

　四に、通報制度に関することである。ここで言う通報制度とは、主に関連の記録を公開することを指す。当該記録の公開も司法公開の範囲に組み入れて然るべきであると筆者は考える。もしも非公開であるならば、社会大衆も一般的な関心や監督の役割を果たし得ない。具体的に言えば、元来の関連記録を「副巻」（裁判所内部閲覧資料として、当該部門の事件処理を扱う関係者が閲覧できるが、一般公開はしていない公文書のこと）扱いにするやり方を変え、それを「正巻」（起訴状などのような当事者や関係者のほかに一般人にも公開している公文書）の中に置くべきである。但し、通報制度の内容は保存されている公文書の公開に限られるのでは決してなく、その他の方式の公開も含めて然るべきである。例えば、口出し・関与

事件が頻発している単位及び個人に対しては、定期的にその者が所属している勤務先や関連部門（例えば紀律検査監察部門）に報告し、関連の紀律監察部門によって通報及び処理が為されて然るべきである。

　五に、責任追究に関することである。指導者幹部の司法活動への干渉、具体的案件の処理への介入の記録、通報及び責任追究制度を確立する。指導者幹部の干渉及び具体的案件の事情の違いに応じ、別途にその責任を確定する必要が有る。この種の責任には、法的責任が含まれ、又関連の党紀党規に違反したが故に生じる責任も含まれる可能性がある。指導者幹部の干渉・介入の具体的案件を処理するに当っては、具体的な事情に基づきそれぞれに相応の法的責任を追究するか、或いは関連の紀律検査部門により党紀処分が与えられて然るべきである。当然ながら、両種の責任の生じる根拠や功能は異なるものであり、互いに取って代られることは有り得ない。

## 二十二、誤って釈放しても、間違った判決を出すな

　18大会以前、メディアではたびたび全国に大きな影響を与えた冤罪、でっち上げ、誤審が報道された。例えば、河南の趙作海殺人事件、浙江の張氏叔姪強姦事件、内蒙古の呼格事件等。これらの事件が公表されるや、社会の広範な関心を呼び、そして更に人々の罪無き被害者に対する同情を呼ぶと共に、人々の如何にして冤罪、でっち上げ、誤審を回避すれば良いのかに就いての論議を誘発させた。

　冤罪、でっち上げ、誤審を防ぐ最低ラインを死守するために、「誤って釈放しても、間違った判決を出すな」と主張する人がいる。「誤って釈放しても」というのは犯罪行為者を大目に見ようというのでは決してなく、実際に表しているのは一種の「疑罪従無」という考え方であると筆者は理解する。当然ながら、「疑罪従無（証拠が不十分であれば無罪と推定する）」は西洋からの舶来品であると看做す人がまだまだ多いのであるが、

その実中国の古代にもこの観念は存在していた。『尚書・大禹謨』は、「過失による罪を赦すには、その罪が大きいということは問題にしないが、故意による罪を罰するには、その罪が小さいということは問題にしない。罪で疑わしい時にはその罪を軽いほうにし、功績で確かでないものはその賞を厚いほうにする。無実の人を殺すよりかは、寧ろ筋が通っていないと言われるほうがましなのだ」と説いている。つまり、犯罪行為の軽重が疑わしい場合は、罪を軽くするに越したことはなく、功労の大小が疑わしい場合は、褒賞を重くするに越したことはないという意味である。明代の張居正も、「無罪の人を殺して、冤罪を晴らせぬまま死なせてしまうよりも、寧ろ通常の法に背いてまでして、その人の罪を軽くし、生を全うさせるに越したことは無い」と述べている。その実、古代刑法の例も一貫して「疑罪従無」を推賞していたのである。この事からも、「誤って釈放するに越したことは無い」が表しているのは、即ちこの種の「疑罪従無」の観念である。何故なら、罪と非罪の境目がはっきりしない時には、一人の善人に無実の罪を着せるよりも、「疑罪従無」を実行する方がまだましなのである。無論、これは一人の悪人を釈放してしまう可能性も免れ得ないのは言うまでもないが、これは正に善人が無実の罪を着せられないようにする為には免れ得ない代価なのである。

　古今東西、社会が如何に整然と秩序立って統治され、法治が如何に健全で、技術が如何に先進的であろうとも、冤罪、でっち上げ及び誤審は免れ得ない。ひいては西洋の自らが法治の如何に成熟しているかを標榜する国々においても、冤罪、でっち上げ及び誤審は至る所に存在している。因みに、米国では、多くの州が「冤罪救済センター（Innocent Center）」を立ち上げ、「冤罪救済プロジェクト（Innocent Project）」を通じて誤審の可能性の有る案件に対して再調査を行っている。そして、この機構によって複数の冤罪、でっち上げ、誤審のあった事実に気づいたのである〔何家弘「誤審がなぜ複製できたのか」、『人民法院報』に掲載、2013.4.26〕。米

国という斯くも科学が発達している国に在っては、刑事捜査において先進技術を大いに採用してはいるものの、依然として冤罪、でっち上げ、誤審の発生は免れ得ず、これは冤罪、でっち上げ、誤審の発生原因が極めて多いからであり、制度の面、法執行の面、規則の面、技術面等の原因が存在し、現実において常に人々が「一人の善人に無罪の罪を着せず、一人の悪人を放任したりもせず」を司法機関と行政機関が追求する目標にすべきであると言っているのを耳にするのは全く正しいことなのである。但し、この目標を真に実現し、冤罪、でっち上げ、誤審を根絶するのは断じて容易い事ではない。

　ならば、問題は、刑事犯罪の出現、特に殺人事件が起きた場合、一時は犯罪嫌疑者が果たして本当に犯罪行為を行ったのか否かを判断するのが難しいとすれば、その時裁判者は、無実の者を故無く受刑させるのか、それともその者を無実にするのかといった抜き差しならない選択に迫られることになる。この抜き差しならぬ選択に迫られた際、仮に若し「疑罪従有（嫌疑あれば有罪とし）」、「疑罪従軽（嫌疑あるが、罪を重くするか軽くするかで迷う場合は軽めに処分する）」という形を採れば、無実の人間に刑事責任を負わせることになりかねず、その結果悪人を過多に放任せずに済みはするものの、必然的により多くの冤罪、でっち上げ、誤審の発生をもたらすことにもなりかねない。もしも「疑罪従無」の形を採り、或る者が犯罪行為を行ったという十分な証拠を欠く際に罪を言い渡して罪を量ることをしなかったならば、犯罪行為を働いた者を逃がしてしまうことになりかねないとはいえども、無実の者に罪を擦り付けて刑事責任を負わせることはしなくて済むのである。「疑罪従無」は実際には抜き差しならぬ選択においてやむを得ずして取るベストな選択であり、これが即ち「両害相権取其軽（二つのリスクが目の前に在れば、リスクの少ない方を選ぶ）」。つまり有罪者を見逃し、凶悪犯を野放しにすることになり、無罪の人間に無実の罪を擦り付ければ、無実の者を傷つけもすれば、凶悪犯を野放しにす

ることにもなる。一人の無実の人間を捕まえること自体が即ち一つの過ちを犯すことであり、若し更に一人の無実の人間を間違って殺してしまえば、それはもう一つの過ちを犯すのに等しく、つまり二つの過ちを犯し、過ちに過ちを重ねてしまうことになる。ならばその者を釈放して過ちの一つを減らしたほうがいい。そうしたことで間違いを一つにとどまることができる。

「誤って判決を下すより、誤って釈放する方がまだ益し」が表しているのは、憲法が確かに認める人権保障の考え方である。その実、最大の人権は生命の健康権、人身の自由権に過ぎたるもの無しで、もしも一人の人間が冤罪で投獄され、最終的に冤罪で死んでしまったとしたら、それは何百の命を以ってしても償いきれず、何千の金を以ってしても取り戻すことはできないと言えるであろう。人を殺すというのは韮を刈るのとは違って、刈った韮は再び生えて来るが、人は死ねば再び蘇ってはこない。呼格事件の様に、呼格の死刑が執行された後になって冤罪が晴れたといったところで、既に死刑が執行されてしまっているからには、損失は最早救う術などないのである。更に、趙作海、張氏叔姪等の如きは、死刑は執行されはしなかったものの、無実を叫ぶことによって大きな苦痛に耐え、その家族が多大な災難を被る事となった。正に張立勇元河南高等裁判所長官の言う通り、趙作海冤罪事件のもたらした不幸は親・子・孫の三代までに及ぶもので、あたかも天の崩れ落ちるに等しい災難であった。その損失は金銭賠償でもって完全に埋め合わせの出来得るものでは決してない。従って、人権保障の最大の鍵はやはり冤罪、でっち上げ、及び誤審を如何に回避するかに在るのである。

「誤って判決を下すより、誤って釈放する方がまだ益し」は司法の公正性を維持する重要な措置である。総書記はかつて司法の公正性に言及した際、「『100 − 1 = 0』の道理を弁えるべきである。一つの誤審された事件のマイナス影響は、99の公平な裁判が積み重ねて来た善きイメージを打

ち砕くに足るものである。法執行及び司法における万分の一のミスは、当事者にとっては百パーセントの傷害なのである」と指摘している。司法裁判、とりわけ刑事裁判は、生殺与奪に関わるものであり、些かの間違いも起こしてはならない。製品に1％の不良品が有っても構わぬというのとは異なり、誤った司法判決は被害者をして、生死に関わる壊滅的災難を被らしめると同時に、司法に恥をかかせることにもなりかねない。司法のイメージは一つの誤った判決によって絶大な傷を被る。つまり、一旦冤罪、でっち上げ、誤審が出現すれば、多くの人々の長年に亘る司法の権威と公信力を擁護する努力を水泡に帰せしめる可能性とて有るのである。

　「誤って判決を下すより、誤って釈放する方がまだ益し」は手続きの正義を維持するのに必要な手段である。既に発生した幾つかの冤罪、でっち上げ、誤審からすると、原因は多しといえども、そこにはその何れにも共通する一つの問題が存在している。即ち調査・証拠取りにおいて違法の証拠取り、刑具を用いての尋問による自白の強要といった行為である。中国人民大学法学院の何家弘教授が、2007年に類似の実証研究を行ったことが有り、殺人罪嫌疑のかかった50の事件に対する研究を通して、刑具を用いた尋問による自白の強要で得た供述を判決の根拠とするのが往々にして誤審をもたらす重要な原因の一つであることに気付いた。この50件の刑事冤罪事件中、法医学検査によって刑具を用いた尋問による自白の強要が存在したか或いは認定を経ずともその可能性の有る情況が9割以上を占め、刑具を用いた尋問による自白の強要が存在しないのは僅か3件で、それが占める割合は6％であった[3]。但し、司法実践においては、悪人が見逃しにされるのは常ではあるものの、この事はそれが「誤った釈放」を意味するものでは決してなく、多くの情況下においては、証拠不十分により釈放を余儀なくされたものである。権威的総計がかつて中国の刑事事件の検挙率は僅か30％前後であると示したことが有った。その実、米国の刑事事件の検挙率も高くはない。故に、充分な証拠を欠いた情況の下、犯罪

嫌疑者を釈放するのは「誤った釈放」ではなく、「法に基づいた釈放」なのである。もしも嫌疑者が告発された証拠が、それが有罪であるのを証明するに足らぬものであれば、法に基づき無罪を宣告して然るべきであり、もしも既に調べで明らかになっている事件の事実が、それが有罪であると認定するに足らないものである場合は、それは無罪であると認定して然るべきである。もしも事件捜査過程において不法な証拠が存在する場合、これは法に基づき排除すべきである。死刑の適用においては、如何なる合理的懐疑も存在してはならず、罪の決定及び量刑の事実、証拠において、凡そ合理的な懐疑の存在する者については、断乎死刑は不適用とするべきである。

「誤って判決を下すより、誤って釈放する方がまだ益し」の結果、確かに個別的悪人が法の網を逃れてのうのうとする可能性も有りはするが、法の網は絶大で、疎らであっても漏らすことが無いとの諺通り、一時的に法の制裁を逃れている悪人たちも、最終的には法の制裁を免れ得ないのである。

## 二十三、巡回法廷制度の積極的な模索

四中全会決議は、最高人民法院が巡回法廷（裁判所）を設け、行政区域を跨ぐ重大な行政及び民商事案件を審理するよう提起した。この配置に照らし、最高人民法院は、目下既にそれぞれ深圳と瀋陽に最高人民法院第一巡回裁判所及び最高人民法院第二巡回裁判所を設立させている。巡回裁判所の設置は、司法体制改革の重要措置であり、最高人民法院の裁判の重心を下に移し、その場で紛争を解決し、当事者の訴訟の便宜を図ること等を推し広めるのに対して重要な意義を有するものである。

巡回裁判所制度は中国の独創では決してなく、当該制度は英・米・仏を源とする。早くもノルマン人による征服以降、英国国王は専門要員を各地

に派遣して司法視察を行ったが、これら視察の専門要員たちは、後に巡回裁判官と成り、専門的に重大刑事事件の審理の責任を負う事になったのである。英国が当該制度を設置した当初は、中央司法の権威を強化して中央の権力を見せつける為であったが、客観的には当事者の訴訟の便宜を図るのに有利であった。この種の経験は後に米国へと伝わり、早くも1789年の米国『司法法』において、三つの巡回裁判所（南部、中部及び東部巡回裁判所）を設置し、それぞれの裁判所は最高裁判所の裁判官二名と地方裁判所の裁判官一名によって構成された。最高裁判所の裁判官は毎年各地を回って案件を審理し、経常的な旅行もかなり辛いものであったが為に、最高裁判所は司法法の改正を国会に強く求めた。そこで、1801年、国会は『裁判官法』を採択した。その結果、これ以上最高裁判所の裁判官が各地を巡回して案件を審理することを要求しなくなり、16名の巡回裁判所の裁判官を指定し、専ら巡回裁判所において仕事をするよう求めるようになった。当該法は巡回裁判所の職権を拡大させ、多くの本来最高裁判所により審理されていた上訴案を巡回裁判所に渡して審理させたのである。1891年の国会は一つの法案を採択し、九か所の巡回上訴裁判所を設立し、それぞれの裁判所が幾つかの州の連邦地域裁判所から送られてくる上訴案件を管轄する事で、連邦裁判所で審理される上訴案件の大半が巡回裁判所で審理されるようになった。1911年、国会は一つの立法を採択し、正式に巡回裁判所が専門的に上訴審の案件の責任を負うことを確認し、1948年の司法法典は巡回裁判所を上訴裁判所と呼んだのである。目下、米国にはのべ十一か所の巡回裁判所が有り、連邦地方裁判所の審理する上訴案件を担当している。その他の国、例えば日本やカナダ等も皆巡回裁判所を設置している。世界各国から見ると、各国の巡回裁判所設置のモデルは多種で、常設機関を設けているもの、臨時機関を設けているもの、分院設置の方式を採用しているもの、法廷の方式を採用しているもの、独立した審級を形成しているもの、未だ独立した審級は形成されてはいないもの等様々

である。但し、総じて言うならば、巡回裁判制度は司法の独立、公正性の保障及び裁判効率の向上に対して重要な役割を発揮している。

中国は司法体制改革において、国外司法の有益な経験を参考にしつつ、一歩一歩巡回裁判制度を推し広めている。2010年、最高人民法院は「巡回裁判を強力に推し進め、人民大衆の訴訟の便宜を図ることに関する意見」を公布した。その狙いは地方裁判所の巡回裁判を規範化し、巡回裁判を通じて人民大衆が訴訟をし易いようにし、裁判所が事件処理をしやすくし、農村、大衆及び末端の為に配慮することに在ったものの、巡回裁判が行政区画を跨ぐ事は決してなく、又常設性のメカニズムでもなかった。四中全会は司法改革を推進し、司法の公正性を保障するべく、司法体制改革に就いて一歩進んだ重大配置を行うとともに、巡回裁判所を設立し、行政区域を跨いだ重大な行政及び民商事案件を審理するよう最高人民法院に求めた。こうした措置の主な意義は以下の数点に在る。

一に、大衆の便宜を図り、大衆に利益を得るようにすることである。中国は四級裁判所制で、第二審をもって最終審とする制度を実施していて、各高級人民法院の上訴案件及び全国的影響を有する重大事件は最高人民法院がその審理の責任を負うものである。但し、中国は領土面積が広大であるが故に、もしも多くの行政区域を跨ぐ行政及び民商事案件が何れも北京に集められて審理されるとなれば、必然的に当事者に多くの不便がもたらされることになる。巡回裁判所が設置されれば、多くの当事者が北京の最高人民法院本部に来て起訴、応訴する必要無く、直接巡回裁判所で起訴・応訴できるようになり、この事は当事者の訴訟に多大な便宜を提供することとなるその一方で、近年来、社会矛盾が増え続け、裁判陳情受付のプレッシャーが増大し、陳情取消と告訴取止めの難度が増し続けているからには、最高人民法院が巡回裁判所の設置を通じて裁判の負荷を下級裁判所に分散することを実現すれば、その場で投書・陳情の問題を解決し得るのみならず、当地の速やかな矛盾解消にとっても有利である。

二に、司法の地方化を取り除けること。巡回裁判所は主に行政区域を跨いだ重大な行政及び民商事案件を審理し、これら案件そのものが区域を跨いだものであるが故に、仮に若し、一審、二審が何れも地方裁判所の審理に委ねられるとなれば、地方司法保護主義なるものが現れ、司法の「主客場」現象が起こるのが免れ難い（依頼人所在地の裁判所と仲裁機関を「主場（本拠地）」といい、そうでない場合を「客場」という。「主客場」は空間的な位置が異なるに過ぎないが、裁判の勝敗結果に直接影響することがある）。それに対して、巡回裁判所による審理となれば、上述の問題を出来得る限り回避することが可能である。また、巡回裁判所が最高法院の出先機関として、人、財、物が地方の管轄を受けず、しかも裁判官が定期的に巡回するとなれば、私情や縁故がらみの案件などを回避することが可能である。周知の通り、中国社会はあくまでも人情を重んじる社会である。若しも裁判官が長期に亙って一つの地域で仕事をするとなると、当地との間に様々に絡み合う関係が生じ、若しも関連の監督措置が十全でなければ、裁判官は蝕まれ、腐敗を引き起こす可能性が有る。巡回裁判所が設置されれば、裁判官は絶えず交替することとなり、不案内な環境の中に在っては、人情関係の影響を多く受け過ぎずに済む。そして更に見るべきであるのは、巡回裁判所は地方裁判所が法に基づき独立且つ公正に裁判権を行使し、法の正しい実施を推進し、司法地方保護主義の発生を防ぎ、司法の公正性を保障するのを効果的に監督・指導し且つ支持することができるのである。
　三に、裁判の効率を高めること。巡回裁判所の受理する大量の案件の大半は再審審査案件である。過去に、最高人民法院の再審は、一般的には書面による審理が採用され、案件材料の調閲（書類等を取り寄せて読むこと）、現場の調査、当事者への尋問が為されるのは極稀で、こうしたやり方は案件の情況を全面的に理解することに不利であり、又司法の公正性に影響しかねない。だが、巡回裁判所が設置されれば、裁判官が書類を取寄せて読んだり、当事者に尋ねたりすることがより便利になり、それは裁判

の効率を高めるのに有利であると共に、訴訟のコストを大幅に下げることにも繋がる。しかも、裁判官は近くで社会状況や民情を理解することができるが故に、案件を公正に審理にするのにも有利となる。

　四に、法律の統一適用を保障すること。裁判において法律を一貫して適用し、類似の問題に対して類似の結果を得ることは、法の確定性（Certainty）と予測可能性（Predictability）を保ち、そして公平と正義の実現に必要なことである。大量の案件は巡回裁判所により審理された後、最高人民法院本部は主に司法解釈、政策及び指導的案例を制定する責任を負うこととなり、これは最高人民法院本部が精力を集中させて司法政策、司法解釈を制定し、統一法律適用に対して重大な指導的意義を有する案件を審理するのに有利であると共に、最高人民法院の機能をより良く発揮させるのにも有利である。

　中国は一連邦制国家では決してなく、単一性国家であり、巡回裁判所の設置は二つの司法機関を設けようとするものでは決してない。巡回裁判所は最高人民法院の出先機関であり、独立した裁判所ではなく、巡回裁判所の出す判決そのものが即ち最高人民法院の出す所の判決なのである。巡回裁判所の設置は、『憲法』及び『人民法院組織法』おける人民法院の設置に関する関連規定と矛盾するものでは決してない。『人民法院組織法』第30条第2項は、「最高人民法院は、刑事裁判所、民事裁判所、経済裁判所及びその他設置の必要な裁判所を設けるものとする」と規定しており、これは最高人民法院が実際の裁判の需要に基づき巡回裁判所を設立する法的拠所でもあるのである。

　巡回裁判所は最高人民法院の出先機関であるが故に、それは地方裁判所の巡回裁判制度とは異なるものである。最高人民法院の巡回裁判所と地方裁判所とは相互に独立したもので、最高人民法院の指導と監督のみ受入れ、最高人民法院に対して責任を負うと共に、仕事を報告するものである。問題は、巡回裁判所が果たして地方法院を監督する職権を有しているか否か

に在る。最高人民法院は地方人民法院を監督する職権を有するものであるからには、巡回裁判所もこの種の職権を有していて然るべきで、巡回裁判所は保管している公文書の抜き取り調査や民衆からの投書・陳情の受け入れ等の方法を通じ、もしも重大な疑問の存在する案件を発見したならば、『民事訴訟法』の関連規定に基づき、法に基づく判決変更、差戻審もしくは再審手続きの始動を行うことができるものと筆者は考える。

　巡回裁判所が受理の責任を負う案件の性質に関しては、四中全会の精神に基づけば、それは原則上区域を跨いだ重大民商事及び行政案件の受理ということになる。一に、行政区域を跨いだ案件である。所謂行政区域を跨ぐとは、両当事者が省・市を跨いでいるものを指し、もしも同一省・市の案件であるならば、巡回裁判所の受理範囲に属するものではない。原有の案件管轄が主に標的によって決定されており、その行政区域を跨ぐ特性は強調されていない。二に、重大案件である。重大案件とは何か？ 目下、統一的基準は存在しない。某案件が重大案件であるか否かを判断するに当っては、案件標的、案件の社会的影響、当事者の数、案件の複雑度等の要素を総合的に考慮するのが好ましく、それはこれまで単純に標的に基づき最高人民法院の受理する案件範囲を確定していたのとは異なるものであると筆者は考える。一般的に言うならば、全国範囲内における重大で複雑な第一審の行政案件、或いは全国で重大な影響の有る一審の民商事案件は、重大案件に属して然るべきである。三に、主に行政及び民商事案件に限るべきこと。つまり、巡回裁判所は主に「民告官」（庶民が役人を告訴すること）の重大事件及び重大な民商事案件中の地方保護主義を解決する為であり、又司法の地方保護主義の問題を解決する為のものである。渉外、海事海商、知的財産権、執行、国家賠償等の案件に至っては、元の裁判所もしくは地方法裁判所によって審理されるべきである。将来巡回裁判所が受理する案件の範囲及び類型は実際の需要に基づき調整が行われても構わないのは無論言うまでもない。

巡回裁判所の裁判官は絶えず流動し、裁判官と当地との各種の繋がりを減らす事によって、司法の腐敗を防いで然るべきである。巡回の特徴は、出先機関の設置に在るのではなくして、審理司法官の流動性に在るのである。よって、巡回裁判所の司法官は絶えず流動して然るべきである。彼等裁判官は又、豊富な実践経験を持ち、しかも高い法的素養と業務能力を具えていて然るべきで、そうであってこそ、はじめて巡回裁判所の案件審理の質を保障し且つ司法の権威を維持することが可能となる。指摘すべきは、巡回裁判所は司法改革の重要措置として、司法改革のその他の措置と結合させ、共々に役割を発揮して然るべきであり、つまり巡回裁判所設置のプロセスにおいては、18期三中全会及び四中全会の精神を確かなものにし、主審裁判官の責任制及び定員制を実施する必要が有る。一に、主審裁判官の責任制の実施である。巡回裁判所の主審裁判官は案件の審理に対して責任を負い、「審理する者は判決を下さず、判決を下す者は審理をせず」という審・判の分離現象を改め、行政化を本腰で取り組み、司法の審理・判決の独立性を強めるべきである。二に、裁判官定員制の実施である。巡回裁判所の機構及び人員の設置は、出来得る限り簡素化すべきであり、膨張させてはならない。巡回裁判所の主審裁判官は全員が何れも独立したユニットを形成して良い。つまり主審裁判官を中心に、補佐官及び書記係りを配備すれば、その独立性及び専門性はより強くなるのである。

## 二十四、司法公開の深化による明るい司法の構築

中国においては、裁判の公開は憲法の原則の一つである。『憲法』第125条は、「人民法院の審理する案件は、法律に規定の特別な情況を除いて、一律に公開で行う……」と定めている。中国の三大訴訟法も共に裁判公開の原則に対して具体的規定をなしている。裁判の公開と密接に関係する概念は司法の公開である。後者は更に広範な概念で、裁判の公開以外に

も、更に立件の公開、法廷尋問の公開、法執行手続きの公開、ヒアリングの公開、文書公開、審務の公開等といった立件から執行に至るまでの数多の司法公開の内容を含むものである。

　この二年来、最最高人民法院は一連の司法改革を深化させる措置を採ってきた。その中の最大の注目の的となっているのは、司法公開の全面的深化である。立件、法廷尋問、文書、執行等の鍵となる部分をしっかりと捉え、裁判のプロセス、裁判文書、執行情報の公開という三大環境を整備することによって、情報技術と新たなメディアを存分に運用しつつ司法の公開を推進してきたのである。僅か二年という短期間において、中国の裁判プロセス情報公開ネット、中国法院法廷尋問生放送ネット、中国裁判文書ネット、中国執行情報公開ネット、最高人民法院オフィシャル微博（ブログ、Twitterのようなソーシャルメディア）WeChatを開通させるなどをして、全国範囲で統一のネットワークの環境が整備された。これらによって、文書の検索や研究に便利性を提供し、情報時代の当事者と社会大衆の司法公開に対する多元的需要に沿い、その満足度を有効に高めたのである。これは史上かつてない大規模プロジェクトであり、司法公開を全面的に推し進める重要な措置である。執行情報のネット公開は、当事者に適時に関連の有る具体的事件執行の進捗を知らせ、被執行人が適時に効力を発する判決を履行するのを督促させると同時に、公衆に司法判決の執行状況を理解させ、監督を行わせるのに有利である。最高人民法院と人民銀行は執行面での情報共有システムを構築中で、この事も執行の難しさの問題を解消させる事にとっても有益である。外にも、国を挙げて関心を示し、世界が注目している「薄熙来事件」の裁判においては、裁判所がネットを通じて「薄熙来事件」の裁判プロセスを生放送し、人々が真っ先に案件の審理を直に目で確かめることができたことで、当該裁判の公開と透明性が社会の普遍的な称賛を得られた。

　習近平同志は、公開をもって公正性を促し、透明性でもって廉潔を保つ

事を堅持し、自発的な公開、自発的な監督の受入れという意識を強めさせることで、密室で不正操作をする環境を無くし、司法の腐敗を隠蔽することができないようにするべきであると強調している。四中全会決議は、「人民大衆の司法への参与を保障し……開放的で、ダイナミックで、透明で、大衆の便宜を図る陽光司法のメカニズムを構築せよ」と指摘した。司法の公開及び陽光司法の構築は、改革を全面的に深化させる内容であり、又司法改革を促進し且つ司法の公正性を保障する重要措置でもある。

　司法は社会正義の最後の防御線である。公開をもって公正性を促し、司法の公開を深化させることは、目下における司法改革の深化、司法公信力向上の重要措置であり、司法の公正性の保障にとって重要な意義を持つものである。異なる角度かと側面から、司法公開の意義を多次元的に理解することができる。

　──社会の大衆にとって、司法公開の深化は裁判所に対して外部監督を行うことで、司法の腐敗を予防するのに有利である。社会の公共利益に関わる司法活動は、その性質上国家の政治権力の重要な構成部分であり、人民の権力への監督を実現し、司法の廉潔と公正性を確保するには、司法公開を通じて、司法権を陽光の下で運用させる必要が有る。陽光こそ最高の防腐剤である。司法が公開且つ透明であればあるほど、監督もますます行き届いて効果的であり、「密室操作」を防止し得るということは、過去の経験を見れば明らかである。「訴訟事件が起きれば、両方の当事者が縁故者捜しに走る」というのが今流行りの言葉であるが、これは、そもそも司法の非公開それ自体が私情や縁故がらみの案件に便利な門戸を開くものであることを物語っている。司法が非公開であれば、レントシーキングや腐敗の繁殖の出現は免れ難く、司法の公正性の妨げとなる。そして更に、司法公開は人民大衆の司法活動の知情権、参与権及び監督権を保障し、司法の民主を実現させるのにも有益である。

　──当事者からすれば、司法公開の深化は、当事者の訴権（起訴する権

利）を保護するのに有利である。手続きが公正であることは、眼に見える正義であり、公開を抜きにして正義を語るのは難しい。実践の中で現れる「先定後審（先に処罰を決めてから当事者の取り調べを行う）」等の行為は司法の公正性を妨げ、当事者の訴訟権利を損ねる手法である。本質からして裁判公開の原則に違背するものであり、又手続き的正義にも悖るものである。もしも司法公開の圧力がなければ、司法裁判人員は公開の手続きに基づき厳格に案件を審理する原動力を欠いてしまう。手続きの公開に基づけば、人民法院には、法律の規定する公開裁判の職責を厳格に履行するとともに、当事者が法に基づき裁判活動に参与し、法に基づき有する所の裁判や弁護等を公開するのを要求する権利を適切に保障することで、憲法・法律の規定する裁判の公開を真の意味において着実に実施することが求められる。例えば、「薄熙来事件」の裁判過程において、法廷は被告人に充分な陳述と弁論の自由を与え、証拠も充分に提示され、確認された。起訴と弁護の両方が証拠を中心に弁論を行った。裁判官は終始中立且つ穏やかな態度で、平等に当事者双方に相対し、審理の時間も予め制限を設けることはなされなかった。被告人は充分な弁護権を有し、その自己弁護も極めて充分であった。これらは何れも手続きの正義を充分に体現すると共に、当事者の訴権を保護したのであった。

　——司法裁判官からすれば、司法公開の深化は司法裁判官の法律の素養を高めるのに有利である。デニング裁判官は、「正義は実現されるべきであるのみならず、眼に見える形で実現される必要が有る」と述べている。公開は客観的に裁判官が審判を中心に考えて裁判官としての能力と素質を高めることを要求すると共に、判決書は統治を強化させ、理を以って人を服せしめるものであり、時間的検証及び社会的評価に耐えられるものであるべきである。判決が公衆の判定に耐え得るようにするには、裁判官自身の司法能力と素質を向上させることが必要である。因みに、「薄熙来事件」の判決書は５万字もの長さに及び、裁判官は判決書の中で事実を語り、道

理を並べ、充分に理詰めの論証を行い、裁判官の案件審理のプロセスにおける論理的推理と理詰め論証技術を存分に繰り広げたのであるが、これが即ち人民大衆の期待する所の公開である。司法公開は裁判官からすれば、一種のプレッシャーであり、又一種の原動力でもあるのである。司法公開の深化は、裁判人員にとっても一種の逆張りのようなメカニズムを形成し、裁判官が自身の業務能力を不断に高め、裁判官の司法能力を高める努力をし、裁判官のプロフェッショナル化建設を促進するよう励ますものである。

——裁判所からすれば、司法公開の深化は、公開をもって公正なることを促し、司法の公信力を高めるのに有利である。人民大衆の法律意識が普遍的に高まる情況の下に在っては、司法神秘主義は人々の裁判所に対する不信任を激化させるのみである。司法公開は法解釈を行って理を説くことを求めるものであるからには、裁判官は判決を下すまでのプロセスにおける心証（証拠価値を判断して抱いた確信）プロセスを公開する事で、当事者を口先だけでなく心から承服させるには、執行段階がオープン且つ透明で、これらの方法を通じて、当事者が個別案件から正義を目で見れるようにすることが求められる。司法公開を深化させ、社会大衆の司法活動に対するアイデンティティを強め、司法と民衆との距離を縮めれば、司法の公信力と権威性が高まることは無論言うまでもない。例えば、「薄熙来事件」裁判のプロセスは終始公開と透明性を保つという司法理念を貫き、案件審理のプロセスにおいては、ネットを通じて案件の裁判プロセスを生放送することで、人民大衆が真っ先に案件審理のプロセスを知れるようにしたその司法公開度は人々の想像を超えるものとなった。人民大衆は当該案件の裁判において、司法の権威と法律の公正性と正義を切実に感受したこの裁判は、法治中国の建設において永遠の印影を留めるものであると云い得るであろう。それ故に、司法公開の深化は、裁判の流れ、裁判文書及び執行情報等の公表等の措置を通じて、人民大衆が案件の裁判のプロセス及び理由をはっきりと理解できるようにしたのである。こうなれば、司法活動

は「密室操作」のプロセスなのではとの疑いを懐かれずに済むこととなり、司法公信力も自ずと顕著に高まることになろう。法に基づき適時に全面公開する勇気を持ち、司法公開に対して制度的自信を漲らせるならば、司法の権威と公信力は必ずや明らかに高まるに相違ないであろう。

　これ以外に、司法公開を深化させ、法廷における証拠提示、証言の確認及び裁判官心証変化のプロセスを公開する事は、裁判官の裁判プロセス及び法律規範や手続きの正義に対する社会公衆の認識を増加させるのにも有利である。司法公開それ自体が一種の法律知識を普及させるプロセスでもあり、一つ一つの際立った判例を通じて、人民大衆の法律及び司法活動に対する認知を増進させ、社会公衆の法的素養を高めるのに有利である。

　根本から言うならば、司法公開を推し進めるのは手段であり、司法の公正性を実現するのが目的である。目下、司法公開の深化と陽光司法の構築は既に段階的成果を収めてはいるものの、四中全会の要求に基づくならば、陽光司法メカニズムは絶えず打ち立て且つ十全化して然るべきである。その為には、先ずもって司法公開の諸制度を十全化させることで、各級法院の受身的公開から自発的公開へ、内部公開から外部公開へ、選択的公開から全面的公開へ、形式的公開から実質的公開へという「四つの転換」の実現を促す必要が有る。司法公開の範囲においては、「公開を以って原則と為し、非公開を以って例外と為す」の原則を堅持し、法に基づき公開すべきでないものを除いて、あらゆる司法活動は全て公開して然るべきである。公開の対象には、社会に向けての公開が含まれれば、当事者への公開も含まれる。法に基づいて公開すべきでない情況について言えば、ネガティヴリスト方式を用いて公開しない範囲もしくは内容を列挙することを考慮し得る。凡そリスト外の事項は、原則として何れも公開して然るべきである。と同時に、リスト範囲内で公開の好ましからざる事項に対しても、その具体的内容を明確にすることで、裁判所が公開範囲の上で過大な自由裁量権を有するのを回避する必要が有る。例えば、『民事訴訟法』第137条第1

項は「人民法院の審理する民事案件は、国家機密、個人のプライバシー或いは法律に別の規定の有るもの以外は、公開で行うべきものとする。」と定めている。当該規定に基づけば、国家機密、個人プライバシーに関わる案件は、非公開で審理する事が可能である。但し、こうした状況は司法公開の例外的状況に属するものである。司法公開を保障する為には、「国家機密」と「個人プライバシー」の的確な内容を明確にする事で、裁判所がそれに対して広い解釈を行い、公開すべきものを公開しないのを防ぐ必要がある。

　司法公開を深化させるには、裁判を中心とする訴訟制度改革を十全化させ、全裁判プロセスの公開及び透明性を確保するとともに、法廷尋問が事実を明らかにし、証拠を認定し、訴権を保護し、公正な裁判をする上で決定的な役割を発揮できるようにせねばならない。中国の司法実践から見るならば、社会に向けて司法公開を行う範囲は比較的に広くはあるものの（裁判プロセスの公開、法廷尋問の公開、裁判文書の公開、執行の公開等といった司法段階の公開）、一部の鍵となる問題や段階においてはやはり不足が存在している。例えば、一部の裁判所では旧態依然として裁判のプロセスにおいて「先に案件の性質を決定してから、審理手続きに入る」という現象が見られる。裁判活動の公開を形式に流れさせてしまっており、甚だしきに至っては、「お前はお前の言いたいことを言い、俺は俺が裁きたい判決を下す」といった弁・審それぞれの「ひとり芝（元来、密接な連係をもつべきものが連係を失ってバラバラになっている状態）」の現象さえが起きている。同時に、下から上への幾重にも重なる報告、指導者の審査・指示、内部の伺い立て等のやり方が未だ一定程度存在していることも、当事者の訴権行使の妨げとなっていて、一部の裁判委員会は経常的に重大民商事の判断し難い難題案件を討議すると共に、案件の処理に対して決定を下しはするものの、訴訟当事者の裁判委員会の構成構造や決定プロセスに対する知識が甚だ少なく、裁判委員会委員に対する回避申請権を行使す

る術が持てずにいる。それ故に、司法公開をより一歩深化させ、当事者が知情権、参与権、監督権の行使を通じて裁判所の行為に対して制約をかけ、最終的に公正性を実現するのを確保する必要が有る。

　司法公開を深化させるには、更にセルフメディア、ネットワーク、データ技術、データベース技術等といった多種の現代化情報手段の力を借り、関連の司法情報を社会に向けて公開すると共に、社会公衆の調査の便宜を図る必要が有る。それ以外に、実践においてまだ庶民が法廷審理を傍聴することの難しさが存在している。裁判所の審理・判決を行うビルが高く築かれれば築かれる程、庶民が法廷に入って法廷尋問を傍聴しようとするのが益々難しくなり、数多の審査手続きを履行する必要があるというケースもあれば、更に公衆の法廷尋問傍聴に対して種々の障碍を設けている裁判所もある。例えば、それら広く関心の集まる案件を傍聴席数の非常に限られた法廷で審議されるよう手配することで、社会公衆が傍聴の席を獲得するのを困難ならしめている裁判所もある。従って、法廷尋問傍聴制度を主な内容、運用規則を十全化し、公開且つ透明で、オープン且つ秩序立った傍聴制度を確立する必要が有るのである。

　公開は正義の魂である。司法公開の深化は司法の公正性の基礎であり、核心であると共に、司法の廉潔性の重要な保障でもある。四中全会は、オープンで、ダイナミックで、透明にして民の便宜を図る陽光司法のメカニズムを構築することを提起した。そして、人民法院の司法公開任務に対するより高い要求を出した。「依法治国」戦略を全面的に推し進めるプロセスにおいて、情報技術の高速な発展とニュー・メディアの日進月歩の時代に在って、如何にしてより一歩司法公開を推し進め、司法の公正性を促し、司法公信力を高めれば良いのかは、依然として人民法院が直面する所の重大な試練なのである。

## 二十五、理に適った判決文解釈による公正性の促進

四中全会決議は、「法律文書の『釈法』（法解釈）と『説理』（道理を説くこと）を強化し、効力の発した法律文書の統一インターネットアクセスと公開諮問制度を確立する」よう提起している。司法の公正性は各方面に関係し、公正なる司法の壮麗な和声を良く鳴り響かせ、個々の案件において公平と正義を実現させるには、判決書を用いて道理を説き、法を語ることから離れることは出来ない。2013年の『民事訴訟法』改正の際、第152条が新たに加えられ、「判決書は判決結果及当該判決を下した理由を明記すべきものとする」と明確に要求している。これは、裁判官が判決書において理を説くことは履行して然るべき法に定められた職責であることを意味している。

　判決書で道理を説くのを強化するのは、判決の質を高める重要な道筋である。多くの判決においては、裁判官は事件の内容を叙述した後、本来ならば案件の裁判に対して詳細に道理を説明して然るべきであるのに、直接法律の条文を援用して裁判の結論を出していて、何故当該法律の条文に基づくのかについては、言葉が単純すぎて意を尽くせてはいない。当事者の訴えに対して道理を説明せず、少しばかりの道理と理由は述べてはいるものの、少しも的を射てはいないケースが有るかと思えば、甚だしきに至っては、具体的な法律規則をまったく援用せず、法律の一般原則（例えば信義原則、公平原則）を援用するのみの裁判といったケースも存在し、この種の情況は俗に「帽子かぶり」（立派な正論を並べるだけの空理空論の）判決と呼ばれている。つまり、判決の拠所は直接民法の基本原則から来るものであり、一見して次元の高いものであるかに思えるが、実際には、こうした基本原則は世界中の何処にでも適用でき、あらゆる案件に適用し得るものであるが故に、法律条文の援用無き裁判であるに等しい。多くの判決書は、当事者が理由を読んで理解できないのは言わずもがなで、法学専門家でさえもが読み終えた後ちんぷんかんぷんになってしまう。

　判決書が道理を説く必要があるその所以は、人民大衆が本当の意味に

おいて個々の案件から司法の公平と正義を感じとれる様にすることにある。「有理走遍天下、無理寸歩難行（道理に適うなら天下に普く通用するが、道理にかなわないなら何処へ行っても通用しない）」との諺通り、司法に固有の特性が裁判所は最も論理を重んじ、最も道理を重んじる場所であることを決定づけていて、人民大衆が揉め事を裁判所に回すのは正に道理を説く場所を見出さんが為である。もしも判決書が道理を説かなければ、それは司法が道理を重んじていないことを意味しており、庶民も道理を説く他の場所を持たない事になる。法律の諺に、正義は裁判の中で声を発するものであるとの言葉がある。司法の正義は抽象的なものではなく、具体的なものであり、それは正に一つ一つの判決書中の理由を通して明らかに示されるものなのである。判決の推論（Reasoning）が強ければ強い程、その公正性も強く、又当事者に受け入れられる事が出来ればできるほど、益々事件に結末をつける役割を演じることが出来ると言って良い。実践においては、ある判決は結果として当事者双方にとって公平で合理的に見えるが、理論的な説明が不足しているため、一方または両方の当事者がその判決が公正であると信じていないことがある。これは終わりなき訴訟や上訴を引き起こし、多くの社会問題を引き起こすこととなる。

　裁判所にしてみれば、判決書が道理を説くというのは、司法公開を実行し、司法の公正性を促し、司法の権威を増進させる重要措置である。司法の公開は手続きの公開であるのみならず、裁判結果、裁判プロセスの公開において示される。とりわけ、裁判官はその裁判プロセスにおける心証を公開する、即ちその内心の確信の形成過程を社会に向かって公開して然るべきである。判決が道理説明の強化を必要するのは、先ず以って裁判官自らを説得せんが為である。これには、案件の裁判結果が正当な理由に支えられていることが求められ、もしも充分な説理論証を欠くならば、裁判官は自分さえ説得する術がないというから、況や他人を説得できるはずはない。判決書の説理を強化してこそ、はじめて裁判の公正性を実現し得るの

である。充分に道理を説いた判決は、それ自体裁判官が裁判の過程において公正な司法であり、一方に偏ってはいないことを明らかに示すものであり、それは裁判所の裁判正当化の需要な拠所なのである。

　当事者からすれば、裁判の説理性は是非を明らかにし、当事者をして判決に服せしめ、紛争をやめさせる重要な方法である。判決書が道理を説くというのは、「人民大衆に一つ一つの司法案件において何れも公平と正義を実感させる様努める」重要な方法でもあると共に、「事実を以って拠所にし、法律を以って標準とする」という原則の基本的要求でもあり、もしも裁判官が裁判の理由を充分に示すならば、当事者は果たして何処で勝ち、何処で負けたかを知り、当事者の大半は理解し且つ受け入れる事ができることになる。裁判の説理それ自体に人々を正しい行為へと導く機能が具わっている。何故ならば、判決における「弁法析理（法律規定を解釈し、法に具わる理を分析すること）」、「定分止争（名分を確定し、紛争を停止させること）」、「闡釈規則（規則を詳しく解釈すること）」は、具体的事件の当事者に公平と正義を実感させ得る方法であるのみならず、社会全体に司法の公正性を実感させる重要な方法なのである。人々は充分に道理の説かれた裁判から合理的予期を形成し、自らが何を為すべきであり、何を為すべきではないかを知ることができ、これも判決と調停の機能面における一つの重大な違いでもある。

　社会全体からすれば、充分に道理の説かれた判決であってはじめて社会の評価に耐えられる。とりわけ情報が滞りなく通じるネットワーク時代に在っては、ネットワーク監督の機能は既に大きな役割を発揮しており、事件の一つ一つが全てネット上で公開され、社会大衆の普遍的関心をもたらしている。社会の関心は判決結果に対する単なる関心であるに限らず、判決に対して詳しく道理を説くことが為されているか否かに体現される関心である。これは、中国公民の法律の素養の普遍的向上を反映するのみならず、公民の司法の公正性に対する強い期待をも反映している。この意義か

ら言えば、判決の理論的説明は、人々の司法に対する公正な期待への応答であり、社会的監督を強化する重要な内容なのである。判決の充分な理論的説明は、社会の裁判官に対する疑問を効果的に減らすことができ、自由な裁量を効果的に規範化し、司法の専横や恣意的な裁判を防ぐことを可能にする。

判決の一つ一つは何れも裁判官が社会に向かって示した答案である。国外では、一つの判決書が一篇の傑出した論文である可能性がある。当然ながら、判決書が何れも学術論文になるよう求めるのは非現実であり、不必要であるのは明らかであるが、判決書は少なくとも充分な理由を述べるべきであり、こうした要求は過分なものでは決してなく、ひいては社会が裁判官に対して提出する基本的要求でもある。民事訴訟法が、判決書が道理を説くのを裁判官の職責としているのは、当面の司法の公正性を促し、全国的に「依法治国」を推し進める必然的要求なのである。

司法公開を推し進めるにおいて、人民法院が判決書の説理を強化したことにより、多くの優秀で、説理の充分な裁判文書が現れる様になった。例えば、「薄熙来事件」の判決書においては、裁判官は事実を並べ、道理を説き、充分な説理論証を行う事で、案件裁判に対して教科書式の分析を行い、裁判官の案件審理のプロセスにおける論理的推理と説理論証芸術を存分に繰り広げた。司法公開の絶えざる深化を通し、裁判文書の説理論証が更に強化されることとなるに相違ないであろう。

## 二十六、裁判官の選抜は、なるべく法律プロフェショナル集団から

四中全会決議は、立法陣容、行政の法執行陣容、司法陣容を強化し、立法、法執行、司法部門の幹部と人材の相互間及びその他の部門の条件を備えた幹部と人材の交流ルートを広げることで、法治専門陣の正規化、専門

化、職業化を推し進め、法律職業参入制度の十全化を図る。それによって、条件に適った弁護士、法学専門家の中から立法従事者、裁判官、検察官を募集採用する制度を確立し、政治・法律専門の卒業生の中から人材を募集・採用する規範化された手っ取り早いメカニズムを健全化させ、職業保障体系を十全化するよう提起している。四中全会決議は、実際に法律職業（法曹）共同体の中から裁判官及び検察官を選ぶというメカニズムによって、司法陣の職業化と専業化のレベルを高めるべきことを提起したのである。

　2015年、学界、弁護士及び検察法曹界からの5名の人選が激しい競争と段階的な選抜の末、195名の応募者の中から頭角を現し、最高人民法院公開選抜の高次元裁判人材人選として確定された。これは最高人民法院の幹部人事制度改革を深化させ、人員選抜採用方式を刷新する重要措置である。社会のニーズに合わせて公開選抜作業を展開することは、社会の優秀な法律人材を裁判所に秩序立てて流動させるのを推し進めるのに有利なものであり、裁判官の出所のルートを拡げ、裁判官陣の構造をより一歩優秀化し、司法陣の法律素養を高めるのにとって重要な意義を持つものである。

　此度の選抜には三つの特徴が有る。第一の特徴は、選抜手順がオープン且つ透明で、手続きからして選抜結果の客観性と公正性を保証するものであること。此度の選抜は厳格な応募、資格審査、専門的評議、面談、身体検査、考察、公示等々といった一連の手続きを設け、選抜過程の公開性と透明性を確保することにより、最大限に能力有る者を選んで仕事を任せ、優れた人間を選び採用するという陣容建設目標を達成している。

　第二の特徴は、法曹共同体の中から優秀な人材を選抜して裁判官を担当させたこと。此度の公開選抜の最終結果は法学者2名、検察官2名、弁護士1名が頭角を現し、最高人民法院の司法官陣容に仲間入りすることで、裁判パワーを充実させている。周知の通り、現代社会の法的関係は日増しに複雑多元化の一途を辿り、人民大衆の公正なる司法に対する需要も絶え

ず増長しており、申し分のない専業の司法官陣を抜きにしては、人民大衆の需要を満たす術などない。ただ、この様な陣容を設けるには、法曹共同体の形成に頼らねばならない。裁判官、検察官、弁護士、法学者、立法者等の法律に従事する者が共同で一つの法曹共同体を創り上げたのである。その中で最も典型的なのが、裁判官、検察官及び弁護士で、彼らは常々法治の進歩を後押しする「三頭立ての馬車」と呼ばれている。法曹共同体は同じ理念を持ち、同じ訓練を受け、同じ技巧を掌握しているが故に、共同で法治の船の平穏なる航行を守ることが可能である。正に法曹が共通の訓練を受け、同じ思惟を共有しているからこそ、彼らは司法の実践プロセスにおいて法律・規則に対して共通の理解を形成すると共に、普通の経験的思考ではなくして、法的思考でもって一つ一つの具体的な争議中の案件を取り扱うことで、法律の確定性と予測可能性を保証し得るのである。法曹共同体の大きな範囲の中から優秀な人材を選抜するというのは、司法官の出所やルートの多元化を実現するのに有利であり、又裁判官、検察官、学者、弁護士等の法曹間の良性的流動を推し進めるのにも有利である。

　第三の特徴は、被選抜者の実践経験を重要視していることである。ホームズはかつて、「法律の生命はロジックではなくして、経験である」と言った。現代社会では、法律が人々の生活を規範化する重要な行為規則となっているため、法律部門が益々細分化され、法律の知識も益々雑然としている。とりわけ裁判活動は複雑な専門技術の必要とする分野であるが故に、長年に亙る経験の蓄積に頼ることによってはじめて効果的な把握が可能となる。従って、裁判官は豊富な実践経験が必須であり、そうであってこそ、法に基づく公正な裁判を行う事で、法律効果と社会効果の統一を実現し得るのである。此度の裁判官公開選抜の一つの重要な条件とは、即ち受験応募者が長年の法律実践経験を有しているべき事であり、これは最高人民法院の裁判官という職業に求められるものに対する深い把握を充分に反映したものである。

社会のニーズに合わせて公開選抜を展開することは、社会の優秀な法曹人材の裁判所への秩序立った流動を後押しするのに有利なものであり、これは裁判官の出所ルートを拡げ、裁判官陣容の構造をより一歩優れたものにすることにとって重要な意義を持つものである。最高人民法院がより一層経験を総括し、公開選抜と内部選抜任用、逐級選抜等の方式を結合させ、絶えず裁判官陣容の全体的素質を向上させ続けることを期待するものである。

## 二十七、裁判官・検察官職業保障制度の着実な実行

18 期四中全会決議は、「依法治国」を全面的に推し進めるには、法治作業陣の思想・政治的素質、業務作業能力、職業道徳水準を高め、党に忠実、国家に忠実、人民に忠実で、法律に忠実な社会主義法治作業陣の建設に力を入れるべきであると指摘した。と同時に、「健全なる司法従事者の法による職責を履行する保護制度を確立する」ことを提起した。司法従事者職業保障制度は、現代司法制度の重要内容であり、司法従事者が法に基づいて単独で裁判権と検察権を行使するのを保障する重要な措置である。この制度には主に以下の三つの内容が含まれる。

### (一) 司法従事者の身分保障

18 期四中全会決議は、「法の定める理由によらず、法の定める手続きを経ずして、裁判官、検察官を配置転換したり、解雇したり、もしくは免職、格下げ等の処分行ったりしてはならないものとする」と打ち出した。これは司法従事者の身分保証制度の具体的内容を正確に概括したものである。一に、法の定める理由に由るのではなく、又法の定める手続きを経ずしては、裁判官、検察官を配置転換したり、解雇したりしてはならないとすることで、司法従事者が法に基づき職権を行使する後顧の憂いを解消すると

ともに、外部からの妨害を受けるのを免れさせている。裁判官と検察官は、一度任命されれば、随意に交替させたり、免職、転職処分にしたり、あるいは別の仕事をさせたりしてはならないと法律で規定しているのである。中国の『裁判官法』及び『検察官法』は、裁判官、検察官の配置転換、解雇の理由及び手続に対して何れも相応の規定を為している。裁判官と検察官に対するこの種の処分は、厳格にこれらの制度と手続きに基づき展開されて然るべきである。二に、法の定める理由に由るのでなく、法の定める手続きを経るのでなければ、司法従事者に対して免職や格下げ等の処分を行ってはならない。司法従事者が法に背き規律を乱した場合は当然相応の処分を受けるべきではあるが、彼等が厳格に職権を行使するのを保証する為、法律に由りこれら処分の理由、内容及び手続きに対して厳格な規定を行うと共に、これらの制度に基づき処分が為されて然るべきである。

### (二) 経済保障制度

立件登記制が普及して以来、全国各地の裁判所の受理する案件が大幅に増え、多くの地方の増長幅は甚だしきに至っては20％を超え、案件が多くて人員が少ないという矛盾が更に尖鋭化し、少なからずの裁判官が過重労働となり、末端裁判所の裁判官は毎年ひいては400から500の案件を処理せねばならず、それ故に冗談めかして「司法出稼ぎ人」とまで呼ばれる様になってしまっている。それに責任の重大さ、プレッシャーの大きさも加わり、多くの裁判官が裁判所の職場替えを求めている。この問題の起こる重要な原因は、裁判官と検察官の職業保障制度が不健全であることに在る。司法従事者の待遇は低く、彼らに真の意味で職業の栄誉感を抱かしめるのが難しい上に、必ずしも司法の廉潔に有利であるとも限らない。司法従事者の仕事の待遇を高めてこそ、はじめて廉潔政治の基礎が形作られるのである。法律と紀律を厳しくする必要が有れば、司法従事者の物質面での待遇にも関心を注ぐ事で、彼らが経済的利益の誘惑を受けずに身を清く

保って世俗に染まらず、公正なる司法によって、貪ることが出来ず、貪ろうと思わず、怖くて貪ることが出来ないという環境を作っていく必要が有る。要するに、優秀な人材を引き付ける為には、裁判官の陣容を安定させ、司法職業の栄誉感を打ち立て、職業保障制度を確立して然るべきである。

　法治の進んだ国においては、一般的に裁判官の収入は比較的に高く、その収入は一般公務員よりも高い。この経験は参考にするに値する。「党管幹部（党の政策と方針を率先して実践に移す幹部のこと）」を堅持する原則の下、裁判官と検察官を特殊な類型の公務員として、一般の公務員と区別すべきである。又裁判官は最終的な紛糾解決の裁判権を掌握していて、位が高く権限も重いが故に、一般公務員の標準を裁判官に適用すべきではない。各国の経験からすると、裁判官の収入は一般公務員の収入よりも高いのは正常なことであり、この事は裁判官の地位を突出させるのに有利であると共に、司法の権威性を増進させることに対しても重要な意義を有するものである。故に、『裁判官法』及び『検察官法』の関連規定に基づき、裁判官十二等級制度及び検察官十二等級制度を実施に移し、裁判官と検察官の技術ランクを強調すべきであって、その行政ランクを強調すべきではないのである。

### (三) 業務実践保障

　所謂業務実践保障とは、即ち裁判官及び検察官が単独で法律の授与する所の裁判権及び検察権を行使し、外在的要素の不当な関与を受けないようにすることである。中国の憲法・法律は何れも裁判官と検察官が単独で職権を行使し、如何なる外界の不法な関与をも受けるべきではないと定めている。但し、鍵となるのは、如何にして一連の制度保障を通し、外来の不当な関与の司法官及び検察官の独立性に対する不当な影響を防ぐかということである。18期四中全会決議は、「指導者幹部が司法活動に関与し、具体的案件処理に介入した記録及び通報並びに責任追究制度を確立する」よ

う提起しているが、これが即ち業務執行保障の具体的内容である。

　長年来、中国は既に裁判官、検察官をはじめとする法曹共同体の特殊性に注目すると、裁判官と検察官が業務を執り行うに当って法曹資格証を取得するよう求めた。しかし。それは司法職業の参入資格制度という問題を解決したに過ぎず、法曹共同体化という問題を軽視していたのでる。法曹共同体は他の集団とは異なり、その重要な一面として、その裁判の公正性と独立性が保証され、外来要因の影響を受けないことである。従って法曹メンバーの身分保障、経済保障、業務執行保障の制度を確立することによって、法曹共同体を育成する為、公正なる司法及び「法に基づく裁判」の為の条件を創出する必要が有るのである。

註
1) 1959 年、インドで開かれた国際法学者会議において、『デリー宣言』が採択された。その中で、司法の独立は一つの法治原則であり、公正たる手続きの一つでもあるのだと宣言した。
2) 【米】エルマン著『比較法律文化』、賀衛方、高鴻鈞訳。134 頁。北京、三聯書店。1990 年。
3) 『財経雑誌』無実の罪を晴らすに関する報道シリーズの十「冤罪になる原因の解析」、2015.8.13。

# 第六章

# 法治社会の建設

党の18期第四回全体会議（四中全会と略称）は、法治国家、法治政府、法治社会の一体化建設の堅持を打ち出した。法治社会の建設は、法治国家建設の基礎であり、絶対多数の公民が法を弁え、法を守り、問題に出くわせば法を求めるようにしてこそ、はじめて真の意味における法制国家を建設し得る。法治社会の建設は、社会統治・管理の法治化水準を高め、法治に基づいて各種の社会の摩擦や対立と問題の解決を堅持することを意味している。法治社会建設を全面的に推し進めることは、法治国家の建設にとって基礎的、戦略的且つ根本的な重要意義を持つものである。

## 二十八、法治社会建設推進の加速

　多層的法治建設の関係から見るならば、法治国家の建設が総目標、法治政府の建設が鍵、法治社会の建設が基礎ということになる。習近平は、「社会統治・管理の法治化実現を加速し、法に基づいてリスクを防ぎ、矛盾を解消し、権益を守り、公平で透明で予測可能な法治環境を築くべきである」〔習近平著『论坚持全面依法治国』、中央文献出版社2020年版, 234頁〕と強調している。具体的に言うと、法治社会とは社会が法に基づく「治理」（統治・管理）を指すことが多い。即ち法治という手段を通じて社会を「治理」する。それによって、社会の秩序ある発展を保障し、法治国家、法治政府、法治社会の三者が互いに歩調を合わせ、互いに促進し合う様にすることで、最終的に法治中国建設という目標の実現を保障することである。法治社会を建設するには、社会の自治を強化し、国家と社会の「治理」の協力的連動を促進する必要がある。社会自治の程度は一国家の政治文明の程度を反映したものであり、一般的に言えば、社会自治が発達すればする程、民主政治も発達し、社会もより安定で強固なものになる。中国に在っては、政府が主導することを重んじ、他方による共同参加を軽んずる現象が普遍的に見られ。社会組織の「治理」能力は普遍的にまだ薄

弱であり、独立自主の主体的なパワーとはなり難く、「治理」を行う各種の主体間の平等的な連携及び民主的協商の体制メカニズムが依然として滞りなく通じるのに不十分である[1]。それ故に法治社会の確立を通じて多層的且つ多領域の法に基づく「治理」を推進することによって、社会自治の役割を充分に発揮させると共に、村規民約（村に適用される規約と村民間の約束事）、業界定款、団体規約等といったソフトローの機能を発揮させる必要が有る。それ以外に、全民の法治観念を増強し、全社会の成員が均しく秩序立って法治建設のプロセスに参与するようにすると共に、全社会で法治を励行する積極性と自発性を強めなければならない。法を守るのは光栄な事であり、法に違うのは恥ずべき事であるという社会の気風を形成することにより、人民の全てが社会主義法治の忠実なる崇敬者、自覚的な遵守者、確乎たる守り人となるようにする必要が有る。

　広義の上で法治社会を理解するならば、それは社会生活の法治化の事を指すが、実は公権力機関の設置及びその権力行使の法治化に関わるものである。但し、狭義の上で理解するならば、法治社会は主に公権力以外の公民、法人、社会組織等の社会生活における相互関係の法治化のことを指すものであり、人々の社会生活、思惟方式、生活秩序等といった内容の法治化もこれに含まれる。その実、法治国家は広義の上から理解するならば、法治社会の建設をも含むものである。例えば、ドイツにおいて対応するのが"Rechtsstaat"という語彙、フランスにおいて対応するのが"Etat de droit"という語彙で、意味としては均しく「法治国」のことを指し、この概念は法治社会という意味も含むものである。但し、中国においては、法治社会建設を単独で法治建設の一つの内容とすると共に、法治国家建設と区別するのは重要な意義を持つ。それは、一方では、法治社会を建設するには、全民の法治観念を増強し、民衆が法律を理解し、尊重し、信仰する様にすることで、皆が法を信じ、皆が法を守るようになる必要が有るという点に現れている。以前の法治建設は、時に国家がある種の管理思考に基

づき推し広めらたもので、制度の上で公民の法治建設に対する自発的な参与を保障するものではなかった。他方では、市民社会 (Civil Society) の法治化にとって有益であるという点に現れている。所謂市民社会とは、元々は西洋の現代化の社会変遷に伴って出現したもので、国家と分離した社会自治組織の状態を指した。市民社会は私人の活動領域に対する抽象であり、これに相対し、政治国家は公共活動領域に対する抽象である。市民社会の発育と繁栄は、市場経済を確立する礎であると共に、社会主義民主政治を十全化する条件でもある。法治社会を確立し、市民社会の法治化を推し進めるには、社会自治機能を発揮させる際に、法律の導きと規範化とを通じて、法治建設の良好なる社会的基礎を形成することを強調する必要が有る。

　法治社会の建設は空洞な概念やスローガンではない。事実上、国家の上から下への推し広げに頼ってばかりいては、真の意味での法治社会を築くことは難しく、せいぜい社会生活の法制化を形成し得るだけである。法治社会の建設は、一定の社会的基礎を具備していることが必須であり、それは主に以下の幾つかの面に体現される。

　——法治社会を築くには、先ず以って法治に対する信仰を確立する必要が有る。四中全会は、法律の権威は人民の心からの擁護と誠実な信仰を源とすると提起した。これは党の文書において初めて法律を一種の信仰として対処すべきことを提起した、重要な理論的価値と現実的意義とを有するものである。法治の土台は人民の内心より発する擁護に在り、法治の権威も人民の全力の擁護から来るものである。「全民信法、全民守法（全ての民が法を信じ、法を守ること）」の社会的気風を作り出すには、その鍵となるのが社会の成員全員が法律を信じることである。米国の法学者ハロルド・バーマンは、「法律は信仰されねばならず、さもなくば、それは名ばかりのものとなる」と指摘し、ルソーは、「法律は大理石に刻まれるものでなければ、銅の時計に刻まれるものでもなく、公民の内心に刻まれるも

のである」と指摘している。法律に対する信仰は、「依法治国」の最も堅実なる基礎である。法律を一種の信仰としてこそ、はじめて法治理念を確立し、法律・規則を遵守し、法的ルートを用いて問題を解決する善き習慣を養うよう公民を導くと共に、真に法治精神を人々の心に入り込ませることが可能となる。中国は目下、具体的で体系を成す法を欠いているのではなく、法の精神に対する正しい理解並びに法に対する畏敬と尊重を欠いているのである。それ故に、法律の知識を普及させる宣伝力を高めることが必要で、とりわけ厳格なる法の執行、公正なる司法、法律の前での万民の平等を着実に貫徹することで、万人が「良き法を耳で知り」一つ一つの案件の中から「公正さを目で知り」、真の意味で法律をして、人民大衆の合法的利益の保護神ならしめるとともに、社会の公平と正義を実現し且つ社会の矛盾を適時に解消する有効的手段ならしめる必要が有る。斯くして、人々ははじめて心から切実に法律の権威と尊厳を感受し、法律に対する信仰を確立することができるのである。

　——法治社会を築くには、法律を通じて権利を守り、紛争を解決するとともに、法に基づき理性的に権利要求を表現する意識を養うよう民衆をリードする必要が有る。過去、一部の地方が「安定維持」作業において法律外の方法（投書・陳情等）を用いての社会矛盾や紛争の解決を重要視する余り、法治の役割を蔑ろにすることにより、「信訪不信法（政府機関への訪ねを信じて法を信じない）」といった現象がもたらされた。実践においては、かつて「大きく騒げば大きく解決し、小さく騒げば小さく解決し、騒がなければ解決しない」という誤った現象が現れたことがある。この種のやり方は社会矛盾や紛争の合理的な解決に不利であるばかりか、法治社会の構築にもそぐわないものである。万人が法を信じ、全ての民が法を守るには、自覚的に法を守り、事が起きれば法を探り、問題を解決するのに法を用い、矛盾を解消するには法に頼るよう公民をリードする必要が有る。紛争が起きた後は、法の定める手続きに従って解決をする。「訴訪

分離（訴訟と陳情を分離させること）」、「導訪入訴（陳情を訴訟へと導くこと）」及び「依法終結（法に基づいて終結させること）」の原則を堅持し、主に法の定める手続きを通じて「法律事案や訴訟に関係する陳情書」の問題を解決することで、公平且つ合理的に、秩序立てて社会の紛糾や矛盾を解消させるべきである。

　——法治社会を築くには、法治を通じて社会の自治及び法に基づく自治を確保する必要が有る。一に、末端組織、部門及び各業種の「依法治理（法に基づく統治・管理）」を深化させ、各種の社会主体の自己制約、自己管理を支持し、市民公約、郷規民約、業種定款、団体規約等といった社会規範の社会統治・管理における積極的役割を充分に発揮させねばならない。例えば、中国においては、都市が自治機能を発揮するには、管理規約を通じて新興集合住宅を形成している住宅地区の生活を規範化すればよい。2015年末までに、中国の都市・町化率は既に56.1％に達し、その常住人口は7.7億に及び、その中の大半は各種コミュニティーに居住していて、常に不動産料、管理費等の諸事項故に各種の摩擦や揉め事が生じており、もしも政府にそれら全ての管理を行わせるのは実行不可能であり、私法自治を通じて当事者が協商を進めて管理規約を締結し、コミュニティーの自治を実行してこそ、はじめて効果的に揉め事を解決し、調和を実現することが可能となる。二に、法律の公権力に対する制約を通じ、社会の自己調節の空間を保障するとともに、社会自治が効果的に行われるのを確保することである。社会管理から社会統治・管理への転化を実現させ、社会組織の自己管理、自己サービス、自己制約の機能を発揮させることで、社会自治及び国家管理が良性の連動を保持できるようにするのである。三に、社会組織自体の法治建設を促し、社会組織が秩序立って社会的事務に参与するメカニズムとルートを健全化することである。

　——法治社会を築くには、「依法治国」と「以徳治国」を結合させねばならない。四中全会決議は、一方の手で法治に力を入れ、もう一方の手で

道徳の教化をしっかり行うことを強調している。法律は成文化された道徳であり、道徳は内なる法律である。道徳は内なる自覚であり、法律は外なる行為規則である。司馬遷はかつて『史記・太史公自序』において、「夫れ礼は未然の前に禁じ、法は已然の後に施す（礼は事が起こる前にそれを防ぐものであり、法は事が起きてからその始末の為に施すものである）」と述べている。中国の伝統文化は法律と道徳の相互補完を重視していて、古人が「徳主刑輔」、「礼法合治」と説いたのは両者の相互補完の関係性を強調したものである。目下、社会が「誠信（誠実と信用）」を欠き、道徳水準が下降の一途を辿っているが故に、人々のルール意識の欠如がもたらされており、この事もある程度法律実施の社会効果に影響を与えている。伝統文化から精華を汲み取り、公民の行為に対する道徳の規範化の役割を高度に重視し、法に基づき合法権益を守るとともに、法の定める義務を自覚的に履行するよう公民をリードし、権利の所有と義務の履行の一致を成し遂げさせるようにすべきである。「民有私約如律令（民間契約は政府の法律や政令と同様に遵守すべきである）」との言葉通り、契約を厳守し、承諾した言葉を実行するというのが法治社会構築の基礎でもあるのである。法治それ自体が一種の「規則の治」であり、全社会の万人が誠実に信用を守り、法と徳を尊崇し、規矩を遵守してこそ、はじめて法治の基礎が出来上がるのである。

　——法治社会を築くには、管理から社会綜合統治・管理への転換を実現すること。習近平同志は、「治理」（ガバナンス）と管理は文字一つが異なるだけだが、具体的に表しているのは系統的な統治・管理、法に基づく治理、源頭治理（途中から治理するのではなく、根本的な所から治理すること）、綜合的な施策のあり方である、と強調している。管理から治理への転換は、国家統治体系現代化への格上げを示しており、中国の法治建設に対して深遠な影響を与えることになるに違いない。比較して言えば、管理が単一方向性を具え、政府が社会に対して一方的に管理を行うことを強調

し、行政の強制力と行政処罰を重要視するのに対して、「治理」は多面性という特徴を具え、多元的主体を取り込みつつ共同で社会的事務の統治に参与させようとする。「治理」というモデルの下においては、政府が法に基づき公権力を行使するに当っては、被管理者と必要な協商と意思疎通を行うと共に、公衆を取り込んで幅広く社会治理に参与させる事を重要視し、政府が管理行為に従事するプロセスにおいて、系統立った一連の効果的社会治理体制を確立する必要が有り、それには情報システム、政策決定システム、評価システム、監督システム等といった各種システムの有機的総体の形成が含まれる。「治理」のモデルの下では、法治の役割を強調することを重要視し、党規（党内法規）、道徳等の総合調整作用を発揮させることが重要視される。

　法治社会の建設は、長期的且つ基礎的な任務であり、又人々の思想、理念、意識等といった多くの面に触れるものでもあり、有形である法律の制定、制度の設立或いは機構の建設とは異なり、より多くが無形で、「潤物細無声（知らず知らずの内に人々に益をもたらすことの譬え）」式の作業である。全面的に法治社会が築かれてこそ、はじめて最終的に法治体制及び法治中国が築き上げられるのである。

## 二十九、「法禁ぜずば可なり」は個人の自由の保障

　「法禁ぜずば可なり」（法律で禁止されていないものは可とする）とは、法律に明確な禁止が無いという状況の下においては、個人は自らの意思に基づいて行為し、他者の不法な干渉を受けずとも良い事を言う。一般的には、法律においては、「法禁ぜずば可なり」とは法と自由との関係を的確に概括していて、逆除外（正しい答えの反対側から不正解を取り除く）方法を通じて個人の行為の自由の境界を確定し、個人は法律が規定している範囲内でしか行為の自由は享受できず、法律の規定している範囲外で自由

を享受してはならず、こうして個人の行為の自由の範囲が確定されると考えられている。

　西洋の文化においては、法的規範と個人の自由は不可分な双子の兄弟である。古代ギリシャの哲学者からすれば、自由と法治（法律の治）は良好な政体の互いに補完し合う二つの面である。アリストテレスは、自由とは人々が欲しい儘に振舞い、各人が思い思いの事をやるのを意味しているのでは決してなく、人々が享受する自由は法律を尺度とすべきであり、法律・規則は人々の行為を秤にかける準則であれば、又是非と正義を判断する基準でもあると考えたが故に、「法律は奴役ではなく、寧ろ救いであると看做されて然るべきである」[2]と述べている。古代ローマにおいては、法は個人の自由の保障であると考えられた。因みに、キケロは、もしも法律の強いる制限がなく、一人一人が心の赴くままに勝手な事をしたとすれば、結果は必然的にそれによって自由の壊滅がもたらされると指摘している。そして、彼には「自由の為、我々ははじめて法律の僕となったのだ」というもう一つの名言が有る。この種の思想は近現代の西洋の法律の伝統に対して深遠な影響をもたらし、自由が真っ先に憲法の領域において承認を得ることとなった。因みに、1776年の『米国独立宣言』は、「言わずと知れたことであるが、全ての人間は生まれながらにして平等であり、彼等は何れも彼等の造物主から幾つかの譲渡し得ない権利を賦与されており、その中には生命権、自由権及び幸福追求の権利も含まれる」と明確に宣言している。1789年のフランスの『人権宣言』第7条は、「法律の規定する所の情況、しかも法律の指示する所の手続きに基づくのでない限り、如何なる人をも告訴、逮捕或いは拘留してはならない」と規定している。1791年の米国の『人権法案』第5条は、「正当なる法的手続きを経ずしては、生命、自由或いは財産が剥奪されることが有ってはならない」と規定している。それより以降、西洋国家の成文憲法は何れも相継いで自由は公民の基本的権利であると規定するようになった。

中国の伝統に在っては、法的意義上での自由という概念はない。但し、自由の哲学精神は中国の学者たちによって提唱され続けていて、道家は所謂社会の治理の秩序や制御に異を唱えた。因みに、老子は、「無為にして治め」、自然の成り行きに任せる。また、人間は天道より来るものであるからには、その自然に任せるのが最善であり、あらゆる事物は道に従って行動するのであるからには、自然のままでいることが、本性から発展した自由なのだと主張している。但し、一般的には、道家の主張する人間性の自由は真の意味における規則の下で約束された自由では決してなく、自由と法律とを結びつけて論じることは無かったとされている。従って、中国の伝統社会に在っては、自由は終始一種の制度として形成される事は出来得ず、その原因は人々の行為を規範化する規則を欠いていた事であり、故に真の法的制約の下での自由を有してはいなかったのである。道家の自由思想は現代的意義の上での規則設計に繋がることが決して無いというのは、一つの大いに遺憾なる点でもある。厳復は、中国人は自由に対して常に勝手気まま、放縦、無忌憚等といった悪い意味に誤解するものであると考えたが故に、伝統的中国文化に在っては、自由は貶義的色彩を帯びた概念となり、自らがジョン・スチュアート・ミルの『自由論』を翻訳する際、Libertyに対応する概念を見出せなかったが為に、意訳の方法を採用し、『群己権界論』と訳している。ただ、厳復が自由を「群己関係」（集団と個人の関係）と呼んだのは、確かに自由の本質を語ったものではある。清朝末期、新式の学堂が政治・法律科の『学務綱要』において自由を政治学の核心的概念として提起し、権利を用いて自由の価値を明らかに示すことで、両者は「二項対立」の関係であると看做した。「五四」運動の時期、胡適等が自由を叫び、自由の概念でもって民智を開きはしたものの、全社会が受け入れられる高らかに響き渡るスローガンとなるには至らず、社会から幅広く承認されることも無かった。
　この一点から、自由という問題においては、中国と西洋の伝統文化に顕

著な差異が存在していることが見て取れる。一方では、体系化した自由理論が存在するか否かという相違が有る。西洋は古代ギリシャや古代ローマの哲学・法学思想の影響を受け、自由という観念と理論が存在し続けている。例えば、ギリシャとローマは何れも公民が自由権を有することを承認しており、この種の観念が近代啓蒙思想に対して絶大な影響を与えている。近代以来、思想の啓蒙と資産階級民主革命の発展に伴い、自由の観念がやっと人々の心に深く浸透し始める。ルソー等をはじめとする多くの啓蒙思想家が何れも人間は生まれながらにして自由であると主張するとともに、自由は個人が享受するものであり、生と共に来るものであり、実体法の権利を超越していて、政府と立法者とを問わず、何れも個人の基本的自由に干渉すべきではないと主張している。個人が自らの意志に基づき自らの行為の自由を選択するのを否定することは、自らの人格を否定するのに等しく、それ故に人身の自由は神聖にして犯すべからざるものなのである。これに対し、中国の伝統社会は部分的な自由に関する理念や主張は有るものの、体系化された自由理論を形成するには未だ至っていない。他方では、自由と法律・規則とが相関連するものであるのか否かという違いである。西洋社会に在っては、自由と法律・規則とは密接不可分なものであり、正にアクィナスの指摘する通り、人類は規則を離れて生活する術を持たないが、規則有る生活は幸福で素晴らしい生活を意味するものでは決してなく、幸福で素晴らしい生活は大幅に規則そのものによって決まるものであり、法の正当性はそれが公共の幸福を追求する事に在る[3]。法律という科学そのものが即ち同時に法律と個人の自由に関する学問なのであり、自由を離れては法律は再び存在せず、法律を抜きにしては自由など語りようがないのである。中国伝統社会における自由の観念及び主張から見るならば、それは個人の精神の自由を実現することを主張してはいるものの、主にそれを法律・規則とではなく、道徳や倫理等と関連付けることで、自由を法律・規則の下での自由であると看做してはいない。

当代の中国に在っては、自由は依然として我々が追求する重要価値であると共に、中国社会が真に創新の活力に満ちた社会に成り得るか否かの根本保障でもある。中国改革開放三十数年の歴史は、その実中国社会の公衆の自由権が不断に増加し続けるプロセスでもあった。因みに、中国『憲法』には公民が移動の自由を有するという規定は無いが、実際には目下における人口の自由流動は既に社会公衆をして、事実上移動の自由を有せしめている。そして更に、中国『憲法』には公民が職業選択の自由を有するという規定はないが、実際には人々が自らの職業の自由な選択を通じて現実的に職業選択の自由を有している。改革開放以前、農民は農村の土地に制限され、随意な流動はできず、何処に行くにも、紹介状や通行証を頼みにせねばならず、さもなくば、乗車券を買うのも、宿泊するのも、食事を取るのも全て実現する術が無く、にっちもさっちも行かなかった。改革開放の成就を手に入れることの出来得たその重要な原因の一つは即ち人民大衆の有する自由が絶えず増え続けた事である。「農民工（農民の出稼ぎ労働者）」の自由な都市への移動、庶民の自由な職業選択、企業の自主経営は何れも社会主体自由権の不断の増強の体現であり、客観的に中国社会経済の発展を促してもいる。自由はチャンスを意味し、自由は創造を意味し、自由は社会主体の潜在的能力の発揮を意味しているのである。中国社会の毎回の進歩は、何れも人民の自由の拡大を表している。それ故に、中国社会における個人及び企業の創新意識をより良く発揮させる為には、最大限に社会公衆の自由を保障して然るべきなのである。従って、18大「報告」が初めて「自由、平等、公正、法治」を社会主義の核心的価値体系の重要な内容としたことで、人民全てに共通の価値追求となるに至ったのである。
　それ故に、自由の概念を論ずるに際しては、皮相的に道徳の上で理解してはならず、それと法律とを結びつける必要が有る。マルクスは、「法典とは即ち人民の自由のバイブルである」[4]との名言を残しているが、その本意とは即ち、自由は法律の保障に頼るべきであり、しかも法の定める範

囲内においてはじめて真の意味における自由が有るのでなければならない事を指すものである。現代社会は多元社会、市場が高度に発達した社会であり、人口が多く、社会のコロニーが分化し、社会組織も益々密に成り、利益の衝突も頻発するようになっている。この様な社会において自由を提唱するには、先ず以って良好なる法律でもって我々が自由を確立する規則とする必要が有る。我々が追求する所の自由は、法律の保障の下での自由でなければならない。法治社会において、自由を保障する最も重要な道筋は即ち「法禁ぜずば可なり」という規則を確立すべきであり、その主な理由は以下の幾つかの点に在る。

　一に、法律が個人の行為の自由を保障する基本原則が確立されたこと。つまり、個人の有する自由は何れも法律の保障の下での自由であり、さもなくば、真の意味での自由ではない。法の定める自由が人と人との間の調和を維持するのである。自由は確かに一種の「群己関係」であり、法の下での自由は明確にこの種の「群己関係」の境界を定めている。個人の生活は、一定の社会環境においては、人類生活共同体の存続延長の為に、公共の利益と他者の利益を併せて考慮するには、個人の自由に対して必要な制限を行って然るべきであり、故に自由も思いのままのけじめ無きものとはならないのである。自由は他者の利益を損ねぬことを以ってけじめとすべきで、一人の人間の自由は社会共同体の繁栄と発展を損ねず、ひいては促すことを目的として然るべきである。故に、個人の自由は絶対的なものではなく、一定の制約を受けねばならない。法治社会においては、自由は法律の範囲内の自由なのであり、所謂絶対的自由の可能性はなく、何物にも捉われない自由などは存在しないのである。

　自由は権利次第である（自由と権利は、片方が強ければ片方が弱くなるという制約し合う関係にある）。つまり、全ての人間の自由は他者の権利の制約を受けねばならないのである。如何なる行為に従事しようとも、他者の権利と利益を妨害してはならない。例えば、夜半に歌を歌うのは個人

の自由ではあるが、それによって他者の休息の権利を損ねてはならない。又、ペットを飼うのは個人の自由であっても、それによって他者の生活の安寧を妨げる様なことが有ってはならない。司法の領域においては、「法に明文の規定の無いものは自由と看做される」が、もしも法律に個人の権利行使の仕方に対する明確なる制限が有る場合は、必ず法律に従わねばならない。

二に、個人の法律の規範の下での行為の自由が幅広く確認されていることである。「法禁ぜずば可なり」との規則に基づくならば、法律に個人が某かの行為を実施するのを明確に禁止さえしていないのである。そうであれば、個人は相応の行為の自由を有するのであり、これは実際には「禁に非ずば即ち入る」の方式を採り、個人が広範な行為の自由の空間を持つ事を是認していることになる。それ故に、個人の行為の自由に対する制限は、法律に明確に規定されていることをけじめとせねばならず、真の意味での良法とは、個人の自由を守る事を価値とすべきであるとともに、合理的に個人の自由を過多に制限せざるを得ないのである。「良法善治（良き法に依る善き統治）」とは、禁止の事項に対しては、ネガティヴリスト式の立法を進めるより外無く、禁止の事項は余り多過ぎてはならず、それ以外は何れも個人の行為の自由な空間であり、こうして個人が比較的に大きな行為の自由の空間を有するのが確保されるのである。

三に、個人の法律の「空白地帯」における自由を保障していること。法律には多くの「空白地帯」が存在しており、個人が進入し得るか否かに争議が存在している。「法禁ぜずば可なり」との規則に従うならば、法律の「空白地帯」は決して法律に基づく禁止する範囲内にあるではないので、従って個人が進入する権利を有して然るべきである。何故ならば、法律の「空白地帯」は、決して法律に基づいた個人の進入を明確に禁止している領域ではないが故に、行政機関は随意に個人に対して処罰を行ってはならない。これは、個人の行為の自由に対して、行政機関の不当な関与を排

除することにも有利になる。そういう意味からすれば、「法禁ぜずば可なり」は私権と公権との関係を確立していることにもなる。即ち、法律に明文による禁止さえ為されていなければ、個人は相応の行為の自由を有するのであり、公権力機関は不法に個人の行為に関与してはならないその一方で、当該規則が広範に個人の行為の自由の空間を確認していることは、公権力の不当な拡張を防ぐのに有利である。

　四に、個人の行為の予測可能性を保障するのに有利である。禁止的規定はネガティヴリストの事項に属するものであるが故に、ネガティヴリストは全社会に向けて公開され、誰人も問合せして知る事のできるものであって然るべきである。これによって人々は何れが行為の禁止区域であるのかが明確なものになり、こうして人々はあらゆる行為を為す以前に、如何なる事は為しても構わず、如何なる事は為してはならないかを知る事で、最大限に個人の合理的行為の予期を保障し得るのである。法律が未だ明確に個人の行為を禁止してはいない事項に対しては、如何なる機関及び個人も随意に当該行為の効力を否定してはならず、この事は個人の行為の予測可能性を最大に保障するものである。

　当然ながら、「法禁ぜずば可なり」の規則に基づくならば、法律のみが個人が或る行為を為すのを「禁止」でき、しかも個人の自由が法律の禁止的規範に違反した場合においてのみ、はじめて法的責任を担うべきことになる。道徳、紀律、家の掟、家訓、郷民規約等も個人の行為の自由に対して制限を行うことは可能であるが、上述の行為原則は法律・規則とは異なり、それらは主に一種の「勧告」や訓戒なのであって、その強制力は主に社会的交際や人間関係に由来するものであるからには、極めて限定的である。個人がこの類の規則に違反すれば、道徳上の譴責等を受ける可能性はあるものの、法的責任を負う必要は決してない。故に、法律・規則であってはじめて真の意味において個人の行為の自由の「禁止区域」を画定することにより、他者の行為の自由を保障し得るのである。

指摘しておく必要が有るのは、法律の禁止的規定以外に、自由も義務と結び付いて然るべきであることである。社会共同体の中で生活するからには、一定の共通の行為理念を遵守すべきであり、社会共同体の調和と秩序を維持する為、法律は個人履行すべき他者及び社会に対する義務を定めており、これらの義務は同様に自由に対する制限を構成している。中国の文化的伝統は集団主義（集団の利益を個人の利益よりも優先させる考え方）を重視する余り、個人の自由の理念を欠いてはいるものの、伝統の上では個人の他者及び社会に対する義務も重視していて、この種の理念は今日においても依然として重要な意義を有している。19世紀フランスの法社会学者デュルケーム（Émile Durkheim）は、社会有機体学説を唱え、社会は一つの総体であり、人間一人一人はこの総体の不可分な部分であり、社会の全体的利益の為に、個人の自由は一定の制限を受けて然るべきであるとした。法治社会に在っては、自由に対する制限は、実際には他者の自由に対する保障である。従って、良好な公民理念を培うべきである。つまり、法律を遵守することは、より良く自らの自由を守る為でもあるのである。故に民法典は人民が有する所の各種の権利を定めているのであり、権利とは即ち自由意志の法的体現なのである。それは、人民の私権との相互間の境界線を明確にさせることによって、個人の間の権利及び自由と並行して矛盾なきものならしめたのである。

　法治の究極的な目的は公民の自由を保障することである。その自由は社会主義の核心的価値観の内容であるのみならず、現代法治の核心的理念とすべきである。共産主義の最終目的とは即ち自由人の連合体を実現することで、人間ひとり一人の自由及び全面的な発展を実現することである。法律の上で「法禁ぜずば可なり」の規則を確立するのは、中国の行政管理と社会統治・管理理念の重大な転換である。それは即ち、行為規制から自由保護に至り、法律法規に頼りつつ人々の為し得る事項に対して肯定的なもの、許されるものを列挙することから、人々が為すことを許さぬ事項に対

してネガティヴリストの列挙を行うことに至る転換である。それは法治観念の現れであり、中国が公民に充分な私権利を賦与する面において重大な進歩を勝ち取ったことを示すことになり、法治中国、法治政府建設の具体的現れでもある。

## 三十、「依法治国」には規則意識を強化すべし

　四中全会決議は、「公民の道徳建設を強化し、中華の優れた伝統文化を発揚し、法治の道徳的基盤を増強し、規則意識を強化し、契約精神を唱導し、公序良俗を発揚する。法治の道徳領域で突出した問題を解決することにおける役割を発揮させることで、人々が自覚的に法の定める義務、社会的責任、家庭的責任を履行するようリードする」などの内容が盛り込まれている。法治国家と法治社会を建設するプロセスにおいては、人々に万人が法を守るという意識と習慣を養わせるには、四中全会決議の要求に照らして規則意識を強化する必要が有る。

　周知の通り、現実の生活においては、規則を重んぜず、規則を守らない現象がかなり普遍的である。小さいものでは、例えば通行人が交通ルールに違反した「道路横断」、三輪車、電動自転車の道路での逆走行、音を立てながら通過する車内からの色んなごみや雑物の投げ捨て、随意の追い越し、任意の駐車等である。これらの行為は殆んど随所で目にすることが出来るが、こうした類の行為は交通秩序を破壊するものであるばかりか、自身の身の安全にも危険が及ぶものである。大きなものでは、脅し、誤魔化し、かどわかし、騙りといったあらゆる悪事、贋ブランドや模造劣悪商品、贈収賄、役所と民間企業の結託等々と枚挙に暇がない。

　包み隠さずに言うならば、こうした悪しき現象は、社会秩序を損ね、社会のモラルに影響を与える。その原因を突き詰めれば、中国は目下社会の転換期にある。社会の対立や摩擦がはっきりと浮かび上がり、貧富の格差

や分断の激しさを増し、官民の対立感情がエスカレートし、集団的事件が頻発している。その一方で、市場経済の消極的要素の影響を受け、拝金主義が蔓延り、腐敗が激化し、社会的価値が変化するにつれて、人々の規則意識が希薄になった。公民意識、倫理観念、責任意識が乏しく、「大胆な者は鱈腹まで貪るが、臆病な者は飢え死にさせられる（冒険を敢えてする人は、多くの利益を得ることができるのに対して、臆病で、細心に注意を払う人々は、一歩も踏み出すことを恐れ、しばしば一切の利益を得ることができなくなる）」という観念が蔓延っている。また、法制が不健全であるが故に、社会全体に「法に違うはコストが低く、法を守らばコストが嵩む」といった問題が存在し、一部の規則を遵守せぬ者が速やかに責任追及されず、「悪貨は良貨を駆逐する」というグレシャム効果が生じている。特に或る領域においては、規則を守らぬ人間が巨利を得、規則を守る人間が逆に損をしている。例えば、不良商人が食品中に贋物や悪品質なものを混入させ、それによって課せられる罰金が違法によって得たものよりも低いとなれば、それは違法活動に従事する原動力であり続ける。規範に従って行動する者が却って価格やコスト等の面での劣勢故に淘汰されてしまうのである。

　その実、中華民族はかねてより「規矩（ルール）」を重んじる民族であり、礼儀の邦、文明の古国と称されて来た。それは即ちルールを守るという伝統故である。かつて19世紀に中国を遊歴した米国の宣教師アーサー・スミスは、「中国人は多くの讃嘆すべき品性を具えており、その一つが即ち生来の掟を尊重することである」[5]と認めている。銭穆氏はかつて、「現代の一般人は、何れも中国人は法を重んじないと言うが、その実、中国政治の伝統的欠点は、法を余りに重んじ過ぎることに在るのである。」と言った。銭穆氏がここで云う所の法が実際に指しているのは「規矩」である。古人曰く、「無規矩不成方圓（コンパスと物差しが無ければ、整った形にならない。即ち一定のルール、規則、方法がなければ、成功するこ

とはできない)」と。「規矩」という面においては、中国古代の習慣は「法は秋荼よりも繁にして、網は凝脂よりも密なり（法律は秋のトキンイバラよりも繁多で、法の網は凝固した油脂よりも細かくて隙間が無い）」である。伝統的儒家文化とは、実際には礼節を厳守する様人々を教え導くもの、即ちルールを遵守する様人々を教え導くものなのである。従って、ルールを遵守するのは中華民族の優れた伝統であり、ひいては以って誇りと為し得る民族精神なのである。

　市場経済が今日にまで発展するとなると、人々の価値観は多元化し、利益も複雑化しているが、中華民族の「規矩」を守らんとする良き伝統は忘れてはならず、礼儀の邦の誉れも失ってはならない。法律を遵守せんとする意識は、中華民族の遺伝子であり、今再びこれを唱えるのは、革新的再創造なんぞでは決してなく、「体質の回復」であり、伝統の継続なのである。一国家、一社会を統治・管理せんとするには、その鍵となるのが「規矩」を立て、「規矩」を重んじ、「規矩」を守ることである。「規矩」を有し、「規矩」を重んじでこそ、社会ははじめて安定的秩序を有し、国家ははじめて繁栄して強くなり、人民の生活ははじめて幸福で健康となるのである。習近平総書記は、中央政治局第18回グループディスカッションの折、「礼法合治、徳主刑輔（道徳による教化と法制度とを結合させ、徳を主として刑を輔とすること）」という中国古代の「治国理政」の精髄要旨から治国理政の経験を見出すべきであると強調している。「規矩」を立て、「規矩」を重んじ、「規矩」を守るというのは、実質的には即ち「礼法合治」を実行することである。つまり、法律を以って国家と社会を統治・管理すべきであり、同時に道徳を以って民衆を教化し、道徳を以って社会秩序を維持し、道徳を以って法律の不足を補い、法律がその社会生活を調整する効果をより良く発揮するのを保障すべきなのである。

　「規矩」を守るには、先ず法を守る必要が有る。「規矩」の全てが法であるとは限らないが、法は何れも「規矩」であり、最も基本で最も重要な

「規矩」でもある。「法令が執行されれば国は治まり、法令が弛めば国は乱れる」との言葉通り、法律は社会生活の調節器であり、社会正義の守護神であり、社会秩序の守り人であって、法律規則は道徳の最低ラインの基本的要求を体現したものであり、人々の基本的な行為規則でもある。法律とは即ち「治国理政」の最大の「規矩」なのである。法律と道徳との関係から見るならば、法律は最も基本的な道徳であり、道徳の基準は常に法律の要求よりも高くあって然るべきである。社会生活においては、誰もが品徳高尚な人間となるよう求めることは出来得ないが、誰人も規律と法律を遵守すべき公民であるよう求めて然るべきであり、これが個人に対する「規矩」の最も基本的な要求でもある。従って、法律は最も基本的な「規矩」ということになる。法を守るというのは、法的義務であるのみならず、重要な道徳的義務でもあり、違法それ自体が不道徳的なものでもある。古代ギリシャの哲学者は、法の遵守は人々に内在する道徳で自らを律する要求であると共に、完璧な人格を実現する上で避けて通ることの出来ない道でもあるとしている[6]。法を守るのは「規矩」を守る最低基準であるとも言えよう。中国においては、人民は法律実施の主体であり、人民は法律を運用しつつ自らの権利を守る必要が有ると同時に、自らの意志の体現である法律を遵守して然るべきである。多くの社会的「規矩」の中で、法律は人々の行為に対して為すところの最低限度の強制的要求であり、最低ラインであり、レッドラインでもある。仮に若し法律さえも守らず、敢えて抵触するようであっては、違法者に道徳を遵守するよう求めるのは難しい。従って、「規矩」を守ることの核心は法の遵守なのである。「規矩」を設けるには、先ずもって法を立てるべきであり、「規矩」を重んじようとするには、先ずもって法の遵守を唱導する必要が有る。その為には、厳格に法に基づいて物事を処理し、法を守る事を誇りにし、法に違うことを恥とするという社会の構成員の法律遵守意識を培う必要があると共に、合理合法の訴えでさえあれば、法的手続きを通じて合理合法の結果が得られるとい

う公正なる司法が必要となる。法律の前で人々は平等という原則を堅守し、法治の良好なる実践を通じて人々の法治観念を培う必要が有るのである。

　——決まりを守るには、徳を尊び、善へと向かう必要が有る。規則意識を確立するには、道徳規則を遵守することが必須である。「国に徳無くば興らず、人は徳無くば立たず（民心を得られなければ国が繁栄できず、人徳がなければ人は成功しない）」との言葉通り、道徳による教化とは即ち真を求めるよう人を教え、善へと向かう様人を戒め、美を尊ぶよう人を促すことである。法律と道徳は異なる範疇の規則であり、その外在的表現、地位及び役割のメカニズムには大きな差異が有り、法律を遵守するのと道徳を遵守するのとはそれ故に異なる意義を有するものではあるものの、この事は法を守る様唱導する意識と道徳を遵守する様唱導する意識とには矛盾が有ることを意味しているのではなく、実際に両者は互いに保障し合い、調和的に併存するものなのである。法律は最も基本的な道徳の最低ラインであるからには、法律を遵守するのもそれ故に基本的な道徳の最低ラインを守ることであって、多くの道徳規則は法律規則へと転化することになるであろう事からして、法を守ることを唱導せんとする意識とは、実際にはつまり最も基本的な道徳を遵守することを唱導せんとする意識なのである。「恥を知らざる者、為さざる所無し（羞恥を知らない人間に出来ない事など何もない）」との諺通り、道徳意識無き者は、法を守らんとする意識も持ち難いのである。道徳は法律をより善きものならしめる事ができ、法律の特性を増強し得ると共に、更には民衆を教化し、人間の内なる素質と外なる品行とを向上させる事が可能であり、道徳を遵守するならば、それによって自覚的に法律を遵守する様人々を促し、法律の効果的な実施を保障することも可能になるのである。

　そればかりではなく、道徳が個人の行為に対して事前の教化を行う事を重んずるのに対して、法律は主に違法行為に対して爾後の制裁を行うのであり、道徳はそれ故に法律の不足を補う役割を持つ。正に司馬遷が『史

記・太史公自序』の中で「夫れ礼は未然の前に禁じ」而して「法は已然の後に施す」と述べている通りである。馮友蘭氏も「礼の定むる所の多くは積極的なものであり、法の定むる所の多くは消極的なものである」〔馮友蘭『中国哲学史』上、414頁。北京、中華書局、1961年〕と指摘している。そして更には、一部の公徳（マナー）に悖る行為、例えば真夏に背中をむき出しにして街を歩くとか、家の中で騒音を出して近隣の生活の安寧に影響を与える等といった類の行為は、法的責任を追究するのが難しく、道徳的譴責等を通じて、こうした面でのその積極的役割を発揮させる事がより必要となる。故に、道徳遵守の意識を唱導することは、法を守る意識を培い育てるのに十分必要なのである。

——「規矩」を守るには、約束を守る必要が有る。契約は行為者が相互信頼に基づいて自ら設けた規則であり、それは当事者間において法律に相当する効力を有するもので、この点に就いて言うならば、契約も規則であり、しかも信頼という基礎の上に確立された規則である。そうである以上、ルール意識の確立には、契約遵守意識の確立も含まれる。プラトンは、法を遵守し約束を果たすのは合法的で正義なものであり、ひいては正義の本質であり、起源であるとした[7]。中国においては、「民有私約如律令（民間契約は政府の法律や政令と同様に遵守すべきである）」、「言必信、行必果（言ったからには約束を守り、行う以上はやり遂げる）」、「君子一言、駟馬難追（君子が一度口にした言葉は、四頭立ての馬車を走らせても取り戻す事ができない）、などの言葉がある。その何れも中華民族の優れた伝統を表してあり、契約精神は法律と道徳を有機的に融合させたものである。具体化された法を守る意識でもあれば、又具体化された生活道徳或いは商業道徳でもあり、契約を厳守することは、古くからの自然法則の要求する所のものであり、又商売や人と為りの基本道徳でもある。この意義からすれば、契約を遵守せず、約束を守らなかったりするのは、実際には即ち法を守らず、商業モラルを守らないことである。市場経済社会においては、

誰人たりとも誠実を重んじ、信用を重んじ、契約を守ってこそ、人々は相互信頼の良好な商業秩序を確立し得るのである。

——「規矩」を守るには、善良な風習を遵守する必要が有る。善良な風習は、人々が長年に亘って築き上げてきた習わしであり、人々の行為に対して知らず知らずの内に感化を与える役割を持つものであり、その中の多くの内容は深い社会的道理を秘めていて、大量に人々の心の中に内在化しており、良好なる社会秩序を築くのに有利である。例えば、公共の場では大声で騒いではならないとか、人と接するには上品で礼儀正しくあるべきだとか、人間同士は互いに謙虚に譲り合うべきであるとか、談を交えるにはなるだけ相互理解を求める等がそれである。孔子が説く所の「己の欲せざるところ、人に施す勿れ」等は何れもこの類の「規矩」に属するものである。法律や契約と比べて、善良な風俗は一般的に人々の口と耳に由って伝わり、社会的交際を経る事で内在化して形無き「規矩」となるのであるからには、国家の強制力を実施の後ろ盾とする必要が無い。一部の善良な風俗は村規民約において体現され、既に「ソフトロー」化している。道徳と比べると、善良な風俗を遵守することの何れもが個人が積極的に必ず為さねばならない行為なのでは決してなく、行為者が通常の習慣やルールを知悉し且つ尊重さえしていれば、その行為は善良な風俗の基本的要求に悖ることは無い筈である。善良な風俗は社会生活において重要な役割を発揮するのみならず、法律規則においても相当に重要な地位を占めている。例えば、民事主体の為す所の行為は、通常善良な風俗に悖るものであってはならず、さもなくば、契約行為は無効となりかねず、加害行為を実施すれば、権利侵犯行為となってしまう可能性が有る。

ルール意識を確立するには、小事から始め、身の回りの事から始め、日常の行為から始める必要が有る。「合抱之木、生於毫末；九層の台、起於累土（大木は小さな苗から成長したものであり、九階もある高い台は土を少しずつ積み上げることから築き上げたものである）」〔『老子・六十四

章』）。若しも人々が日常生活においてルール意識を持たなかったなら、重大な利益の選択を前にして、法を遵守し徳を崇めたりするのは問題外となってしまう。中国は数千年に互る封建的伝統の影響で、官本位や特権思想が根深く、法治文化、とりわけ私法文化が発達していないことが、一部の必要なルール意識の欠如を招いてしまっている。中国はやはり人情社会であり、人々は交際を行う際に、往々にして相互間の各種の感情の行き来を重要視する余り、有るべき交際の決まりに対してそれを重く見ず、結果的に一部の必要なルールが不明瞭である事から、必要な規則意識も欠いてしまうといったことがもたらされている。この為、必ず力の限りルールを遵守する文化を培い育てる事で、ルール意識を心に内在化させ、人々の行為を制約する必要が有る。

　秩序を重んじる生活は人々をより安定で幸福にすることができると同時に、人々をより文明的且つ先進的にするものである、ということを我々は歴史の経験から学んだ。そして、このような生活状態を形成するには、ルール意識の確立及び万人がルールを重んじ且つ守ることが不可欠なのである。

　富強、法治、民主の社会を建設するには、先ず以って民衆が普遍的にルールを守る社会を打ち立てて然るべきである。中国人の融通性と聡明さは世界の人々が称賛する所のものではあるが、如何にしてこの素質と「ルール意識」とを結びつけるかということが、中華民族の21世紀において直面している新たな試練なのである。

## 三十一、法治と徳治

　四中全会決議は、「依法治国」と「以徳治国」とを結び合わせることを堅持すべきであると提唱している。全面的に「依法治国」を推し進める戦略においては、道徳の教化の役割を充分に発揮させるべきである。習近平

は、「法律は成文化された道徳であり、道徳は内なる心の法律であり、法律と道徳は何れも社会行為を規範化し、社会秩序を維持する役割を具えるものである」と指摘している。片方の手で法治にしっかりと取り組み、もう片方の手で徳治に力を入れることを堅持する。そして、社会主義の核心的価値観を強力に発揚し、中華伝統の美徳を発揚し、社会の公徳、職業道徳、家庭の美徳、個人の品徳を培うべきである。法律と道徳は何れも社会的行為を規範化し、社会秩序を守る機能を有しており、現代社会の統治管理体系においては、両者は何れも重要な社会調整方式に属するものである。但し、両者は異なる調整方式と規範化領域を有するものであり、両者の社会調整における相互補完の役割を発揮させることを重要視して然るべきである。

　かつて古代中国は道徳を国家及び社会の統治管理の主導的なモデルとしていた。そして、それが多くの歴史的時期において成功していたことが証明されているのを認めて然るべきである。中国古代の法家と儒家は、果たして法を以って国を治めるべきなのか、それとも徳で以って国を治めるべきなのかに対して、二種類の異なる主張を為してきた。法家は、人間性は悪であるからこそ法度が生まれ、生まれながらにして過分の望みを有するからこそ、道楽の限りを尽くして盗賊になるのであるから、法律で是正せねばならず、法治でもって悪しき欲を防ぎ、人間性を善へと向かわせるよう上手く導く必要が有り、国が統治されている所以は賞罰故なのであるからには、善を勧め、悪を止め、功績有らば必ず褒美を与えるべきであると主張した。一方、儒家は「仁政徳治」を主張し、道徳は個人の行為規範の基礎であり、個人のあらゆる行為は何れも道徳的自省を通じて自らを制約すべきであるとした。つまり「修身」、「斉家」、「治国」、「平天下」であり、修身が国家統治管理の基礎なのである。社会は道徳の力を借りて維持することができ、もしも高尚な徳行を具えた君子によって国家が統治管理されるならば、普通の人間は自ずと君子の言行に従って行為するであろうから、

斯くして国家を統治管理する目的を達成し得るのである。孔子は「政を為すに徳を以ってするは、譬えば北辰の其の所に居て、衆星の之に共(むか)うが如し(徳によって政治を行えば、それは宛も北極星が位置を変えずに、諸々の星がそれを中心にして回転するようなものである)」〔『論語・為政』〕、と説いている。道徳と法律の関係においては、儒家も法律の役割を完全に否定しているのでは決してなく、逆に一貫して「徳主刑輔(法が主で、徳はそれを補助するもの)」、「礼法合治(道徳教化と法律を兼用して統治・管理を行う)」の思想を主張し、政をして国を統治するには「以徳以法(徳と法とを用いること)」であって然るべきであるとしている〔『孔子家語・執轡』〕。以上から分かるように、儒家は完全に道徳に頼るか或いは完全に法律に頼るかして社会を統治管理するといった一方に偏った強調はしていない。ただ、法家が法律を政治目的に到達するための強制道具と看做しているのに対して、儒家は法律を道徳を実現させる道具と看做し、しかも徳治が主導であるべきで、法律は補助的役割しか為し得ないとしているに過ぎない。因みに、孔子は「之を道(みちび)くに政を以ってし、之を斉(ととの)うるに刑を以ってすれば、民免れて恥じる無し。之を道くに徳を以ってし、之を斉うるに礼を以ってすれば、恥じること有りて且つ格(ただ)し(法律や禁制で人々を導き、刑罰で人々を統制するならば、人々は免れさえすれば良いと考えて恥じる心を失う。徳で人々を導き、礼で人々を統制すれば、人々は恥じる心を持ち、身を正すようになるのである)」、と説いている。

　儒家と法家とを問わず、何れも法律と道徳の相互作用に注目しているからには、「礼法合治」が中国古代の豊富な文化遺産であり、又中国の歴史が総括した「治国理政」の経験であると言えるのである。司馬遷は「礼楽刑政、綜合為治(礼儀、音楽、刑罰、政令の四者を総合させて国を統治する)」と述べているが、その実この言葉が語っているのはこの道理なのである。時は移り、世は変わり、古代法の一部の内容は既に今では全く通用

し得なくなってしまっている、と説いているのである。儒家の徳治思想は依然として智慧の輝きを放ち続けているというのは、治国理政の重要な経験でもある。

　伝統文化における、仁愛を重視する、礼儀を重んじる、信用を守る、正義を崇める、「敬業楽群（学業・仕事に専念し同僚や友人と共に切磋琢磨することを楽しむこと）」、和を以って貴しと為す、己の欲せざる所人に施す勿れ、「兼収並蓄（内容が異なり性質の相反するものでも全て受け入れること）」、「有容乃大（度量が大きければ、大きな成功が得られる）」、「推己及人（我が身に置き換えて人の事を思い遣ること）」、「反求諸己（振り返って自らの責任を追及すること）」というの道徳理念は、何れも人々の行為や道徳観念に対して人に知らず知らずの内に考えや性格を変えさせる感化の影響を与えるのである。礼節を重んじ、礼儀作法を主張し、礼を尽くして譲ることを重要視するのは中華民族の優良な文化的伝統であり、根本から紀律や法律を遵守するよう人々をリードしているのである。

　よしんば徳治がその優越性を有し、歴史上においても重要な役割を発揮してきたとはいえ、現代社会に在っては、道徳そのものは社会統治管理の主な方式となることは不可能であり、その理由は主に以下に挙げる点に在る。一に、道徳の非規範性であり、明確な行為のモデルと具体的な結果が無いが故に、人々の行為に対して明確な手引きを欠いている。二に、道徳の非強制性であり、道徳は国家が制定或いは認可したものではないが故に、立法機関が採択する法的強制力が具わっていない。三に、社会生活における大量の行為規則は道徳を用いては判定のしようがないことである。例えば、北京が採用している「交通限行（交通制限）」規則（曜日ごとにナンバープレートの違う車の通行を許可する制度）、高速道路の限速制限、会社登録資本金制度等の技術的規則がそれである。道徳的規準を用いてこれら規則の合理性や正当性を評価するのは難しい。何故なら、こうした規則自体が技術的な中性色を具えたものであり、道徳上の可評価性が存在しな

いからである。四に、道徳の求める高基準性である。通常からすれば、法律は一種の最低限度の道徳であるのに対し、道徳準則の要求は相対的に高い。法的強制の手段を用いて万人が皆自分の利益を犠牲にして人を救ったり、無私で他者の為に尽くしたりすることを求めることは出来ないので、この一点を為さなかったからといって、その責任を負わせたりすることは出来ないのである。その意味からすると、現代社会は「法主徳輔」を実行して然るべきである。

　哲学の次元から見るならば、道徳による統治・管理の前提は、万人の人間性が全て善であるということになるが、現実は万人全てが向善或いは性善なのでは決してなく、よしんば人心が向善であろうとも、抽象的な道徳規準ではなくして、具体的な行為規則に頼って規範化し且つリードする必要が有る。従って、道徳教化は主要な社会統治・管理方法とはなり得ない。とりわけ、伝統的農業社会は知人社会であるが故に、道徳が重要な役割を果たしてきたことに着目して然るべきである。但し、現代社会に在っては、市場経済によって、社会構造の多元化と利益集団の分化をもたらし、人口の大規模且つ自由な流動化、経済グローバル化をもたらした。そして、民族国家の対外開放、並びにインターネットとハイテクによって人々の生活様式の転換をもたらした。それら何れもが個人の独立性と自主性を強めた。その結果、人間関係が日増しに希薄になり、社会の複雑性が異なる程度において道徳の役割を弱めてしまった。現代の社会統治・管理の複雑性は、道徳を通じて統治・管理を行う術など無く、法律・規則を通じて調整するより外無い。見知らぬ人社会に在っては、人と人との間の関係は比較的複雑で、財産から人身に至るまで、様々な利益が多元化し且つ入り交じり、きめ細かな規則に頼りつつ人々の行為を調整する必要があることにも目を向けるべきである。因みに、新興集合住宅を形成している住宅地区のビル群に居住すると、人々同士が互いに知り合うことが無く、管理費を治めるのを拒否したり、勝手に何かを建てたり、人の都合を考えずに駐車し

たり騒音を出したりするなどといった現象が起こり、道徳教化に頼ってばかりでは役割は発揮できず、相応の法律・規則の制約、法的強制力の懲戒に頼る必要が有る。それ故に、全面的に「依法治国」を推し進める戦略においては、「法主徳輔」を通じて法治と道徳の綜合調整面での役割を充分に発揮させなくてはならない。

但し、如何なる国家の統治管理も法律のみに頼ることは出来ず、道徳に頼る必要が有る。全面的に「依法治国」の戦略を推し進めるには、18期四中全会決定決定の精神に照らし、綜合的に法律と道徳の役割を発揮させねばならない。「依法治国」と「以徳治国」は、車の両輪や鳥の両翼の如く、有機的に結びついて然るべきであり、片方を揺るがせにしてはならない。道徳での治理は永遠に法治の基礎であり続ける。自然法学派は、法律と道徳は密接不可分であり、法律は道徳の要求に合致しているべきで、道徳に違背する法律は悪法であり、「悪法は法には非ず」であるとする。フラーを代表とする新自然法学派は、道徳は法律の秩序の内在的基礎であり、道徳に符合した法律こそ正当性を有するのであり、「邪悪」なる法律それ自体が法律の本質を喪失していると考えた。フラーと実証主義法学派の代表であるハートとの論争からすると、その核心は法律と道徳との関係、即ち道徳に符合しない法律は果たして法律であるか否か、悪法は法であるか否かに在る。その実、この論争で多く触れられているのは法律の正当性の問題、つまり道徳に違背する法律に対して、公民はそれを遵守する義務が有るのか否かである。立法は最低限度の道徳準則を法律化し、それに強制力を賦与して然るべきである。立法は道徳の中の有益な要素を出来得る限り吸収することによって、法律を遵守し且つ実行し易くすべきであり、自然法学派の観点の参考にすべき点は正にここに在るのである。

道徳と法律は互いに補い合う関係を有するものであるからには、法律の規範化の役割を発揮させる事を重要視せねばならない。道徳の教化の役割をも重要視することで、法治を以って道徳理念を伝播し、法律の道徳建設

に対する促進的役割を強化し、道徳を以って法治精神を育む。そして、道徳の法治文化に対する支えの役割を強化し、法律と道徳が相補完し合い、法治と徳治が両々相俟って益々良い効果を収めるのを実現する必要が有る。

——多くの法律・規則とは即ち道徳規範の法律化である。法律は最低限度の道徳規則であり、大量の道徳上の義務は法律上での義務となる術がない。道徳中の高水準な部分に対しては、道徳教化を通じて実現することができる。つまり、提唱の方式、強制ではない方式を適切に採ることによって実現する以外になく、基本的な人類社会の道徳規準は法に組み入れて然るべきである。例えば、誠実・信用、公序良俗等の道徳的要求を民法の基本的原則へと高めていくのである。中国の伝統文化は極めて信用を重要視するものであり、「民有私約如律令（民間の契約は政府の法律や政令の如く遵守せねばならない）」や「君子一言、駟馬難追」といった諺は、実際には即ち契約精神を強調したものである。それ以外にも、法律の事務管理（大陸法系の私法において、法律上の義務が無い者が、他人の為に他人の事務の管理を行うこと）における管理人の必要経費及び損失補償の規定が、喜んで人助けをする等といった義挙を奨励する役割を演じる様に、法律は一定の奨励的手段を通じて社会道徳の水準の向上を促すこともできる。正にこの意味において、法律は成文化された道徳であり、道徳は心の中の法律であるとも云い得るのである。当然ながら、道徳と法律にはそれぞれの境界があり、単純に両者を互いに取って代らせてはならない事は無論言うまでもない。因みに、ラズ（Joseph Raz）の観点に基づけば、法治の主な機能は勧善ではなくして懲悪なのであり、高基準の道徳は道徳教化に委ねて実現して然るべきであるという事になる。

——法律は道徳観から養分を汲み取る必要が有り、道徳精神は法治精神を培うことが可能である。道徳は法律をより人間化させ、より容易に認められるようにすることができ、道徳中の一部重要な準則は、法律に由り吸収されるか、乃至は法律の正当性を評価する基準と為り得る。とりわけ、

民事立法においては、伝統的道徳中の有益成分を重要視し且つ参考にして然るべきである。サヴィニー（Friedrich Carl von Savigny）は、誠実に生き、他者を害さず、適材適所であることを法律規範の道徳規範或いは道徳律令と呼ばれるものであると考えた。実際に民法中の多くの規則は何れも一定程度に道徳の要求を反映しており、他者を害しない、誠実な信用、負債は返す、不法行為から利益を得てはならない等といったものも道徳準則である。誠実・信用の原則は民法全体の最高規則であり、「帝王規則」や「君臨法域」と呼ばれ、『民法典・契約編』は契約締結以前、締結過程においては誠実・信用の原則を遵守するよう求めているのみならず、契約の履行過程及び履行後においても誠実・信用原則の要求に従うよう求めている。法律が道徳中の有益な要素を吸収するのと同時に、道徳の教化の役割を重要視して然るべきである。そうすれば、法律と道徳の良性の連動が実現できるのである。

　——法律の執行は道徳の教化に依頼する。法を崇め、法を守るには、道徳教化の役割に頼る必要が有る。法治教育と道徳教育は往々にして相補完し合うものであり、公民の法を守る教育を進めるに当っては、道徳の教化をも包括して然るべきである。良好な道徳的品性を具えた人間は、通常は法を守る一公民である。法規を遵守する者は、必然として自覚的に法律を遵守するものである。しかし、「恥を知らざる者は、為さざる所無し」という人は、自ずと法律のレッドラインを度外視し、法律の最低ラインでさえ守ろうとしらない。道徳教化は人民が自覚的にルールを遵守し、法治文化の基礎を培い育てるのを促すのに有利である。事実上、法治社会においては、法律を遵守することは道徳規準に合致するものでもあり、違法行為そのものが不道徳的なものでもある。中国近年における反腐敗の実践が、公権力に対する制約の空席が汚職腐敗の気風が未だ効果的に抑制されず、関連事件の件数が増加の一途を辿っている。そのような状況の下に、汚職に関わった高官の役職のランクが益々高くなる一方であることが明らかで

ある。その原因を突き詰めれば、道徳規範への違背が重要な根源となっている。近年来、食の安全事件、環境汚染事件、重大安全生産事故といったものが人民大衆の生命の健康を由々しく脅かしている。こうした問題の生じる重要な原因が即ち信用の欠如と道徳の堕落により絶えず法律の最低ラインを突破して法に触れることである。こうした背景の下においては、道徳教化は効果的に法律の執行を助け、法律執行の効果を強め得るのである。

——道徳は法律調整の不足を補うことができる。法律は万能なものではなく、多くの社会生活の領域は何れも道徳規範に頼って調整されねばならない。中国は礼儀の邦であり、現実生活における人々の挙止振舞、人間関係の揉め事の多くは何れも道徳を通じて制約し且つ解消し得るものである。古代の或る県の役人は、唯一人の随員を連れ、馬に乗って任に就いただけで大きな県を立派に治めることができ、その理由は多岐に亙るものではあったものの、道徳教化が重要な役割を果たしたのであった。古人が「以徳服人（徳でもって人を心服させること）」、「以徳育人（徳でもって人を育てること）」と説いたのも正にこの道理なのである。良き法律が有るとしても、誠実に信用を守る道徳を抜きにしては、法律は依然として役割を発揮する事が難しいのに対して、若しも人々が普遍的に良好な道徳水準を具えているならば、たとえ法律に多少の欠陥が有るとしても、やはり道徳教化を通じて適切に埋め合わせをすることができ得るのである。

孟子は「徒善は以て政を為すに足らず、徒法は以て自ら行うこと能わず（善徳のみでは国政を処理するには足らず、法令のみではそれ自体に効力を発揮させることはできない）」と説いた〔『孟子・離婁上』〕。この言葉は「依法治国」と「以徳治国」の関係において、両者の何れをもゆるがせにしてはならないことを深く物語っている。社会の統治・管理は、その全てを道徳教化に頼る術などなく、とりわけ現代社会においては、法治が社会の統治・管理の基本方式であって然るべきではあるものの、法治そのものも万能なのでは決してなく、道徳教化も法治文化の基礎を培うことが可能

である。社会の統治・管理のプロセスにおいては、法治と道徳教化をしっかりと結合させるべきであり、単に何れか一方に頼るのでは、社会の統治・管理の予期する効果に到達する術はないのである。

## 三十二、万民が法を信じることが法治の基礎

　四中全会決議は、法律の権威は人民の内心による擁護と誠意ある信仰を源（みなもと）とすると指摘している。人民の権益は法律の保障に頼らねばならず、法律の権威は人民の擁護に頼らねばならない。この事は法治発展の法則を反映しているのみならず、全民が法を信じることの法治建設に対する重要性を浮かび上がらせている。

　身を投げてまで法律を信仰するという美談になると、人々は常に「ソクラテスの死」の故事に想いを馳せるであろう。この故事の中で、古代ギリシャの哲学者ソクラテスは、無神論を堅持し且つ言論の自由を主張したが為に青年を誑かして神聖なるものを冒瀆したと誣告され、罪に陥れられた。当時のアテネの法律に基づけば、もしもソクラテスが法廷に向かって誤りを認めて詫びていたならば、法廷の寛恕を得ることが出来た筈である。しかし、ソクラテスは誤りを認めることを拒絶し、最後は裁かれて服毒自殺した。彼の弟子たちは秘密裏に国外に逃亡して難を逃れるよう彼に勧めたが、均しく彼の厳正なる拒絶に遭った。ソクラテスは、彼に対する裁判は正義に悖るものではあれども、自分には都市国家の法律に服し従う義務が有ると考えたのである。法の制裁を逃れるのは正義の原則に違背することになると。最終的に、ソクラテスは弟子たちを前にしながら、従容として毒薬を服したのである。

　ソクラテスは法律信仰のために命を捧げたことにより、人類の歴史上法の為に殉じた最初の人間として褒め称えられたのである。千百年来、人々はソクラテスの死の物語伝え合っては称賛しているが、実際にはソクラテ

スの法を信じる行為に対する敬服の念を表しているのである。事実上、中国古代も法律を信奉し、正義を信奉し、「法を執行すること山の如し」といった人物に事欠かない。人々が包拯（北宋時代の公明正大な裁判官）や海瑞（明代中期の政治家で、清廉潔白な官僚として有名な人物）の物語を語り伝えるのは、何れも彼等の法律と正義に対する信奉と固守を源とするものである。その実、法律を信奉することは即ち正義を信奉することなのであり、それは正に「正義を実現する為には、たとえ天が崩れ地が裂けるも恐れず（Fiat justitia, ruat caelum）」との法に纏わる諺通りである。

　法律は信奉され得るか否か、もしくは信奉されて然るべきか否かは争議の的であり続けている。バーマンは著書『法律と宗教』の中で、「法律は信奉されるべきである」との著名な論断を下している。バーマンからすれば、宗教が社会生活に対して重要な規範化と導きの役割を持っているその所以は、宗教及びその戒律が信徒の内心から発する信奉を得ている事に在る。法律も類似した信奉の問題に直面している。西洋の法律の伝統はローマ法が復興してより以降、数百年の発展を経ることにより、法治が普遍的な統治・管理モデルとなっているが、20世紀の初めには却って極めて深刻な信仰危機に遭い、法律の社会統治・管理の機能もそれに伴う形で次第に衰えて来ている。故にバーマンは再び人々の法律への信奉を喚起させ、法律の役割を充分に発揮させるよう望んだのである。バーマンからすれば、もしも法律が信奉されなければ、普遍的な違法の現象がもたらされる可能性があり、法律の秩序を効果的に維持することが難しくなる。

　当然ながら、法律・規則そのものは信仰の対象には決してなり得ないのは、法律には善法と悪法の区別が有り、あらゆる法律が全て信奉するに値することなど決してないからであるとする観点もある（例えば自然法学者）。この点に関しては、有名な故事が有る。1991年9月に東西ドイツが統一された後、ベルリンの或る裁判所が、万人が嘱目する所のベルリンの壁防衛事件を審理した。被告は4人の若き東独の守衛である。ベルリンの

壁が倒壊する以前に、彼らは一人のこっそりベルリンの壁をよじ登って西ドイツに逃れようと企てる人間を射殺したのであった。被告の弁護士は、東独の法律に基づけば、被告はその様にする権利を有するのみならず、その様にする職責が有ったと述べた。ところが、裁判官は、「東独の法律は汝に人を殺させようとしたが、汝はこれらの西ドイツに逃れようとした人間に罪が無いのであることをはっきりと知っていた。彼に罪のないことを明らかに知りながら彼を殺したのは即ち有罪である。警察として、上級の命令を執行せぬのは有罪である。但し一人の心智健全なる人間として、汝は銃口を10センチ高くすることを選択し得たのであり、これは汝が担って然るべき良心的義務でもある」と厳しく被告を叱責したのである。それ故に、裁判所は最終的に銃を放った衛兵に三年半の懲役刑を言い渡すと共に、仮釈放を与えなかった。自然法学者からすると、それら東独の兵士に脱走兵に発砲射撃するよう求めている法律あるいはその他の類似する法律は信奉の対象とはなり得ぬのである。

　あらゆる法律が何れも良法であるとは限らぬことを認めなくてはならない。後にそれが悪法であり、人民の意志に背くものであることが証明されたことによって改正もしくは廃棄された法律も有る。甚だしきに至っては、特定の時空の背景の下、一つの国・地域の多くの法律は人民の意志に背くものであり、自然法学者の云う所の良法の規準に合致していない。但し、これ等偶然の現象は、法律は信奉されるべきという命題を否認し得るものでは決してない。事実上、バーマンの提起した「法律は信奉されて然るべきである」という著名な論断は、民衆の具体的法条一つ一つに対する信奉を培い育てることを強調しているものでは決してなく、主に公民の法律に対する尊重あるいは尊崇を培い、法を守るに必要な法律意識と法律思考を養うことを強調したものである。原則上、法を守るとは即ち正義なものであり、法に背くのは即ち非正義であるというのが法律を信奉する意義の由って来るところなのである。

具体的に中国の現実環境の下に立ち返れば、法律は必ず信奉されるべきであると提唱するのは、中国の法治社会建設にとって重要な意義を持つものである。中国には数千年に互って法治の伝統など決して存在しなかったし、数千年の封建的思想や伝統も当面の法治建設の一大障碍となっており、正に鄧小平同志が指摘した、旧中国が我々に残したものは、封建専制的伝統が比較的多く、民主法制的伝統は至って少ないとの言葉通りである。社会生活に在っては、人々の権利意識と民主法治の観念は依然として希薄である。中国は三十数年に互る改革開放の末、経済建設と法治建設において絶大な成果を収めて来た。しかし、改革開放以来の社会、経済及び法治改革の実践は、信用の欠如、道徳水準の下降、法治観念の希薄化等の原因により、「有法不依（法は有れども従わず）」、「執法不厳（法の執行が厳しくない）」、「違法不究（法に違えども追究せず）」といった現象が依然として広範に存在しており、社会生活における法規を重んぜず、規則を軽視するという現象が頻発している。この様な社会的背景の下で、社会の調和、安定、有秩序を実現させるには、全ての民の法律に対する信奉を確立し、人々の法治に対する信奉と尊崇を培うことによって、人治から法治社会に向かってのモデルチェンジを実現せねばならない。

　万民が法を信奉してこそ、はじめて法律の権威を確立し、法律の実施を保障することが可能となる。国に良法有りといえども、人民が全て従うことが出来なければ、やはり法治を実現することはでき得ないとアリストテレスは指摘している。「法律に効果が現れ得るのは、民衆服従に全て依存しており、法律遵守の習性は長期に互る培いを経る必要が有る」[8]。中国に在っては、「依法治国」を全面的に推し進めるその重点は、法律の厳格なる実施を保証し、「法立、有犯而必施；令出、唯行而不返（法律が一度定められたならば、凡そそれに違反するものには、懲罰を施すべきであり、命令が一度出されたならば、断乎執行あるのみで、それに違反してはならない）」を成し遂げてしかるべきである。万人が法を信奉するというのは、

社会の成員一人一人が心の底から法律の制約を受け入れることを自ら願うことを意味している。法を守ることは公民の基本的義務であり、又道徳的良心の基本的要求でもあり、法を守る事を誇りにし、法に違うことを恥じるべきである。このような一種の信仰に基づき、万人が自覚的に法律を遵守し、法律に従うと共に、法律の規定に基づいて行為を行うのである。社会の成員全てが法律を信奉してこそ、はじめて法律の有効的な実施を保障し得るのであり、この意味において、「一切の法律の中で最も重要な法律は、大理石に刻まれたものではなく、又銅の時計に刻まれたものでもなく、公民の心の中に刻まれたものである」とのルソーの概括は極めて透徹したものである。法律を一種の信奉としてこそ、はじめて社会主義の法治理念を確立し、法律規則を遵守し、法的手段を用いて問題を解決するという良き習慣を養うよう公民をリードし、真の意味において法治の精神を人心に深く入り込ませ、最大限に法律実施のコストを下げることが可能となるのである。

　万民が法を信奉してこそ、はじめて法治社会は築かれる。これはつまり、法律に基づいてこそ、効果的に社会矛盾と権益の揉め事を解消し、人民の人身と財産の安全を保障することができる。それで、社会の公平・正義を維持することが可能だと万民が信じるようになるのである。これとは正反対に、もしも「権力を信じて法を信じず」、「金銭を信じて法を信じず」、「政府機関への訪ねを信じて法を信じず」、ひいては揉め事が起きれば、「大きく騒げば大きく解決し、小さく騒げば小さく解決し、騒がなければ解決しない」といった方法を通じて揉め事を解決すべきであるというのであっては、真の意味において公平・正義を実現し、且つ法治国家もしくは法治社会を築き上げることは不可能である。法治は人類社会の歴史が証明する所の最も有効的な社会統治・管理モデルであり、法治には権威性、安定性、予測可能性が具わり、最大範囲内で人々の様々な利益の要求を調和させることが出来るのである。人々が法律を信奉し、各種の社会の矛盾

や揉め事の全てを法律の範囲内に納めて解決できてこそ、はじめて合法的権益は保障され、紛争解決の結果の何れもが予測可能性を具えることになるのである。とりわけ、当面の改革は既に「深水域（より複雑な領域）」に入り、堅塁攻略戦の段階に在って、深い次元の対立や摩擦と重大な利益調整に触れており、髪の毛一本引っ張ると、身体全体が動くといった極小さな事柄も全局に影響を及ぼす状況で、各種の社会矛盾が多く複雑で、頻発して重なり合っている。この様な背景の下においては、もしも法律に対する信奉が存在するならば、法治の枠組みの中で関連する矛盾の衝突を解決することにより、尤も効果的に矛盾を解消し、コンセンサスを凝集させ、改革の秩序立った信仰を推し進め、社会経済の健全な発展を促すことができる。

　強調すべきは、法律を信奉するというのは法律の具体的規則を信奉するのでは決してないということである。法律規則は大小の区別が無く、信奉される術がない。法律の信奉とは、主に法律の権威に対する信奉なのである。中国は具体的且つ有形の法に事欠かないが、法の精神に対する理解を欠くと共に、法に対する畏敬を欠いている。法律の信奉は、法的思考と法治精神の形成に体現され、公平と正義に対する飽くなき追求に体現される。ソクラテスが法律を信奉する為に身を捧げたことは、信奉の力を明らかに示したものである。ソクラテスの身の上から、我々は法律を信奉するとは即ち正義に対する飽くなき追求であることを見て取るのである。正義に対する追求には二つの方式が有り、一つは法律の枠組みの中で全うされ、もう一つは非法律の枠組みの中で全うされるもので、後者の枠組みにおいては、たとえ結果が正義であったとしても、規範を通じて効果的に当該正義の結果を鞏固ならしめる術はない。法律の枠組みの中で正義を追求してこそ、はじめて真に且つ持久的に正義を実現し得るのである。法治社会とは即ち公平と正義に満ちた社会であり、法律の信奉を確立してこそ、正義の光ははじめて永久に煌めくのである。

法律を信奉するには、真の意味において心の内面からから法律を意識し、見える行動に法律を実行すると共に、法治環境を改善し、法治文化を培う必要が有る。法律を信奉するとは、人々が法を守るよう強いられ、受動的に法を守るのではなく、自覚的に法を守り、自ら願って法を守るのであって然るべきである。というのは、法律は社会の成員一人一人の利益を保護する規則であり、万人が法を守るのは一人一人の自らの利益を守ることであるからである。交通ルールを例に挙げれば、それは一人一人の安全を保護してくれるとはいえ、我々一人一人がそれに従う必要が有り、さもなくば、名ばかりのものと成ってしまいかねない。信奉とは一種の理想であり、追求でもある。法治はその発展のプロセスにおいては、決まって幾つかの挫折に遭うものであり、順風満帆という訳にはいかない。特に社会のモデルチェンジの時期に在っては、さらに人々社会全員の法治に対する信奉を確立させねばならない。そうして、はじめて法治の理想が確立され、人々が法治を追求する為に前進するのを支えることが出来るのである。

　それでは、如何にすれば人々に法律を信奉させることができるのか？これに対して一般的な答えは、法律の知識を普及させる教育を強化し、法治宣伝を深く掘り下げて展開するというものである。この作業が必要であるのは疑うべくもない。但し、法律の知識を普及させる事のみに頼るのであっては、真の意味で法治信奉を確立させるのは難しい。事実上、中国は1986年より法律を普及させる教育活動を開始し、2022年に至って既に「八五普法（中央宣伝部、司法部による法治教育の推進に関する第8回五カ年計画）」となるのであるが、その効果は顕著なものでは決してない。公民の法律信奉は「親歴性（自ら司法のプロセスを体験）」を具えたものである。良好な法治の実践を通じて法治の信奉を高める必要が有る。

　具体的に言うならば、科学的立法、厳格なる法執行、公正なる司法という三つの面から着手しなければならない。先ず初めに、科学的立法と民主的立法を通じて良法を造り上げ、立法のプロセスにおいて「民を本と為

し」、「立法は民の為」との理念を厳守し、最大限に民智を集め、民意を反映させ、民意を反映し、コンセンサスを凝集させることで、立法の一つ一つが憲法の精神に合致し、人民の意志を反映し、人民の擁護を得るようにすることで、法律の権威性を高め、法律が信奉されるのを促す良好な礎を築く必要が有る。次に、厳格なる法執行で、法律の権威を確立させることである。古人は「以吏為師(裁判官などの法吏が法律の先生として、一般の人々に法律の知識を教える)」と説いた。今日においては、これに対して異なる理解があるが、政府機関の「依法行政」、各級の党政指導者幹部が率先しての法を守る手本的役割を認識すべきである。仮に若し、政府までもが不誠信で法を守らず、規則を蔑ろにするならば、上が遣れば下も真似をするで、民衆に法を守ることを要求するその正当性は永遠に失ってしまう。もしも指導者幹部が言動を法に代えたり、権力で法を圧したり、情実に囚われて法を枉げたりすれば、法律の前では万人が平等の原則が破壊され、法の権威が低下し、人々の法律に対する信奉が損なわれることとなる。民衆が法を崇め、法を尊ぶ理念を確立させるには、国家機関及びそのスタッフが率先して法を守って然るべきである。そして更に、法律への信仰は、司法の公正性を保証し、公民が各公正な裁判から公平と正義を感じることが必要である。合理的で合法的な要求であれば、法律手続きを通じて合理的で合法的な結果を得ることが可能である。人権の司法保障を改善し、公民の人身権などの権利が侵害されないように具体的に保障する必要がある。これにより、法治への信仰を確立することが可能となる。正義は一つ一つの案件の中から明らかに示されるものであり、法律の権威も一つ一つの案件の審理プロセス及び審理結果において体現されるものである。もしも個々の事件の裁判が不当であるならば、社会正義に対する破壊力と殺傷力は重大なものであり、根本から人々の法律に対する信奉を動揺させることにもなりかねない。正に「一回の不当な司法判決は多次に亙る不公平な挙動による禍よりも猶甚だしい」とのベーコンの言葉通りである。何

故ならば、こうした不公平な挙動が水流を汚すに過ぎないのに比べて、不当なる判決は水源を台無しにしてしまうからである。

　社会全体の法治に対する信奉を実現させるには、全ての民が法を守る必要が有る。法治社会を築く基礎とは、即ち人民が真に法律を遵守することができ、法律が社会全体の行動の準則となり、法律が人心に深く入り込んで人々の自覚的行動の指南となることである。改革開放以来、民主法治プロセスの推進に伴い、公民の権利意識が絶えず息を吹き返してはいるものの、長期に互った封建意識と伝統及び計画経済時代の「権（力）は法（律）よりも大なり」という観念の影響故に、法治建設、とりわけ法執行には依然として多くの問題が存在し、民衆の法律に対する信頼度が低いままという事態がもたらされている。中国は人情社会であり、揉め事が起きた後の処理と行政管理サービスのプロセスとを問わず、多くの人が思い当たるのは往々にして法律規則ではなく、如何にして官界に入り込み、権力と勢力とを併せ持った人物を探し出して上手く取り持ってもらう事である。例えば、交通ルール違反後に科料を課せられ、ひいては免許証を押収された場合、国外の発展途上国の公民は皆自ら進んで処罰を受け入れようとするが、中国で流行りのやり方は、人を探して取り持ってもらうことで、処罰から免れようとする類の現象が既に普遍的なものとなっている。それは長年に互る法治環境の欠如がもたらしたものではあるが、こうした現状を変えるには、指導者幹部が率先して法を守ることが必要であるのみならず、広範な民衆の法を守る意識を培う必要がある。人民大衆が良好な法律意識を持ってこそ、はじめて法律規則を遵守しない現象に対する牽制力が形成されるのである。

　法律は世俗のもので、宗教は超世俗にして神聖なる色彩を持つものである。但し、法律は何故に信奉されて然るべきなのであろうか？この問題については、学界にも異なる看方が存在する。人々は、信仰と云えば、殆ど決まってこれを宗教と結び付けるかのようである。だが、法律は宗教では

ないが故に、法律は信仰とはなり得ない。法律は世俗のものであり、我々日常生活の構成部分であって、我々の生活を遠く離れては有り得ない事に目を向けて然るべきなのは確かであり、この意味からすれば、それは宗教とは異なるものである。法治が信奉するに値するものである所以は、上述の理由以外に、更に法治が一種の事業として、我々が追求する目標である事に在り、信仰とは即ち我々の行動の指南であり、奮闘努力の目標でもある。信仰は人々に信仰される目標を追求する原動力を与えることができる。我々に信仰があってこそ、はじめて我々は方向を見失わずに済み、根気よく奮闘し続けることができるのであり、ただ単に法律をある種の目標を実現させる道具とするだけではないのである。「依法治国」が実際に体現しているのは最も広大な人民大衆の根本利益なのであり、法律を尊重するのは実は即ち民意を尊重しているのである。信仰は我々の行動の指南であり、我々の行為に明確なる手引きを提供することができると共に、信仰は我々の理想の追求でもあり、又我々が固守する道徳の最低ラインでもあるのであって、我々が信仰を頑なに守るには、即ちこの道徳の最低ラインを守るべきである。そして更に、法治は理想の社会管理統治モデルであり、人類社会のこの数世紀における経験も法治は実現し得るものであることを我々に告げていることに着目せねばならない。一部の国・地域の法治の歴史経験が、法治は中国においても同様に実現し得るものであることを我々に啓示しているのである。現在中国における法治社会の建設は、既に最も広範なコンセンサスを形成しており、法治は一種の実践であり、又我々が絶えずそれが為に奮闘し続ける一つの偉大なる理想でもあるのである。

　今日、我々はソクラテスの死から得た啓示とは即ち、法治は信奉を必要とするものであり、法律は我々の自由と権利を守るバイブルであるということである。人民主権で、法治が盛んで、民富国強の社会の建設は我々が孜々として追求する目標なのである。法治を実行してこそ、はじめて真の意味での中華民族の偉大なる復興を実現できるのである。

## 三十三、契約精神と法治社会

　18期四中全会は、法治社会の建設を推し進めるには、契約精神を唱導し、公序良俗を発揚する必要が有ると提唱している。契約精神の強化は、人々が誠実に信用を守り、法を崇め徳を尊ぶ観念を強化し、法治社会建設の為に良好な社会的基礎を築くのに有利である。

　「契約は厳守すべし」（Pacta sunt survanda）はローマ法を源とする一基本原則であり、それは当事者双方が何れもその合意の制約を受けるよう求めるものである。これは私法自治の具体的体現であると一般的に考えられている。契約の自由は近代私法の三大基本原則の一つで、その基本的要求とは即ち契約を厳守し（Pacta sunt servanda）、許諾した言葉を忠実に実行すること(Solus consensus obligat)である。契約の厳守は西洋においては悠久の歴史を有するものであり、早くもローマ法において、債は「法の鎖」であると象徴的に呼ばれ、その意は契約は厳守すべきであることを強調する事に在った。欧州中世の教会法も、個人は一旦許諾をすれば、履行して然るべしと定めている。教会法に基づけば、嘘、偽証及び偽りの誓は何れも「言葉上の罪」であり、その言葉や承諾を遵守しない者は懲罰を受けて然るべきであり、誓に違背する行為は一種の不法状態を作り上げるものであるからには、法の裁きを受けて然るべきことになる。古典自然法学者は契約の厳守を自然法の基本規則としている。因みに、グロティウス（1583-1645）は「自然法に基づけば、凡そ或る事を為すのを許諾する者は、若しも為し得るならば、為して然るべきである」と指摘している。

　契約の厳守は西洋において深い歴史的伝統を有するものであるとは言っても、それを根拠にそれは決して西洋の特許だとすることができない。なぜなら、中国も同様にこうした伝統があるからだ。中國出土の漢墓からレンガに刻まれた「買地券」が発見され、その中の幾つかの説明が契約厳守の精神を反映している。例えば、『楊紹買地磚』には「民有私約如律令」

（民に私約有りて律令の如し）、『潘延寿買地磚券（潘延寿が冥土の土地を買う契約書）』には「有私約者当律令」（私約なる者有りて律令に当たれり）という記載が有る。「民有私約如律令」（民に私約有りて律令の如し）は契約の厳守、許諾の履行という内容を含むのみならず、民間の私契の当事者の間における効力と役所の律令の効力を同等に扱っていることは、契約の神聖性の観念を反映している。中国古代の著名な蒙学教科書『増広賢文』も「官には公法有り、民には私約有り」と述べていて、これは「民有私約如律令」と非常によく似たもので、均しく当事者間の私約の効力を国家の法律と同等視している。

　その実、中国古代の契約に対する表現及びそれのもつ意味を見れば、「民有私約如律令」という言葉が反映する所の契約精神が如何に人々の心に深く浸透していたかが分かる。中国古代は現代的意義の合同（契約）を契約と称し、『説文解字』は「契とは大約なり」と述べている。当事者が一つの「約」を取り決めるということは、彼らがその制約を受けるのを良しとしていることを示すものである。「契」と「約」が基本的に含んでいる意味とは即ち「合意」であり、「制約」である。古代の最も典型的な二種類の契約形式である「質剤」と「傅別」は何れも同じ意味を表したものである〔『周礼・天官・小宰』を参照〕。つまり、当事者が契約を成立させると、中央に一行の文字を記し、真ん中から割いてそれぞれが半分を手にし、それを合わせたものを「合同」（契約）と称したのである。契約の「合意」と「束縛」の意味は誠実に信用を守るという観念を反映したものであり、それは「言必行、行必果（口にした以上は必ず実行し、行う以上は断乎やり抜く）」や「君子一言、駟馬難追」と同様に、身を持し、事に当たる基本準則であり続けた。商業界においては、この点は猶更のことである。例えば、単に字の構成からして「儲」は、「信」と「者」とがそのそれぞれの意味を取って合わせて作った文字である。それは誠実に信用を守る人間であってはじめて財富を集めて蓄える事に最も長けているという

ことである。その意味からすると、契約を厳守し、信義・誠実は「万利の本」なのである。これは儒家が唱導する所の「義利観」とも一致するものである。

「民有私約如律令」が反映する所の契約精神が人心に深く入り込んでいる。その重要な理由は、儒家思想が「誠信」（誠実・信用）を基本として推奨している事に在るのであり、「民有私約如律令」とは即ち儒家の信用観念の集中的体現なのである。孔子は「人にして信無くば、其の可なるを知らざるなり（人が信用を失ったら、その人に何ができるのだろう）」〔『論語・為政』〕と、信用が個人の安身立命の基礎であり、人間は「誠信」という品徳の支えを欠いてしまえば、一歩も前に進めなくなるのだと考えたのである。「誠信」は政府が民の信用を得る根本でもあり、所謂「古より皆死有り、民信無くんば立たず」（昔から人は皆死ぬものだが、人民に信頼されなければ（政治は）成り立たないのだ）がそれである。孟子はこの基礎の上で「父子に親有り、君臣に義有り、夫婦に別有り、長幼に序有り、朋友に信有り」〔『孟子・滕文公上』〕、「誠は天の道なり、之を誠にするは人の道なり（誠こそが、この宇宙を支配する原理であり、これを具体的に実現することが、人間の務めである）」〔『孟子・離婁上』〕と「五倫説」を提唱している。言うまでも無く、孟子は「誠信」を人々が普遍的に遵守すべき道徳の準則及び理念であると看做すと共に、更にそれを天道として「天人合一」の産物であると看做したのであって、これは実際には既に西洋の自然法思想と謀らずも一致するものである。前漢の董仲舒は孔孟思想を総括した基礎の上で、「信」と「仁、義、礼、智」とを並列して「五常」とし、それを普遍的意義を有する最も基本的な社会道徳規範の一つとした。朱熹は更に一歩踏み込んで「誠」を本とする「天人合一論」の本体論を明確に提起しこう述べている。「唯天下至誠、方能経綸天下之大経、立天下之大本、知天地之化育（世界の真心だけが、世界を治める高貴な模範となり、世界の基本的な法則を確立し、天地が万物を育む理由を

深く理解することが可能である）」〔『中庸』第三十二章「誠意」〕、「天地之道、可一言而尽、不過曰誠而已（天地の道理は一言でその全てを概括し得るとすれば、それは『誠』の一字に過ぎたるは無し）」〔『四書集注・中庸章句』〕、「信者、言之有実也（信というものは、真実なことしか言わず、行動と言語が一致せねばならない）」〔『論語集注』〕。「誠者自然、信是用力、誠是理、信是心、誠是天道、信是人道、誠是以命言、信是以性言、誠是以道言、信是以徳言（誠実は自然的なものであり、信用の実現には実際な行動が不可欠である。誠実は世の中の道理であり、信用は心の中から生まれたものである。誠実は天道の現れであり、信用は人道の現れである。誠実は命の拠り所であり、信用は性格の拠り所である。誠実は道であり、信用は徳である）」〔『性理大全・誠篇』〕。

　たとえ「民有私約如律令」が漢の時代に流行っていたとは言え、惜しむべきは、それが整理細分化されて法律規則になるまでには至らず、それ故に私約に関する詳細な規則を形成し得なかったことである。同時期のローマ帝国においては、法学者たちの整理を経て、私権が既に系統化した私法規則を形成し、より効果的に社会生活を調整し得るようになり、中世のローマ法復興の末に、西洋の法治に深い影響を与えた。しかし、中国においては、古代法制は国民に重い刑罰を科し、刑を本とした。その原因を突き詰めれば、それは中国古代に商品経済が発達しなかった事と関係が有るのは言うまでもない。何故ならば、私法は商品経済発展の集中的な現れであるからだ。しかし、商品経済の発達していない社会においては、発達した私法規則は形成され得ないのである。それ以外に、更に国家次元での「民刑不分」（民法と刑法の分別がなされていないこと）の立法モデルとも関係が有る。中国古代は刑事手段を通じて私的な揉め事を解決することを特に強調し、この事も相応の法律規則の形成と完備を抑え付けたのである。正に紙面での系統化された法律規則を欠いていたが故に、一部の外国人は、中国の古代には民法が無く、ひいては法律の伝統が完全に欠如してい

たとしている。著名な人類学者のマルセル・グラネ（Marcel Granet）は、1934年に「如何なる角度から見ても、中国人の秩序観念には法律の概念が含まれてはいない。」と宣言している。西洋の学者からすると、民法は法律の核心であり、民法が欠如してしまっているというのは、中国が真の意味での法律体系を欠いてしまっていることを意味するものであるからである。この種の見解は偏頗でない訳ではないのであるが、中国の社会主義市場経済の条件の下に在っては、契約精神を明らかに示す為に、我々は民法典の制定を通じて全面的且つ系統的に契約法規則を十全化して然るべきであることを、この事は我々に示唆しているのである。

　強調すべきは、たとえ歴史上中国には系統化された成文の契約法規範が存在しなかったとしても、契約を尊重し且つその効力を尊重する契約精神は、千年の時を経ても衰える事無く、旺盛な生命力を保持し続けていることである。もしも「律例」や民法典等の成文法を形式の上での法律と看做すならば、契約精神といった様な伝統文化の観念や習慣は民間法に属し、実質的には法律である。若しも後者の支えが無ければ、前者も立派な実施は得られず、歴史上の例が既にこの点を証明している。例えば、一部の英国人がアメリカ大陸に至ったばかりの頃、彼等は当時のアメリカ西部のカリフォルニアの法律に対して深く絶望を感じた。何故ならば、それらの法律はメキシコ人が制定したもので、民法とは称するものの、契約の取り決めと履行に有利なものでは決してなかったが為に、彼等イギリス系アメリカ人は念入りに契約を締結するより外無く、契約を通じて取引関係を規範化することによって、もう一つ別の民法の発展の道を選び、別の商業文化を形成したのである。この種の現象に対し、デビッド・ランガム（David J. Langum）は「文化は法律を包含している」と言った。これは、一つの国に民法が有るか否かを考察するその重点は紙面に書かれた法律の有無ではなくして、民法私法自治の理念が存在するか否か、そしてそれが人々によって受け入れられているか否かに在ることを意味している。契約精神が

体現しているのは正に私法自治であり、それは中国古代において終始存在していたものであり、これこそ正に中国古代に実質的な民法が存在していた明らかな証拠である。

「民有私約如律令」が契約精神を表した中国千年来の優れた私法文化の伝統であり、成文化された契約法規規範が良好に実施される手引きでもあると認められるならば、我々は大いにこの種の私法文化を発揚し、誠実にして信用を守るという観念と精神を大いに提唱すべきである。具体的に言えば、商事の取引であるか日常の付き合いであるかを問わず、均しく契約精神を大いに唱導し、身を持するも事に当たるも約束を守るべきであり、昔の商鞅の「立木為信（改革の法令を全国に発布するに先立って、都の市場の南門に三丈の高さの木が立てられ、そのそばに、この木を北門まで運んだ者には十金の賞金を与える、との立札が掲げられた。人々はいぶかしく思うだけで、何の事かさっぱり訳が分からず、誰も運ぼうとする者はいない。やがて、「十金」は「五十金」と書き改められると、一人の男が現れ、北門まで運んだところ、本当に五十金が与えられた）や季布の「一諾千金（一旦承諾したら、それは千金にも値するほどの重みがあるとの意味で、信義が熱く、裏切ることの無い譬え）」がそれである。今日、約束を守り、承諾を遵守することは身を持し事に当たる基本原則となって然るべきで、正に所謂「先行其言而後従之（先ず行う其の言は、而る後に之に従う）」〔『為政』〕、「名之必可言也、言之必可行也（之に名づくること必ず言う可きなり。之を言うこと必ず行う可きなり）」〔『子路』〕である。この意味に於いて、「民有私約如律令」を発揚し、約束を守り、契約を遵守する事を個人の修業を積む準則とすることは、個人の修養の問題に関わるのみならず、市場経済社会において「誠信」の観念を再形成することで、社会経済の発展を促すのに有益でもある。特に、ビッグデータ時代においては、社会の取引構造が日増しに複雑化し、取引が規模化、大口化の特徴を呈し、社会的信用の発生と繋ぎのメカニズムも系統的特徴を呈しており、単なる

個人の信用を失う行為も系統的な信用リスクを誘発する可能性が有る。こうした背景の下に在っては、契約精神を強調することは、より一層重要であるように思える。

「民有私約如律令」という契約観を確立すべき所以は、真の意味での契約は神聖なものであるとの観念を確立せんが為である。歴史的要素に就いて言えば、約束を守り、誠実に信用を守るという観念と対応するものとして、日和見主義思想が中国においても深刻な歴史的伝統を有している。「おかずに合わせて飯を食べ、山に合わせて歌を歌う」、「時の情勢に明るい者は俊傑である」、「活人不能譲尿憋死（問題に出くわせば何とか解決して、お手上げにならない様にする事）」、「銃を打てば、すぐに隠れ処を変える」、「機を見て然るべく計らう」、「良禽は木を択んで棲む」、「賢臣は主を択んで仕える」等は、何れも臨機応変という積極的な意味を持つものであるが、契約を守らなかったり、約束を違えたりするといった嫌いが有り、これらは日和見主義的思想を分かりやすく表現したものである。

「民有私約如律令」の契約観を確立すべきその所以は、明確なる「誠信」の判断基準を確立させる事に在る。「私約」は合法的範囲においてさえあれば、行為規則となって然るべきであり、「私約」を遵守したか否かは一人の人間が「誠信」であるか否かを判断する重要な基準となって然るべきである。19世紀、米国の宣教師アーサー・スミスが中国を遊歴し、中国人は「誠信」観念を欠いていると考えた。「誠信」は「五常」の内容ではあるものの、それは具体的判断基準を欠くものである。例えば、どんな状況の下では信用を守るべきで、どんな状況の下では信用を守らないのか、明確な規則がないからだ。中国商人の間の活動は往々にして「成功の騙し合い」であり、多くの商売が何れも「贋秤、贋尺、贋金、贋物」と結び付いている。スミスの言い分には一定の道理が有り、彼は儒家学説の唱える「信」は重要ではあるものの、それは具体的な判断基準を欠いていて、理解の仕方が往々にして人それぞれに異なったものであるが故に、真の意味

で契約観を確立するには、「誠信」の判断基準を明確にすることによって人々の行為を効果的に規範化して然るべきだと考えたのである。

　又、現実生活においては、信用を重んじない現象が頻繁に見られることも目に入れておかねばならない。統計によると、2015年までに全国の裁判所が結審した民商事案件は８００数万件を数え、その中の４００数万件が契約の揉め事で、それら契約の揉め事においては、当事者の故意的な違約が誘発した揉め事が大きな割合を占めている。その原因を突き詰めると、中国の市場経済の確立及び十全化のプロセスにおいては、或る程度人々の「誠信」観念を培うことが蔑ろにされ、法律の次元で信用を守るよう人々を励ます具体的な原則や規則が有りはするものの、プライベートな生活領域においては、人々の「誠信」観念を培うことが蔑ろにされ、市場経済の波に影響され、拝金主義、金銭至上主義が蔓延し、人々の誠実さの概念は大きな打撃を受けている。その結果、急ぎ足で利益を追求し、道徳が堕落し、利益に目が眩んで正義を忘れることが多く見られる。また、商品の偽造や不良原料の混入、目方のごまかし、有毒有害な原料を使用した食品の生産など。そのほかに、手抜き工事などの小手先に頼って私利を貪るなど。さらに、契約を結ぶや否やほかの少しでも好条件であれば、利益を追求するために契約を反故してあらゆる手段を尽くして転職してしまう、などなどの悪い現象が現れている。こうした現実を前にして、「民有私約如律令」の契約観を提唱するには、商業活動において「民有私約如律令」という商業道徳を実行し、文明的な商売をし、礼儀正しく客に接し、法規を遵守し、商品の真実性、誠実さのある公平な取引を実現することが求められる。その実、「言必行、行必果」（口にした以上は必ず実行し、行う以上は断乎としてやる）及び「誠実にして信用を守る」は中国の伝統的道徳の重要な構成部分であり、中国のビジネス習慣においても、一貫して誠実に信用を守り、老人・子供と雖も決して騙すようなことはしないということを重要な商業道徳としてきた。我々は、こうした優れた道徳と良き習慣を守りつ

つ、自らの一念の誠を天地万物へと拡げるべきである。ビジネス取引や経済活動において、「民有私約如律令」の契約観を提唱することは、法律の支えと保障を抜きにしては為し得ない。法律規則に従い、市場取引の主体が「誠実にして信用を守る」という理念を厳守するのを保障するとともに、当事者の合法権益を保障する事を通じて「誠実にして信用を守る」という観念の貫徹を促す必要が有る。

　ビジネス活動の領域に「誠実・信用」の欠如の現象が見られるのみならず、普通のプライベートの交際にも類似する現象がある。90.2％の人が「誠実にして信用を守るようでは」損をすると考えているという事実が上海市民における調査研究によって、明らかにされており、それは人々の「誠信」観念の欠如をある程度に反映している。また、人々の契約精神が依然としてかなり希薄であることを物語っている。法律規則の社会生活に対する調整の度合いは、とどのつまりは有限的なものであり、多くのプライベートの活動領域は法律規則を通じて調整される術を持たず、主に人々の道徳観念と規則の調整を受けていることを知っておく必要が有る。それ故に、プライベートの活動において如何に「民有私約如律令」を実現し、人々が約束を守ることを保障するかが、やがて法治建設において直面する並々ならぬ任務となるであろう。「民有私約如律令」の契約観を確立するには、社会生活の中での人と人との間においては、有言実行にして約束を守り、「言必行、行必果」を遂行して然るべきである。それを為し遂げるには、まず大人が身を以て努力実行し、「誠実にして欺かない」を自らの必須の道徳的品性、自らの道徳的修養の重要面とするのだけではなく、子どもに対して、誠実に信用を守る人間、他人を欺かない、有言実行の人間になるように幼少時から教育するべきである。人間関係について、誠実であり、真面目で、信用を重んじる人間が最終的に人々から尊重され、愛されるが、信用を軽んじる人間はたとえ一時的に成功したとしても、最終的には人々に認めてもらえず、信頼されないと、子どもたちに理解しても

らうべきである。

　古人が忠実に守ろうとした所の「民有私約如律令」という考え方は、一種の道徳的観念であるのみならず、一種の法治理念でもある。今日においてもそれが警世の言葉となる。良き生き方をし、誠で、真面目に事に当たり、言行一致にして、裏表がなく、約束を守り、「君子に二言無し」を遂行しようと私たちを戒めている。そして、それを社会全体に浸透させて、社会全体に「誠信」の風習を育て、市場経済の発展に符合する契約精神を形成するようにしなければならないと、私たちに諭しているのである。


註
1) 魏礼群主編の『創新社会治理 建設法治社会』、45頁。北京、紅旗出版社、2015年。
2) 【古代ギリシャ】アリストテレス著『雅典政制』、日知、力野訳、276頁。北京、商務印書館、1965年。
3) アクィナス著『アクィナス政治著作選』を参照、馬清槐訳、109頁。北京、商務印書館、1997年。
4) 『マルクス・エンゲルス全集』2、第1巻、176頁。北京、人民出版社、1995年。
5) 【米】アーサー・スミス著『中国人的性情』、暁敏訳、187頁。中国法制出版社、2014年。
6) 高鴻鈞等の『法治：理念与制度』を参照、92頁。北京、中国政法大学出版社、2002年。
7) 【古代ギリシャ】プラトン著『理想国』を参照、郭斌和、張竹明訳、46頁。北京、商務印書館、1986年。
8) 【古代ギリシャ】アリストテレス著『政治学』、呉寿彭訳、82頁。北京、商務印書館、1965年。

# 第七章

# 法学教育

法学教育には、政治的思想から仕事の能力、責任感、紀律や生活態度まで、何れの面において、厳しい試練に耐えられる法治作業チームを作り上げることは極めて重要なことである。なぜなら、法律教育の質が立法、法執行、司法陣の能力と水準に直接関係しているからだ。「法治専門チームの革命化、正規化、専業化、プロ化を推し進め、党に忠誠を尽し、国家に忠誠を尽し、人民に忠誠を尽し、法律に忠実であることを確実なものにせねばならない。」[1]と習近平同志は指摘している。法律思考を養い、法治観念を実行し、法意識や法に対する理解を深く植え付けるという内容を巡って、新時代の法学教育は正に全面的な「依法治国」の為により多くの専門的人材を育成している。

## 三十四、法治思考とは何か

　党の18期四中全会決議は、党員幹部は「自覚的に法治思考と法治方式を運用しつつ改革を深化させ、発展を後押しし、矛盾を解消し、安定を守る能力を高めなければならない」と指摘している。これは実際には法治思考を党員幹部の基本的素養とする重要な内容である。法治思考は、人々が法律の現象と問題を巡って繰り拡げる一切の思考活動であり、人々が法律の眼で社会現象を観察し且つ社会の法則を認識するのに有する一種独特な思惟方式であり、事物を処理するのに法に基づき、事に出遭えば法を見出し、問題を解決するのに法を用い、矛盾を解消するには法に頼るという思考習慣のことを指す。また、法律の規範、法律の精神に基づき、公平・正義等の価値観に則って問題を思考し且つ解決し、矛盾を解消させる思考方法でもある。

　「法律体系の最も重要な構成部分は法律の適用及び発展における思考パターンと思考習慣である」[2]とロスコー・パウンド（Roscoe Pound）は指摘した。法治思考の育成と運用は、「依法治国」を全面的に推し進める

ことへの必然的要求である。法治思考を確立させるには、一方では、法治を崇め尊び、厳格に法に基づき事に当たる理念と習慣をしっかりと確立せねばならず、こうした観念を養うには、法治思考を培う必要が有る。思想は行動を決定するものであり、思考それ自体に強い方向付けの機能が具わっているからには、法治思考を確立してこそ、はじめて党員の指導幹部をして、正確に法律を認識せしめ、厳格に法を執行せしめ、立法の示す所の公平と正義を実現せしめることが可能となる。他方では、法治思考は規範の役割を具えている〔夏錦文主編『法治思維』、3頁。南京，江苏人民出版社,2015〕。法治思考を養ってこそ、人々は行為を行う際にはじめて最低ライン意識を持ち、自覚的に法律に照らしつ振舞い、厳格に法を守り、法律の設ける所の「レッドライン」と「禁止区域」を遠く離れることが可能になる。従って、法治思考は人々の行為に対して一定の規範と手引きの役割を有するのである。又、法治思考を具備することは、厳格に法に基づき事に当たり、効果的に矛盾や揉め事を解消する素質と能力を持つ事でもあることに目を向けるべきで、法治思考を確立させてこそ、はじめて新時代における改革を深化させ且つ推し進め、矛盾を解消し、安定を維持する能力を具えることが可能となるのであり、この意味からして、法治思考を養う事は、「治国理政」レベルの向上の現れでもあるのである。

　法治思考の特徴は主に以下の点に在る。一に、それが法律に基づき社会現象を観察し且つ認識する思考法であり、思想・観念の範疇に属するものであること。二に、それが法律至上の観念に対する認識であり、法治を心に内在化させ、行為に外在化させ、法治に対する尊重と尊崇を体現すべきであること。法治思考を具備してこそ、はじめて法を知り、法を守り、厳格に法に基づき事に当たるという良好なる法治の基礎を築くことが可能となる。法治思考が体現しているのは法治の理想に対する追求であり、真の意味で法治を一種の信仰と看做すことで、法を守り且つ法治を守る精神が築かれれば、たとえ法治の状態が理想的ではない情況の下においても、法

治は一種の理想の追求であって然るべきである。仮に若し、法律を一種の統治管理の道具とするのみでは、法治思考が形成される術は無く、法治を一種の目的としてこそ、はじめて真に法治思考を培うことができるのである。三に、それがある種の価値追求であり、法治精神に対する把握であること。法治思考は一種の権利・義務思考であり、又平等思考でもあり、それは等級観念や特権観念と相対立するものである。法治思考を培う事は、法律の前では万人が平等であるという法治観念を培い育てるのに有利であるとともに、政治生態の浄化にも有利である。従って、「依法治国」と「法治国家の建設」には先ず以って良好なる法治思考を形成することが必須である。

内容から見るならば、法治思考は主にルール思考、手続き的思考、権義（権利・義務）思考、及び価値傾向（Value Orientation）思考を含むものである。

## （一）ルール思考

法治思考は第一にルール思考である。法律規則は明確で普遍的な公開規範であり、人々の行為の手引きであり、又行政の法執行及び司法裁判の拠所でもある。法律規則とは、国家を経て制定もしくは認可された人々の行為あるいは活動に関する命令、許可と禁止に関する規範のことを指し、通常は授権的、命令的及び禁止的等のルールに分かれる。マルクスはかつて、「法律は肯定的で、明確で、普遍的な規範である」[3] と言ったが、この意味においては、法律規範は道徳規範とは異なるものであり、前者が充分な明確性、公開性、予測可能性及び普遍性を有するのに対し、後者は非公開性と非明確性を有し、往々にして事実に即して論じられるものである。法律規則の調整は以下の幾つかの特徴を有する。一に、明確性、即ち法律規則の内容が確定性を有し、当事者の権利と義務に対する線引きが比較的はっきりとしていて、人々の行為に明確なる手引きを提供し得る。二に、

予測可能性、即ち特定の行為が如何なる法的効果を生むかについての相対的確定性を具えていること。これは人々が自らの行為の結果を合理的に予期する事によって、法律規則に基づき自らの生活を割り振りするのを保障するのに有利である。三に、公開性、即ち法律規則は社会の公衆向けの規則であり、法律規則の公開性は人々の行為に明確なる手引きを提供するのに有利である。法律は先ず以って規則を通じて表されるものであり、この意味からすれば、法治とは実は規則（ルール）の治なのである。

　ルール思考とは即ち法律規則を通じて問題を分析し且つ解決することを強調するものであり、これが法治思考と道徳思考との核心的な相違なのである。ルール思考の特徴は以下の点に現れる。

　一に、合法的な思考である。合法的思考は、あらゆる行為もしくは事件の属性を判断するに当っては、先ずそれが規則を拠所としているか否かを判断することで、法律規則の中から合法的判断の基準を見出すと共に、法律規則を以って政策設計、意思決定及び紛争解決の拠所とすべきことを要求する。法律の制定は、ランダムもしくは任意的なプロセスでは決してなく、各側の利益を全面的に考察し、法的目標を巡って制度設計を行うプロセスであり、それが包含する所の価値判断は当面の最も広く一致した意見を反映し得ると共に、充分なる合法的判断の拠所を提供し得る。行政の法執行人員に対して言えば、「法の授権無きものは為すべからず」、「法の定める職責は必ず履行すべきである」との原則に厳格に従わねばならない。司法裁判人員は「罪刑法定主義」、「法の定めていないものは処罰せず」等の原則を堅持すべきであり、公民も「法が禁じていないものは皆為して良い」の原則に基づき行動し、行為の拠所、行為の尺度、行為の方式等の面において法律の規定と一致して然るべきである。

　二に、理性的な思考である。ルール思考は一種の理性的思考である。法律規則は法律の条文それ自体ではなく、その背後に人類の一般的理性が体現されていて、それはある種の理性的思考であり、個人の好悪の影響を受

けたりはしない。個人の主観的思考は一種の直覚的思考であり、一定の不確定性を有するのに対し、規則思考は一種の理性的思考であり、論理を重視し、如何なる者が法律規則を適用しようが、何れも相応の論理規則を遵守せねばならない。従って、アリストテレスは「法律は正しく感情無きものであり、人間の本性（魂）は誰人たりとも感情を持つことを免れ難い」と、ルールに従って事を為せば、個人的感情の不当なる影響を防ぐことが出来得ると指摘している[4]。

　三に、非人格的な思考である。ルール思考は一種の非人格的な思考である。なぜならば、ルールは特定の人間に照準を合わせたものではなく、特定の行為だけを評価するものであるからだ。つまり、法律規則は特定の行為方式に就いて特定の法的効果を規定するが、人に対せず、事物に対するものである〔汪永清「法治思維及其養成」、『求是』に掲載、2014.12〕。中国人は伝統的に人間の役割を重視し、規則の役割を軽視する。例えば、制度は固より重要ではあるが、制度の執行は完全に人間に依存するものであるが故に、ルールよりも人間の方が重要なのであると多くの人が認めている。某指導者がルールを重視すれば、ルールは重要となり、それと反対ならば、ルールは重要ではなくなるというのは、明らかにルール思考ではなく、依然として人治思考のままである。ルールは人に依存して執行されるものではあるが、ルール思考がルールの遵守を求めるのは、個人の意思が変わる事に因って変わるのではなく、又指導者が変わる事に因って変わるのでもなく、更に個人の主観的な好悪が変わる事によって変わるものでもない。「はかりの錘と竿が有れば、軽重で欺くことはできず、ものさしが有れば、長短で違いが出ることはなく、法度が有れば、巧みに偽ったり騙ったりすることは出来ない」〔『慎子』〕との言葉通り、規則思考は公平にして私情に左右されず、それは普遍性を具えた非人格的なものであり、無差別にあらゆる人間に適用されるのであって、ルールの前では万人が平等である。個人が重視するか否かに関わらず、ルールは何れにおいても客

観的な行為準則と成って然るべきなのである。

　四に、行動のルール思考である。ルール思考とは、ルールに従って行動する考え方である。中国の伝統的思考は主に一種の道徳的思考であって、体系的なルール思考が欠如している。梁漱溟は、儒家は「徹底して従うべき外在的準則が有るのを認めないかの様である。従って、孟子はどうしても義は内に在って、外に在らずと言い争わねばならなかった。彼からすれば、外面的な基準に従うというのは、義の踏襲でしかなく、『仁義を行う』だけであって『仁義に由りて行う』には非ずであったのである」〔梁漱溟著『中国文化的命运』、45～48頁。北京、中信出版社。2010年〕。「儒家には人に与える教条など無く、有るとすれば、それは即ち反省して自ら求めるよう人に教える一条に過ぎない。人間自身の理性を信頼する以外に、その他を信頼することはないのである」〔同上、95頁〕と述べている。中国人は平素から礼法に従い続け、礼法も幾つかの決まりを設けて来たが、古代の礼法は往々にして原則と例外とが併存し、相対的に曖昧で、道徳自律を提唱するのが大半で、人間の行為に対するルールの手引きが欠如していた。従って、清朝末期に米国宣教師スミスは中国を視察した際、「中国の法治に基づき何が合法で何が合法でないかを確定するのは極めて難しい。何故ならば、多くの違法的事情が却って地方の風俗により支持され且つ認可されているからだ」[5]と指摘した。目下、中国の社会生活におけるルール思考は既にある程度の向上を見せており、中国の商事活動が益々取引ルールを強調するようになっている様に、人々は社会においても次第にルール行為意識を持つようになってきてはいるが、中国数千年來の道徳思考は依然として根深く、ルール思考を強調することは、依然としてその必要が有るのである。行為のルール思考とは即ち、具体的行為を行うに当って、具体的な行為ルールを遵守するよう求めるものであって、一部の行為は合理的で、合法的でもあるものの、一見合理的で、道徳に適ったものである様に見えたとしても、それが必ずしも合法であるとは限らないのであ

る。

　ルール思考を重要視するには、先ず以って合法的思考の習慣を養う必要が有る。凡そルールを有するものは、ルールに従って処理せねばならない。古人が「以吏為師（裁判官などの法吏が法律の先生として、一般の人々に法律の知識を教える）」と言うからには、指導者幹部という「鍵となる少数」にとっては、決まりに従って物事を処理してこそ、世間の人に対して法を遵守させることを促せるのである。習近平は次のように指摘している。一部の党員、幹部には依然として人治思想や長官意識がある。法に従って物事を処理する様々な規定や制限が多くて足手纏いだと嫌がって、万事を自分の言いなりにさせ、法律があるということを全く知らずに言を以って法に代え、権力でもって法を圧する行為を憚ることなくやっている。それらの現象は改めるべきである。さもなくば、中国が真の意味において法治を確立することは不可能である。規則思考を重要視するには、社会の成員の行動のあり方を変える必要がある。真の意味で決まりを重んじ守るには、人々が法律規則の枠内で思考する習慣を培い、万人がルールを守ることを誇りとし、ルールに違反することを恥じとする様になってはじめて良好なる法治文化を育むことが可能となる。そして更に、ルール思考を重要視するというのは、つまり法律の最低ラインを厳守し、「レッドライン」を踏み越えてはならないという認識が必要である。とりわけ、指導者幹部に対して言えば、率先して法律規則を遵守し、如何なる者も憲法と法律を超越した特権を有してはならず、如何なる者であろうとも、憲法・法律に違反する者は皆追究を受けるべきであり、如何なる者も如何なる口実や形式でもって「言を法に代え」たり、「権力を以って法を圧したり」、情実にほだされて法を枉げたりすることは断じて許されてはならないのである。

　ルール思考を重要視するには、法律を犯す事と規律に反する事とを厳格に区別し、法律問題と道徳問題とを区分して然るべきである。法治思考は、一種のルール思考である。その法律規則を問題に関する思考の前提と基礎

とすべきものであり、安易に道徳観念を以って法律規則に替えたりしてはならない。一般の道徳違反の問題を法律違反の問題と同等に扱ってはならないのである。但し、注意すべきは、道徳は法律の基礎であり、法律は道徳の保障なのであって、法律規則も善行を奨励し、違法行為を懲罰することによって道徳的気風をリードし得るということである。一部の基本的道徳規範を法律規範へと転化させることを通じて、法律・法規をして、より多く道徳理念と人文的思いやりを体現せしめると共に、法律の強制力を通じて道徳の役割を強化し、道徳の最低限の基準線を死守することで、社会全体の道徳的素質の向上を後押しするのである。

　ルール思考を重要視するには、法律関係の角度から問題を分析すること、とりわけ法律の文面の規定に従うのを重視することが法執行者と司法者に求められる。法執行者と司法者は法律の文面をそっちのけにして随意に法律を解釈してはならず、「手を翻せば雲となり、手を覆せば雨となる（人情が変わり易く、頼み難いことの譬え）」が如きは猶更のこともっての外である。法治思考をはたらくことは「ルール無き戦い」ではない。それとは反対に、常に共通の土台の基礎の上で繰り広げられる法律対話なのである。行政法執行と司法活動に就いて言うならば、法治思考の共通の土台が即ち法律規範であり、法治思考は法律の文面及びその背後に載っている規範の内容を巡って法律問題を思考するものであって然るべきである。ルールを守るのは足手纏いになりかねないという人もいる。確かに一部の不合理で時代遅れのルールは我々の手足を束縛するもとなっている。そのため、絶えず改革し、ルールを十全化させ、時代との進歩と共にルールを良法にするべきである。しかし、ルールを改めるには、修正の手続きを踏まなければならない。改めようといえば改め、変えよういえば変えるのであってはならない。まして個人の好悪によって随意に改変するというのは更にもってのほかである。これが即ちルール思考に求められているものである。

## (二) 手続き的な思考

　法治は手続きの治とも称されているのは、それには必然的に手続き的思考が含まれているのである。所謂手続き的思考とは、実体の規範を適用する際、特定の法の定めた手続きに従わねばならない事を指す。法治は人治とは異なり、一つの重要な面は合法的且つ有効で公正な手続きが存在し、しかもその手続きに従って物事が処理されるのか否かを体現する。「法治のレベルは主に国家と人民が共に従う手続き状態を標尺として用いて評価することができる」〔季衛東「法律程序的意義」、『中国社会科学』に掲載、1993.1〕。法治は、行政の政策決定においてと司法活動においてとを問わず、何れも相応の法的手続きを遵守すべきであることを求める。手続き的思考は実際には法治の核心的要素なのである。

　中国は伝統上実態を重んじ、手続きを軽んずる。「依法治国」を強調するとは雖も、基本的には実体と手続きとの区分を未だ認識するに至っておらず、しかも完備された手続き及び手続的正義という理念が形成されていないが故に、中国古代の法制に話が及べば、通常は何れも実体法のことを指すものである。封建社会においては、手続きを重んじないが故に冤罪、誤審、でっち上げを招いてしまうことが後を絶たず、魯迅氏はかつて「有史以来、中国人は常に同族や異族に殺戮され、奴隷にされ、略奪され、刑罰で侮辱され、抑圧され続けていて、人間が耐えられない程の苦痛を全て身に受けてきた。考察する度に、本当に人間の世に生きているのではないとの思いにさせられる」と憤慨した。伝統的な中国の法律文化は結果を重要視し、紛糾の解決が最終的に到達する社会的効果を重要視するが故に、甚だしきに至っては、必要と有らば最終的な社会的効果を出発点に行為に対する評価を修正しさえした。この事は、伝統文化に手続き的思考が欠如している事と無関連ではない。例えば、中国古代には一貫して「撃鼓鳴冤（太鼓を敲いて無実を訴えること）」や「攔轎喊冤（役人の乗った輿を遮って無実を叫ぶこと）」の伝統が存在し、実態が公正でさえあれば、手続き

が妥当であるのか否かは考慮せずとも構わなかった。この種の伝統思想は今に至っても猶人々の行為に影響している。法律は戦場と同じで、要は最終的に成功裏に城を攻め落とし土地を攻略することであり、如何にして城を攻め落とすかに至ってはどうでも良いと多くの人が考えている。この種の実体を重んじ、手続きを軽んずる観念は明らかに法治精神にそぐわぬものである。

　法的思考は手続き的思考を含むべきであるというのは、先ず以って手続きの正義は一種の目に見える正義であるからである。「正義は実現すべきであるのみならず、眼に見える方法で実現されるべきである」。公正なる手続きは何れも正義の価値を体現するものである。例えば、独立第三者裁判、回避制度、手続き救済、平等な手続き等は何れも正義の価値を含んでいる。法律の設けた権利は、もしも手続きの保障がなければ、最終的に何れも実現不可能である。従って、公正なる手続き無しでは、往々にして「法律は存在しても法治は亡んでいる」という情況がもたらされるのである。多くの情況の下において、手続が公正であるのは必ずしも結果が公正であるのと同じではないことを否認し得ない。何故ならば、公正な結果を出すことが多くの要素と関連しているからである。たとえ、裁判者が公正な手続きに従ったとしても、裁判する時、裁判者に偏見、私心、錯誤乃至は腐敗等があれば、その何れも公正な手続きの下でありながら誤った結果を招いてしまう可能性がある。しかしながら、もし公正な手続きが蔑ろにされてしまったら、上訴権、弁護獲得の権利、公開裁判を求める権利等といった訴訟当事者が法に基づく有する手続き的権利が剥奪されてしまうことになる。ならば、実体的権利が充分な保障を得ることを如何に保証すれば良いのか？　一部の情況の下においては、手続きに由々しく違反した行為、例えば刑事捜査過程において拷問による供述の強要、非合法的な証拠取りなど、非合法的手段を用いる。それは、よしんば最終的に得た裁判結果が正しいものだったとしても、制度全体の公正性を損ねるものである。

それが故に、根本的に不公正なものと言うべきである。
　手続きが公正であることは、実体が公正であることの重要な保障である。何故ならば、一方では、公正な手続きは意思決定の全プロセスが公開且つ透明であることを求めるものであり、裁判者は独立且つ公正で、中立を守ると共に、案件との間に直接的な利益の縺れが無くて然るべきであるからである。意思決定或いは裁判の手続きは民主的なもので、各側の当事者は平等に対話し、自らの訴えを充分に表現する事が出來、たとえ意思決定の結果に誤りが有ろうとも、手続き的救済を通じて保障を与えることが可能であり、この様なプロセスは実体が公正であることを保障するものである。正に米国の学者マシューの言う通り、手続きが理性的であることは、公が認める実質的基準に照らして決定を行う最も頼りになる方法なのである。何故ならば、人間の正常な感情や理性というものは容易に過ちを犯すものであり、常に偏見や特別な利益等といった計り知れない心理的要素が判断に影響するものであるが故に、客観的且つ理性的で公正なる決定を追求するには、手続き法の規制が必要なのである[6]。その一方では、正当な手続きは権力の相互牽制を実現するのに有利である。立法手続きが各側が充分に立法的訴えを表現するのに有益であるのに対して、裁判手続きは当事者の訴訟プロセスにおける自由な陳述、弁論、主張、証拠提示、証言の問い糾し等を保障することを求める。司法官は真剣に当事者の陳述と弁論を聴取し、証拠に対して認定を行わねばならならず、この事は結果の公正さを保障するのに有利である。とりわけ、手続きが公開性を有することは、密室での不正操作を回避するのに有利である。しかも、手続きが人と事物とを時空の異なる段階に分散しているので、万人がそのプロセスと結果を知ることができ、十全な証拠法則でそれを補うことができれば、裁判結果に可検証性という特徴を持たせることになり、結果の公正性に保障を提供するものとなるのである。正にルールに従って試合を行ってはじめて真の競技であると言い得るのと同様に、法の定める手続きに基づくことは、訴

訟のプロセスが整然と秩序立って行われるのに有利であると共に、手続きの有秩序性、プロセスの連続性、事件の予測可能性を保障するものである。裁判者は法の定める手続きに従ってこそ、はじめて公衆に対してその行為が恣意的な産物ではなく、その裁判活動が合法性と権威性を具えたものであることを明らかに示すことが出来得るのである。

　手続きは公開、厳密且つ透明性のあるものでなければならない。手続きに従って物事を処理するのは密室での不正操作行為を回避することに有利であり、権力が光明正大に運用されることが保障できるのである。手続き的思考は本質的には一種のルール思考であり、それは特権を除き、腐敗を防ぐのに有利である。つまり、法の定める手続きに従って物事を処理するというのは、権力を法に代え、言葉を法に代える現象を防ぐのに有利である。手続きは又、コンセンサスを凝集する土台でもある。公正な手続きは平等参与と理性的対話の価値を有するものであり、万人の為に討論、弁論、充分な道理説明及び意思疎通の基礎と土台を提供することができ、この事は万人が充分に自らの観点や訴えを表現することにより、最も広範囲においてコンセンサスを形成するのに有利である。この意義から言えば、手続きは万人がコンセンサスを凝集させる重要な土台でもあるのである。

　手続き的思考を重んじるというのは、先ず以って意思決定が公開且つ透明で、厳格に法の定める手続きに従うことを強調するものである。習近平は、「権力の大小を問わず、制約と監督を受けさえしなければ、何れも濫用され得る」と指摘している。権力の濫用を防ぐ重要な手段と方法とは、即ち意思決定の手続きを十全化させ、厳格に手順に従って意思決定することである。18期四中全会決議は、「法に基づき意思決定を行うシステムを健全化し、公衆の参与、専門家の論証、リスク評価、合法性審査、集団討論による決定を重大行政意思決定の法廷手続きとして確定し、……行政機関内部の重大意思決定の合法的審査システムを確立すべきである」と指摘している。如何なる意思決定も必ず特定の手続きを踏まなければならない

ので、軽率な「思い付き」に頼ったり、個人の意思を以って法の定める手続きに替えたりするようなことがあってはならない。

　手続き的思考を重んじるには、行政の法執行人の何れもが厳格に法の定める手続きに従って物事を処理することが求められる。行政法執行のプロセスにおいては、受理制度、告知制度、身分表明制度、理由説明制度、調査制度、証拠制度、一方的接触禁止制度、回避制度、公聴制度、合議制度、時効制度等といった各種行政の手続きを遵守せねばならない。行政手続きの法的意義は、主にそれと行政機関の実体行政活動との関係に表れる。規範の作業手続きの確立は、ミスを減らし、人為的不当操作を無くす重要措置である。公開を常態とし、非公開を例外とする原則を堅持し、意思決定の公開、執行の公開、管理の公開、サービスの公開、結果の公開を推し進めることにより、行政権の合法的行使を規範化し且つ制約し、その職務怠慢、越権及び職権の乱用を防止し、行政対象の合法的権益を守ると共に、行政権の合理的行使を促進するのに有利にし、行政効率の向上にも有利である。

　手続き的思考を重んじるには、司法者が裁判のプロセスにおいて紛糾参与者の回避申請、管轄異議申立て、証拠提出、弁論、調停等の面における手続き的権利を充分に擁護することが求められる。手続きは司法の生命である。手続きは訴訟のゲームルールであり、手続きに従って進められる訴訟こそが法的意義における訴訟なのである。特に指摘しておかねばならないのは、公正なる手続きは裁判の公正性を保障する基本的措置であるということである。手続きは訴訟活動規律の総括であり、漸進する手続きに従って進められてこそ、最も公正な裁判が得られる。何故ならば、公正なる手続きは訴訟の各側の訴訟に対する平等な参与と権利を充分に尊重し、裁判者の独立と中立を保障し、公正なる手続きは訴訟参与者の人格の尊厳と自由意志を保障するものであり、裁判者は充分に訴訟当事者の意見を聴取すべきであり、裁判活動は公開且つ民主的で、裁判権は必要な監督と制

約を受け、公正なる手続きはそれぞれの訴訟参与者の手続き的参与を強調し、当事者の理性と平等な対話を保障し、司法官も手続きの進行を通じて全面的に案件の真実を理解し且つ発見するとともに、この基礎の上で公正な裁判を行い得る。これらは何れも手続きが裁判結果の公正性を保障する重要な機能を具えていることを明らかに示している。これに反して、例えば「先定後審（先に処罰を決めてから当事者の取り調べを行う）」、一方の当事者との結託、非合法な証拠取り、ひいては刑事案件における拷問による自白の強要といった手続きに違反するやり方は、誤審事件の発生をもたらすのみである。公正な手続きは司法官の恣意を厳しく制限し、効果的に司法官の自由裁量権の乱用を防ぐことができるのである。正に「法廷裁判の正義へと通じる道は、多種の正当な手続きに由って敷かれるものである(The road to court-made justice is paved with good procedures)」[7]とのローゼンベックの言葉通りである。

　手続き的思考を重要視するには、公民も手続きに従って物事を処理するという習慣と意識を養うことが求められる。実践においては、「陳情を信じて法を信じず」という観念が遍く存在し、甚だしきに至っては、揉め事が起きた際には「大きく騒げば大きく解決し、小さく騒げば小さく解決し、騒がなければ解決しない」という方法を通じて揉め事を解消すべきであると考える者もいるが、これでは真の意味において公平正義を実現し且つ法治国家或いは法治社会を築くことは不可能である。従って、手続き的思考を重んじるには、社会の成員が揉め事が起きた後、公正な手続きを通じて救済を求め、トラブルに出くわせば法を求め、問題を解決するには法に頼る。とにかく揉め事が起きた後には何れも法に従って合理的に訴えをしてこそ、はじめて真の意味における法治社会が築かれるのである。この方法を通じて、社会対立や摩擦を中性的な技術の問題へと転化させ、法的手続きを通じて解消させるのにも有利である。

## (三) 権義（権利・義務）思考

　法治思考は権義（権利・義務）思考である。法律は権利と義務を設定することによる当事者の行為に対する手引きと規制を加える規範体系である。従って、法治思考も必然的に権利と義務を包括する思考、つまり権利と義務という特定の角度から問題を観察、分析し且つ解決するものである〔鄭成良著『論法治理念与法律思維』、『吉林大学社会科学学報』に掲載、2000.4〕。

　広義的に言えば、権利・義務思考は本質的に一種のルール思考である。但し、法律思考は実体的ルールであるのみならず、手続きルール等も包括している。それ故に、権義（権利・義務）思考は一種の独立した法的思考とし得る。権義思考の特徴は、主に以下の幾つかの面において体現される。一に、自主性である。つまり権利者は、彼自らの権利を充分に理解するという基礎の上で行為を行って然るべきである。法の定める権利は実質的に行為者に法律の規定する基礎の上における行為の自由を賦与するものであり、権利行使の正当な範囲内においてでさえあれば、何れも充分な自由を有するものであり、他人の干渉は受けない。二に、他律性である。即ち権利を行使するには、他者の利益に配慮し、他者が如何なる権利を有するのかに関心を持つ必要が有る。「自由は権利に止まる」との言葉通り、権利の設定それ自体が即ち一種の行為の境界を画定し、人と人との間の行為の境界線を確定するものであり、何者かが権利を行使するに際しては、この種の行為が他者の権利を妨害するか否かを考慮せねばならない。と同時に、この種の権利は一種の公権力に対する牽制を形成し、公権力の行使が権利人の権利を妨害するのを代価とすることが出来ないようにすることを可能ならしめる。三に、権義一体的な思考である。即ち、権利無き義務は無く、義務無き権利も無く、権利と義務は密接に一つに繋がっている。何某が有する権利は即ち他者が負担する義務なのである。四に、平等思考である。法の前では全ての人が平等であるとする重要な内容は、権利と義務の平等

性に表れている。つまり、全ての人の権利と義務に対して差別なく扱うことである。この一点においては、法治思考の「権義思考」的特徴もそれをして、道徳的思考及び宗教的思考と異なるものならしめている。例えば、道徳的思考は通常は一種のわが身から他者へ、内から外への思考パターンであり、斯くして一種の「差序構造」（波及効果のある構造）が形成されることとなり、それは正に費孝通氏の言う所の「私たちの社会で最も重要な親族関係は、このように石を投げて形成される同心円の波の性質である……自己を中心に、石のように水に投げ入れられ、他人との社会関係は、団体のメンバーが皆同じ平面に立っているのではなくして、水の波紋の如く、一つ一つの輪が広がって行き、広がれば広がるほど遠ざかり、薄らいでいくようなものである」〔費孝通著『郷土中国』、26頁。北京、北京大学出版社、1998年〕との言葉通りである。而して法治思考には道徳的思考における「差序構造」は存在せず、権利と義務は平等性を具え、法律の調整は普遍性と無差別性を具えている。

　内容から見れば、「権義思考」は権利思考と義務思考という両面を包括するものであり、それは具体的に二つの異なる行為パターンを指向している。

　一に、権利思考である。権利とは、法律によって規定され、法律に保障された利益と自由である。公民は法に基づく各種の公権（例えば選挙権や被選挙権）と私権（財産権や人身権等）を有するものである。各種の権利は個人に「為しても為さなくても良く、こうしてもああしても良いと」いった可能性を賦与しているので、それが個人の行動の手引きとなっている。権利は権力とは異なるもので、権利の主体は人格化されたものであり、特定の人や利益と結び付くものであるのに対して、権力は公権力機関の有する非人格化されたものであり、それを特定の個人や利益と結び付けて然るべきではない。中国の伝統における「義務を重んじ、権利を軽んずる」とは即ち個人が多くの義務を担う事を強調するものの、個人の有する権利

を軽視するものであるが故に、中国の古代には民本思想が存在しはしたものの、民権思想は形成されず、この事が中国の市場経済への突入と現代化実現のプロセスを遅らせたのである。現代社会は個人の権利に対する確認と保障を充分重視する。事実上、法律と権利は密接不可分であり、立法とは即ち合理的な権利の配置、権利の確認、権利体系の構築である。行政の法執行とは即ち公権力を行使することを通して公民の合法的権利を保障することであり、司法とは即ち公民の権利が侵害を受けた際に充分な救済と保護を与えるものでなくてはならない。社会主義の根本目的はやはり人民の物質文化の需要を保障し、公民に権利を賦与すると共にそれを保障することが個人の人格の成長と発展を実現させる重要内容であり、社会主義事業の基本目標であり、又社会主義法治の核心的内容でもある。正に「権利文化は法治社会が形成され得る人文的条件である。人格が独立しておらず、身分が不平等で、行為が不自由な場所においては、法治はまた遥か遠くの夢の世界である」[8]と指摘する学者もいる通りである。

　二に、義務的思考である。義務は法律の設ける所の個人が必ず履行すべき負担であり、義務は積極的に行為を行うかもしくは消極的に不作為でいるかを個人に求めるものである。権利的思考と同様に、義務的思考は個人に対して手引きを行う事、即ち如何なる作為及び不作為であった然るべきかを手引きすることができる。人類は一つの生活共同体であり、人間一人一人の権利は何れも他者に対する制約を意味するものであり、万人が権利を有すると同時に、他の社会のパートナーが受け入れる所の義務の制約を深く意識する必要が有るのみならず、この種の義務の制約の相互性をも認識する必要が有る。義務的思考と相関連するのが責任的思考であり、両者は一つの問題の両面である。私法自治は自らが責任を負うことを含むものであるが故に、法治思考は「権義思考」を強調すると同時に、公民個人の責任的思考を強調する必要が有る。

　「権義思考」を重要視するには、先ずもって個体の権利を尊重すること

が求められる。それは法治社会を築く基礎でもある。社会は個人の権利を充分に尊重してこそ、はじめて調和の秩序を形成することが可能となるのである。法治の機能は先ず社会を安全させることにあり、またその安全は個人の人身や財産の安全に体現されるもののみならず、集団の安全においても体現される。中国に就いて言えば、公民の衣食の問題が解決されてより以降においては、社会の安全と秩序を維持することで、公民一人一人が衣食が満ち足りているだけでなく、安全な環境、清潔な空気、調和した秩序を有することで、万人が尊厳のある生活を送ると共に、あらゆる恐怖や不法の強制から免れ得るようにする努力を為して然るべきであり、個人の財産権や人身権等の基本的権利を充分に保障するのである。

「権義思考」を重要視するには、個人の法律の規定の下での自由と権利を保障せねばならない。ネガティヴリスト管理モデルを推し進め、法の禁ぜざるは即ち自由（法律で禁止されていなければ自由にできる）」の原則を確認する。これは実際にはある種の推定であり、法律規定によって禁止されていることを除けば、個人は何れも行動の自由を有して然るべきである。これは実際には個人の行為の自由空間を大きく拡げたものであり、個人の権利行使の空間を拡げたもので、権利意識を培うのに有利である。故に、個人が法律の禁止する以外の行為をした場合は、法律の懲罰や追及を受けることになってはならないのである。このような自由を充分に保障してこそ、はじめて充分に個人の積極性を引き出す事で、全社会が共々に創新し、創業し且つ投資する活力を形成することが出来得るのである。

「権義思考」を重要視するには、権利擁護の観念を用いて社会の対立や摩擦を解消し、社会的揉め事を解決せねばならない。とりわけ、政府に対して言うならば、権力行使のプロセスにおいては、必ず人民大衆の人身権と財産権を充分に尊重すべきであり、権力の行使に由り公民の権利が損なわれるようなことがあってはならない。習近平同志は、安定維持と権力維持との関係を上手く処理するには、大衆の合理的且つ合法的な権利の訴え

を上手く解決すると共に、大衆の切実な利益を守ることに対して重要な役割を持つ制度を十全化させ、法律の対立や摩擦解消における権威的地位を強化することで、大衆をして、衷心より権益が公平な扱いをされ、利益が有効的に守られたと実感せしめるようにせねばならないと指摘している。安定の維持のプロセスにおいて当事者の権利の保護を蔑ろにするというやり方は、実際には安定維持と権力維持とを対立させるものであり、安定維持の目標の確実な実現を難しくさせ、間違いなく「維持しようとすればするほど不穏になる」という結果を招くのである。

　「権義思考」を重要視するには、先ず以って公民の権利意識を尊重すべきである。イェーリング（Rodolf von Jhering）は「法律の為に戦うのは即ち権利の為に戦うことである」と指摘している。但し、公民の権利行使を尊重することは、同時に公民が義務観念と責任観念を確立することを求めるものでもあり、権利のみ重んじ、義務と責任を軽視してはならない。「権義思考」を培うことは、良好なる公民意識を養うと共に、真の意味での私法自治、自己責任の意識を持ち、自主自律の価値傾向を形成するのに有利であり、その基礎ができてはじめて市民社会が成り立つのである。私権が発達すればするほど、公権力の有効的な規範化に有利なのである。それによって、「より良い公権の規範化と私権の保障」という現代法治理念が実現できるのである。

### （四）価値志向性（Value Orientation）思考

　法治思考は価値志向性思考である。所謂「価値志向性思考」とは、問題を思考し、判断を下す際、公平、正義、人権等の理念に従って思考を進め、一定の価値志向性を形成する拠所あるいは取捨の準則とすることを指す。世事が無限であるのに対して、立法者の予見性は限り有るものであり、従って法律の理性も極めて有限的である。有限の法律でもって無限の世事に対応し、多くの新たな情況や問題に直面すれば、有限な法律は常に苦境

に立たされてしまう。そうした状況下においては、正しい価値理念を確立することを通して対立や摩擦を解消し、争議を解決する必要が有る。

　価値志向性思考の鍵は法律の包含する価値を実現することであり、法律そのものは公平・正義の術であり、それが体現しているのは公平、正義、平等等の価値であり、価値志向性思考を実現することは、実はつまり立法の目的と目標を実現することである。「実践の領域であれ、理論の領域であれ、法学が関わるのは主に価値の方向づけという思考方式である」[9]。如何なる法の概念や規則も皆一定の価値を体現して然るべきであり、法律そのものが、立法者が価値判断を為した産物であるからには、これに由り、法律家は価値方向性の思考に則り法現象を観察しつつ、立法者が法律文書を通して追求したいと望む価値を実現する努力をすべきであることを決定づけてられているのである。

　法治思考は価値の方向付けの思考方法であり、一定の価値のコンセンサスをもって基礎として然るべきである〔王澤鑑『民法思維』、163頁。北京、北京大学出版社、2009年〕。一方では、価値志向性思考は、実は即ち正しく法律規則を把握することを唱導する精神であり、法治派単なる「条文の治」や抽象的な条文の暗唱ではなく、法律・規則の精神及び理念を正しく理解することで、法律の正確な適用を保障するものでなくてはならない。又もう一方では、価値志向性思考は規則思考、手続き的思考、及び「権義思考」の不足を補う事ができる。何故ならば、一部の情況下においては、規則や手続き等に従って関連の揉め事を解決しようとすれば、法律の機械的適用の悪しき結果を招いてしまい、真の意味で法律の公平・正義の理念を体現し得ない可能性が有る。フランスの諺に「頑なに条文に齧りついてしまうことは、蛇の毒のようなものである」というのが有る。こうした情況の下においては、関連する価値理念を通じて関連の裁判が真に法律の目的を果たしているのか否かを判断する必要が有る。価値志向性思考は主に以下の幾つかの内容が含まれている。

一に、公平・正義の理念である。良法は先ず以って公平と正義を体現した法律のことであり、これが即ち法律の追求する目標であり、善治の前提並びに基礎でもある。ジョン・ロールズは『正義論』の中で、「正義は社会制度の主要な価値であり、それは正に審理が思想体系の主要な価値であるのと同じである」[10]と指摘している様に、正義は法の実質であり、宗旨であり、法は正義の中においてその適切で具体的な内容を発見するのである。この点においては、東西両洋の見方は一致している。中国古代には「法は平らなること水の如し」や「法は貴きに阿らず（法の前の平等）」等の言葉があるが、何れも同じ考え方、即ち法律は公平と正義の価値的基礎を以ってその正当性の来源とすることを表現している。従って、公平と正義という価値理念でもって問題を具体的に分析し、揉め事を解決するというのは、実は法治の核心的理念を実践していることでもある。あらゆる行政の法執行、あらゆる司法裁判が真の意味において人民大衆をして、公平と正義を感受せしめるか否かということが、即ち「依法行政」であるか否か、「依法裁判」であるか否かを判断する基準なのである。当然ながら、法治思考は法律・規則を解釈し且つ適用する際に公平・正義の価値理念に従うべきであることを求めるのみで、具体的な法律・規則と手続きを蔑ろにし、完全に公平正義の価値理念に頼って問題を分析し且つ解決するというのではない。

　二に、平等の理念である。平等の理念は平等に事や人に対処すること、特権に反対すること、差別を禁止すること、平等に権利を保障すること等の観念が含まれている。平等は社会主義の法律の基本的属性であり、社会主義法治の基本的要求である。法律の前で万人が平等であることが立法、法執行、司法、法遵守等の各面で体現されるのを堅持するには、如何なる公民であろうが全て法律の前で平等なる扱いを受け、如何なる者も法律を越えた特権を有してはならないことが求められると共に、あらゆる人間の同じ行為は法律の同じ評価を受けて然るべきであることが求められる。主

体の権利が侵害された後においては、法律は平等なる保護を行わねばならない。如何なる組織や個人であろうとも、皆憲法と法律の権威を尊重すると共に、憲法と法律の範囲内で活動し、憲法と法律に基づいて権力あるいは権利を行使し、職責と義務を履行すべきで、憲法と法律を越えた特権を有してはならない。平等の理念は価値志向性思考の重要な内容であり、法律問題を具体的に分析するに際しては、平等の価値理念に則り、類似の行為に対して類似の法的判断を行って然るべきである。

　三に、人権保障と公権規範化の理念である。人権は万人が社会において享受して然るべき片時も離れてはならない権利であり、個人があらゆる社会関係や社会領域においえる地位と権利の総和であり、これには社会、経済、文化、政治の権利及び人身や財産の権利等が含まれる。人権は人間が人間として有して然るべき権利であるその所以は、人権を尊重し且つ保障することが即ち人間を根本とし、個人の人格の尊厳を尊重し、個人の全面的な発展を実現することを体現するものであるからである。中国憲法は「法に基づく人権の保障」を憲法の基本原則とし、人権の保障が現代法治の核心的価値理念であるが故に、法治思考も人権保障の理念を体現して然るべきであり、例えば被害者救済の強化、社会の弱者たちに対する保護の強化、社会保障の強化等は何れも人権保障思考の体現である。人権保障を除いて、価値志向性思考には更に公権規範化の理念が含まれて然るべきである。公権は自ずと拡張的本性を持つものであり、私的権利を容易に侵害するものであるが故に、価値志向性においては、公権に対する規範化を強化せねばならない。

　価値志向性思考を重要視することは、法の精神及び宗旨を的確に把握するのに有利である。法治思考は法律の条文そのものに対して如何に理解するのかということのみでは決してなく、より重要なのは如何に法治思想を養う事を通じて、的確に法律条文を適用するかに在る。法律規範が不明瞭、不明確であったり、或いは欠如していたりする場合には、価値志向性思考

は価値判断の一致する裁判もしくは行為規範を提供し得る。問題を思考したり、揉め事を解決したりするに際して、或る種の正確な価値指導や手引きを持つことができれば、法治の方向から逸れずに済む。「世が移り、時代が変われば、法令制度の改変は理の当然である」との言葉通り、価値志向性思考は某かの法の価値をして、社会生活の変化に対応し得るものならしめることができるのである。社会生活の進展変化は法律の価値に変化を生ぜしめるものであるが故に、法律も絶えざる改正及び法律解釈等の方法を通じて、その価値を時代に即して発展変化させて然るべきである。法律が如何に変化しようとも、その究極の目的はやはり社会の正義を実現することであり、これは人類の千百年来の理想でもある。裁判者は終始公平・正義の価値理念に則って然るべきであり、とりわけ法律に明確なる価値志向性の表現が無いか、或いは価値志向性が不明確である状況の下においては、司法官も公平と正義の価値理念を裁判の拠所として然るべきである。

　指摘しておく必要が有るのは、価値志向性の形成と誕生は主観性と随意性を有するものであり、往々にして個人化と主観性という特徴を具えがちではあるものの、これは我々が最大限に価値のコンセンサスを求めるのに影響するものでは決してないのである。因みに、「正義は裁判の中から声を発するもの」とのフランスの諺通り、公平・正義それ自体が何れも客観的評価基準を持つと共に、万人に承認され得るものである。若しも或る判決が充分に道理を説かず、公正性を示せず、ひいては善悪を顚倒させ、是非を混同してしまったりした場合、司法官がどれだけ法律条文を援用しようとも、真の意味における法に基づいた裁判とは言い得ず、それが下す所の判決も公正な判決ではないのである。

　法治思考は法治文化の構成部分であり、その形成は漸進的プロセスであり、簡単に為し遂げられるものではない。現代社会においては、法治思考は既に法学教育の重要内容となり、日増しに重視される様になっている。法治思考を養うには、国家と社会による外から内への後押しが必要で、更

に必要なのが、万人が法治至上の理念を確立し、法を崇め、法を尊び、法を知り、法を弁え、心の奥底から法治を是認し、法律を遵守することである。この土台の上に立ってはじめて一歩一歩法治思考を育み、法治建設の為に良好なる社会的基礎を築くことが可能となるのである。

## 三十五、法治と法曹

　法治と人治には本質的な区別が有るものの、それらは何れも共通する性格の特徴を具えており、それが即ち社会統治管理プロセスにおいて重視すべき「賢能治理（優れた見識を持つ有能な人間による統治管理）」である。法律業務を行う者は法治の核心地帯に置かれているとアリストテレスは言った。この集まりが法律に関連する価値に対して忠誠を尽くすことを抜きにしては、法治活動の展開は極めて難しい。アリストテレスの観点は、今日から見ても時代遅れなものではなく、荀子も「徒法は以て自ら行うこと能わず（実行し難い無益な法令はそれ自体効力を発揮させることはできない）」と説いている。中国古代の思想家たちは、一貫して法執行人の素質の法の正しき執行を保証することに対する重要性を強調した。因みに白居易は「貞観の法有るとと雖も、苟（かり）に貞観の官吏がなければ、其の刑の善なるを欲しても、それは困難なものとなろう」〔『長慶集』巻48〕と指摘し、王安石は「理天下之財者法、守天下之法者吏也、吏不良則有法而莫守、法不善則有財而莫理（天下の財を管理するのは法であり、天下の法を守るのは役人である。役人が良く無ければ法が有ったとしても守れず、法が不善であれば財宝が有ったとしても管理することができない）」〔『臨川先生文集』巻83〕と指摘している。法執行人は法律に精通してはじめて正確に法律を適用することが出来、法律を熟知してはじめて法律を信奉し且つ厳格に法に基づき事物を処理すると共に、公正なる法執行を為し得るのである。以上から分かるように、法治の実践も人間の役割を離れるこ

とは出来ないのである。

　しかしながら、古代の中国では確かに独立した法律の職業が欠如し、真の意味での法科学や法律家集団も存在しなかった。日本の著名な中国法専門家の滋賀秀三氏は、中国の古代においては国家権力と相い分立し合う法律のエリートが法学研究に従事するのを見出すことは殆んど不可能であると指摘している。この言い方は言い過ぎであると言わざるを得ないものの、中国には独立した法律家階層が欠如しているというのは確かに客観的事実ではある。史料によると、春秋末期の鄧析が中国最初期の「弁護士」であるといえる。彼は法律の知識を公に伝授するとともに、人の訴訟の手助けをしたので、鄭国の執政者子産をして、法を施行する術なしと恐懼せしめた。その為、「それを憂慮した子産は、鄧析を殺してその死体を晒しものにしたので、民は心服し、是非が定まり、法律が施行されるに至った」〔『呂氏春秋』〕と記載されている。子産のやり方は実際には中国古代の統治者の普遍的な看方を反映したものである。即ち、法律のプロが法律を曲解することが、法律の的確な適用に影響することを懸念したのである。中国数千年の歴史においては、古代は行政と司法が分かれておらず、行政官員たちが司法の全てを主導したが為に、歴史の上では訴師という職業が存在しはしたものの、真の法律家集団を形成するには至らなかったのである。

　今日の社会主義法治を推し進めるプロセスにおいては、独立した膨大な法律家集団を育成する必要が有り、この事は法治建設の基礎であり、主要な推進力なのである。法治は一つの系統的プロジェクトであり、このプロジェクトは党のリーダーシップの下、入念に設計され、全面的に配置される必要が有る。仮に若し、政治家は意思決定者であり、プロジェクト始動の可否及び時期は彼等により決定されるのであると言うならば、具体的な操作は高度な専門化された知識と技能を有する法律家集団によって成し遂げられねばならず、彼らはこのプロジェクトの設計者であり、実践者なのである。

法律家は立法の積極的参与者であり、科学的立法の献言献策者であって然るべきである。「知行合一」にして、「学以致用」（学んで実際に役立てる）との言葉通り、法学理論従事者が社会の為に為すべき最大の貢献こそ即ち立法の科学化、体系化の為に理論の上での貢献を為す事である。アラン・ワトソン（Alan Watson）はかつて「法典化の前夜においては、民法法系中の英雄的人物は法学者であり、司法官ではない」と述べている。ローマ法時代においては、法学者の学説がローマ法の重要な内容を構成し、例えば『学説彙纂』や『法学提要』は殆んどその何れもが法学者の著述により構成されたものである。中世においては、ローマ法の復興後、法学者たちのローマ法に対する解釈は多くの国において裁判所に対して拘束力を持つ淵源と成った。近代民法典の編纂段階においては、青写真として参考に供し得る既存の法典が無かったことから、『フランス民法典』等の法典の制定は、法学者たちの学説や理論の成果を大いに参考とし且つ手本にした。各国の学者がローマ法に対して注釈及び整理を行い、散乱し且つ矛盾する規則を体系化したが、このプロセスが民法制度の研究と構築を大いに推し進めたのである。例えば、『フランス民法典』の三編制立法形式の形成は、先ず以ってドマ（Jean Domat）、ポティエ（Robert Joseph Pothier）、ブジョンヌィ、ポルタリス等といった人たちの理論的発展を経験している。『ドイツ民法典』の五編制モデルも、注釈法学派から始まり、サヴィニー（Friedrich Carl von Savigny）、ハイス（Georg Arnold Heise）、ヴィントシャイト（Bernhard Windscheid）等による発展を経た、ドイツの数世代に亙る民法学者の智慧の結晶である。『スイス民法典』草案の第一稿は実際にはオイゲン・フーバート（Eugen Hubert）の手によるもので、ひいてはフーバート個人の作であるとさえ認められている。今日においても猶、1992年の『オランダ民法典』はある程度においてオランダ学者Meijiersの学術作品であるとする人もいる。中国においては、専門家の立法が完全に実行されていると主張しはしないものの、法学者が

立法に参与することは、民主立法、科学立法の重要な体現である。何故ならば、現代社会は繁雑で、法律規則も日増しに精密化、専門化の一途を辿り、全ての法律が理論の支えと学理の論証が有ってはじめてその科学性が保証されて然るべきであり、法学者の参与無しには、この一点は為し難いからである。

法律家は公正なる司法の参与者であり、法律の守り人及び実践者であった然るべきである。現代社会に在っては、法律の形成と運用そのものが日増しに専門化されていくプロセスである。社会関係の日を追う毎の複雑化は、法制度と法律適用方法の複雑性を決定づけている。そして、法律そのものの科学性と複雑性が司法の専門性を決定づけている。社会分業体系に在って、司法は専門化した職業となって然るべきであるのみならず、特殊な職業的要求を持って然るべきであり、これが即ち法治社会が具備すべき法律職業化の要求である。現代社会において、司法官は実際に法律機関を操作するのみならず、社会のメカニズムの有効的運営を保障するものであり、社会全体の法治状態は大幅に彼等の仕事と努力に依頼しているのである。裁判所の法に基づく裁判は、司法の規範性の特徴を体現するものである。コークはかつて「法律は芸術であり、それは長期に亙る学習と実践を経てはじめて、身に付けるけることができる」と述べているが、それは主に、法律が現代社会の人々の生活を規範化する行為原則となり、法律部門が益々細分化し、法律知識が益々雑然とするばかりで、この種の知識と規則を掌握するには、長期間に亙る専門的学習が必要であるからであり、これは社会分業が生んだ必然的結果でもある。法律家は一つの共同体を形成して然るべきであり、この共同体は司法官、検察官、弁護士等で構成されるもので、彼らは常に法治建設を推し進める「トロイカ（三頭立ての馬車）」と称され、彼らが同じ理念を持ち、同じ訓練を受け、同じ技巧をマスターしてこそ、はじめてこの基礎の上に法律家の共同体が形成され、法治の船の平穏なる航行が加護されるのである。正に法律家が共通の訓練を

受入れ、共通の思考を具えているが故に、彼らははじめて裁判のプロセスにおいて法律・規則に対して共通の理解を形成すると共に、普通の経験的思考ではない法的思考でもって一つ一つの具体的な争議の案件を取り扱う事によって、真の意味で法律の確定性と予測可能性を保証することが可能になるのである。従って、現代社会の法律が日増しに複雑多元化し、人民大衆の需要も不断に増長し続けているからには、非の打ち所のない専門化された司法陣容無くしては、人民大衆の需要を満たす術など無いのである。もしも司法者に必要な法執行の素質が欠如しているならば、更に立派な法律も厳格な遵守は得られない。司法者が若しも良好な法執行の素質を具えることが出来たなら、たとえ法律に抜け穴が存在したとしても、司法者による適切な埋め合わせが為されることで、法律の公正・正義の価値の充分な実現が保証されるのである。専門化された法律職業陣容無くしては、法の公正さ、効率性、権威を求めることは困難になる。

　法律家は「依法行政」の実施者、法治政府の建設者たるべきである。行政権行使のプロセスにおいて、法律家は終始法律の理念に則り、法治の方法を運用しつつ、それぞれの仕事に従事し、各種の矛盾と揉め事を解消して然るべきである。法治運用の思考と方法とは即ち厳格に規則を重んじ且つ手続きを重んじ、制度に基づき物事を処理し、公権力の運用を法律の規範の下に置くことである。公権力の運用は何れも法律の規則の下で行われるべきであり、「法の授権無くば為すべからず」で、公権力は法が定めたものであるからには、国家の法律明確な授権無くしては、公権力機関は任意に行為に従事してはならず、公権力機関は自らが下した決定について説明せねばならない。行政機関は如何なる行政行為に従事しようとも、厳格に法の規定に基づき行うべきであり、実践中の行政法執行に行政的不作為、選択的な法執行、行政権力のレントシーキング、ひいては公権力の濫用による公民及び法人の合法権益への侵害等といった現象の何れも「依法行政」が「任重くして道遠し」であることを明らかに語っている。その為

には多くの良好なる品行と道徳を具え、確乎たる法律信仰を有すると共に、法を知り、法を弁えた法執行の人材が必要となる。彼等の厳格なる法執行行為に依存してこそ、はじめて公権力の法に基づく行使を保障し得ると共に、公民の合法権益が公権力の侵害を免れるのを保障することが出来得るのである。

　法律家は民衆の法律規定遵守の模範であって然るべきである。法律家の法律に対する固守と信仰は、必ずや法律精神を発揚し、全民が法を守る良好な気風を築くであろう。この意義から言えば、中国が法治を推し進めるには、多くの道徳品行優良にして、専門技術に優れる完璧な法律家がいなくてはならない。先ず初めに、法律家は法治の理想と信念を持ち、心の底から民主と法治を崇め尊び、社会の公平・正義を守るべきである。法治は理想的な社会統治管理モデルであり、人類社会のこの数世紀近くにおける発展の軌跡も法治が実現可能なものであることを我々に告げている。而して、法治は信奉されてはじめて法律の尊厳と権威を確立し、人民が心底から権力ではなく法律を崇拝することによって法治社会を実現する事が出来るのである。全社会が法治を信奉し且つ追求するようになるには、法律家が真っ先に法律至上の信念を持ちつつ、法律家の職業理念と行状を形成する必要が有る。法律家共同体は法を知り且つ弁え、法律を信奉し、心に正義を抱くと共に、公正廉潔にして、良好なる分析と判断の能力を具え、又正確なる法律思考を持ち、法治社会において不撓不屈に法律の目的を実現する為に献身できなければならない。次に、法律家が自らの廉潔奉公で、法律に忠実で、厳格に法を執行し、正義を守る行為を以って真に法治の理想を実行せねばならない。そうするには、法治事業の為に献身する精神と行為を具えていて然るべきであり、そうであってはじめて民衆の法律信奉の為の模範となると共に、人々の法律に対する信奉を揺るぎ無きものにし、法治に対する信念を確立させることができるのである。

　中国の法治建設にあたって、多くの法律家にこう呼び掛けている。法律

家は社会主義法治事業の実践者であり、建設者でもある。法律家の陣容が充実であればであるほど法治建設の発展が速くなり、中国の法治事業も盛んに発達するであろう。

## 三十六、渉外法治人材育成の強化

　渉外法治人材育成を強化し、国際法律規則に通暁し、渉外法律事務の処理に長けた渉外法治人材陣容を建設することは、習近平同志を核心とする党中央の新時代の全面的な「依法治国」に関する重要な戦略計画である。習近平総書記は中央全面的「依法治国」委員会第 2 回会議の席上、「専門的人材の育成は遅れをとってはいけない」と強調し、第 19 期中央政治局第 35 回グループディスカッションの席で、「渉外法治人材の建設を強化すべきである」と再度強調している。より高水準で開放型の経済新体制を建設し、貿易と投資の自由化便利化を推進するにせよ、積極的にグローバル統治管理体系の改革に参与するにせよ、それらは何れも大幅に多くの高素質の渉外法治人材に頼らねばならない。法学院を教える学校は、法治人材育成の第一拠点であり、法治人材の育成において基礎的且つ先導的役割を発揮している。全面的「依法治国」という新たな遠征の道程において、法学院の大学・短大は習近平法治思想を指南とし、育成の方向付け、知識体系、能力素質、育成モデル等の面より着手し且つ掘り下げた探求を進め、新時代の渉外法治任務の重任に堪え得る多くの優秀なる法治人材の育成に努力せねばならない。

### （一）正しき人材育成の方向付けの確立及び如何なる渉外法治人材を育成するか？

　人材育成の目標は、人材育成の方向、立場及び方法を決定づけるものである。習近平総書記は、法治人材の育成に就いて一連の重要な論述を行い、

渉外法治人材育成の正しき方向性を明確に示している。

　一に、確乎たる理想と信念を抱くこと。2017年、習近平総書記は中国政法大学を視察した際、「マルクス主義法学思想と中国の特色ある社会主義法治理論を以って指南とし、『立徳樹人（有徳の人を育てること）』、『徳法兼修（法律の専門知識と法律の職業モラルを兼ね備えていること）』にして高素質の法治人材を培い育てることを堅持しなければならない」と指摘している。又、2021年、習近平総書記は第19期中央政治局第35回グループディスカッションの席で、「より多くの確乎たる理想と信念を抱き、国と郷土への強き思いを懐き、確かな法学の基礎を有する法治人材の育成に努めるべきである」と強調している。中国の渉外法治人材は、確乎たる理想と信念を持ち、マルクス主義に対する信仰及び中国の特色ある社会主義に対する信念を生涯に貫く追求とし、党に忠実、国家に忠実、人民に忠実、法律に忠実にして、習近平法治思想の確乎たる信奉者、積極的な伝播者、模範的な実践者となって然るべきである。その為に、渉外法治人材の育成は、「立徳樹人」の根本任務を着実に実行し、「思政鋳魂（思想・政治カリキュラムで精神を鍛え上げる）」機能を強化し、習近平法治思想を教科書や授業に取り入れ、頭に叩き込んで、渉外法治人材の習近平法治思想を運用しての複雑なる法律問題の観察、分析及び処理能力を高めることを着実に推し進めるべきである。

　二に、才徳兼備の道徳的品行を具えること。習近平総書記は、「法学教育は『立徳樹人』を堅持すべきであり、学生の法学知識のレベルを高めるのみならず、学生の思想道徳の素養をも培い育てねばならない。先ず人として立派になるべきであり、然る後にはじめて合格の法治人材と成り得るのである」[11]と指摘している。習近平総書記はかつて蔡元培氏の「徳が無ければ、たとえ体力や知力が発達していても、それは悪事を助けるに等しいものでしかない」との名言を引用し、学生の思想道徳素養の重要性を強調している。渉外法治人材は基本である道徳的品行を具備し、法律の職

業倫理を堅く守るべきであるのみならず、人類の前途の命運を担う使命をも胸に抱く必要がある。近年来、中国人民大学等の高等教育機関が渉外法治人材の道徳的素質を着実に培う具体的道筋を積極的に探求している。法律職業倫理カリキュラム体系及び教学法の全面的改革、渉外法律談判、グローバル法律と戦略等の渉外法治専門カリキュラム、シリーズ講座と円卓会議を開設して、学生が日常の学習において道徳倫理の渉外法治任務における重要性を実感できるような教え方を取っている。法律コンサルティング、法律普及宣伝、法律援助等の公益奉仕の参加に学生を導くことによって、実践活動のプロセスにおいて学生の社会的責任感や正義感を強める内容も組まれている。

　三に、「明法篤行」（法律に明るく、忠誠を尽す振舞いをすること）の法治信念を抱くこと。習近平総書記はかつて、「多くの問題を起こした指導者幹部は、法律は学んだことが有り、法律知識も持ってはいるものの、心を介さず、頭も介さず、実際の問題を前にしてすっかり忘れてしまう。こうした人たちは自らを害するのみならず、党や人民の事業にまで害を及ぼすのである」〔同上、180頁〕と指摘している。それ故に、習近平総書記は、「法学専門の大学生は『徳法兼修』、『明法篤行』にして、法学知識の基礎をしっかりと固め、道徳養成を強化して法治精神を培い、しかも生涯それらを堅く守り、一生かけて自らの理想を追い求める努力をするよう期待している」と述べている。中国人民大学は学生たちに対して、「紅船領航（赤い旗印のある舟が先頭に走って水先案内をする）」、「千人百村（大勢の学生が多くの村を回って農村の実態を調査する）」、「街巷中国（中国の都市部の町や街道を歩きまわり、そこの建物や町並みだけではなく、そこの歴史や文化を知る）」等の社会調査研究や実践活動の参加を強力的奨励且つ支持している。それによって、学生たちは自らの足で祖国の大地を測量し、自らの眼で中国精神を発見し、人民の呼び声に耳を傾け、心で時代の脈拍に感応できるようになっていく。中国法治建設の成就を実感させ、

一法律家としての誉れと使命感を強め、それらの成果を学業の全過程に貫かせ、事業追求の中に融け込ませようとした。

　四に、「求真務実（物事の真実を求め、実務に励むこと）」に必要とする確かな能力を身に付ける。法治は「治国理政」の基本方式であり、国家の法治建設という重任を担うには、良好なる法学素養を具えている必要が有る。習近平総書記は「先ずもって法学の基礎知識をしっかりと固め、同時に法学実践教学を強化すべきである」〔同上、177頁〕と述べ、理論と実践の角度から良好なる法学素養を養う鍵を指摘している。国内法治に相対し、渉外法治は理論、知識及び技能等の面において何れも幾つかの特殊性が存在するが故に、人材育成の「求真務実」に対してもより高い基準とより厳しい要求がなされる。「求真」の強調とは、即ち「国際法の基礎カリキュラム、複数の専門的特色カリキュラムとレベルを分けた選修カリキュラム」という多段階的なカリキュラム体系と同時に、「通識類、技能類、専業類、実践類」という多元カリキュラム・モジュールの構築を通じて、原理、規則、制度等の側面において渉外法治に関連する内容を深く、徹底的に、生き生きとした講義ができるように努力している。「求実」を重要視するには、中国の裁判所、検察院、司法行政部門及び法律事務所、企業等の実際の仕事部門、国連の関連機関、その他の国際組織と深い連携をもち、質の優れた実践教学資源の「導入」並びに学生をこれらの部門、機構及び組織に実習に行かせる「出向」を通じて、全方位的に学生の専門技能と実践・操作能力及び実務経験を高めることが必要である。

　五に、内外融通のできる広い度量をもつこと。渉外法治任務は、一方で国内法治と国内法律規範体系に関係し、もう一方で国際法治と国際法律規則体系に触れるものである。渉外法治人材の育成は、内外融通の広い度量をもつよう学生を教育指導することが重要視されるべきであり、とくに次の二つの関係の処理にあたって適切に対応せねばならない。一に、国内法学理論と国際法律規則体系である。あらゆる規則及びその応用には何れも

その理論的基礎が有り、これらの基礎を理解せずしては、真の意味での規則の掌握は極めて難しく、的確かつ合理的にこれらの規則を運用しつつ合作、競争乃至闘争を繰り広げるのは更に言うまでもない。渉外法治人材を育成するに当っては、国際法律規則の背後に在る論理的な前提、政治的立場や利益関係をはっきりと示すことによって、学生たちの「眼」を光らせることを重要視して然るべきである。それと同時に、中国の特色ある社会主義法治理論の発展を引き続き推し進め、国際秩序と世界の法治文明の為に中国の智慧を貢献することで、中国の国際規定制定に参与する発言権を高める必要が有る。二に、国と郷土への思いと心に世界を抱くこととの関係である。渉外法治人材は祖国と郷土への強き思いを持つべきであり、心に祖国に対する強い使命感を抱き、国の為に憂いを分かち、国の為に難を解き、国の為に責任を尽くし、人民に背かぬ国と郷土への思いを確立し、党と人民の事業の為に命がけでわが身を捧げるべきである。と同時に、天下を心に懐き、天下を救済し、世界の百年未曾有の流動的情勢を把握し、世界平和と人類発展事業の為に奉仕する志を持って然るべきである。

### (二) 完全無欠の法律知識体系の構築及び渉外法治人材育成には如何なる専門知識を伝授すべきか？

当面の更に複雑な世界情勢を前に、渉外法治人材の育成を強化するのは、中国法学教育の課題に対する返答である。党の18大以来、習近平総書記は法学教育と法治人材の育成について一連の重要な指示を出して、渉外法治人材の育成の為の方向を指し示している。渉外法治人材は革新的なリーダーシップ、戦略競争、協力し合うウィンウィンという重要な使命を担うものであるからには、習近平法治思想を渉外法治人材育成の全プロセスに融合させ、渉外法治の特色を有する法律専門知識体系を構築すべきである。渉外法治人材が掌握して然るべき法律専門知識には、大別して本国法、国別法、比較法、国際法という四つの部分が含まれる。

一に、中国の法知識の基礎を突き固めること。それは法治人材育成の基礎であり、又渉外法治人材育成の土台でもある。中国の特色ある社会主義法体系は既に形成され且つ絶えず十全化されており、中国の各領域の法制度は既に相対的に成熟し、中国法学の学科体系及び知識体系は日増しに健全化されつつある。系統的に中国の法律知識を掌握してこそ、はじめて渉外法治人材は渉外法治の問題について中国の優れたプランを提示することができ、国家の法治建設戦略に寄与することができるのである。当然ながら、渉外法治人材の育成は一般の法治人材の育成とは些か異なるものであり、教学の重点は中国国内法に含まれる渉外的内容の部分、即ち中国の憲法、民法、刑法、行政法等といった法律部門における渉外的要素を含む法律関係を調整する内容により重点が置かれて然るべきである。例えば、対外事務の権力配分、条約の締結及び批准、国際法の国内における適用、管轄規則、免除規則等の内容、及び外国制裁法等の渉外闘争の法律がそれである。

二に、必要な国別法の知識を掌握すること。中国の全方位対外開放構造の確立及び「一帯一路」提案、グローバルな発展提案等の提案の実施に伴い、中国の公民及び企業は世界各国・地域との往来がより一層緊密化し、中国の海外利益保護の問題が目前に差迫っている。近年来、海外では中国の公民、企業の合法権益が侵犯される事件が増加の勢いを呈している。これには、海外利益の拡がった場所に安全保護と法治サービスが行き届くという理念を確立することで、海外安全保護体系の構築を加速させ、健全なる渉外工作の法務制度を確立し、速やかに国境外に赴く人員に対して安全保護と法律サービスを提供し、公民及び企業の国境外における「依法維権（法に基づく権益の維持）」を支持することが切実に求められる。これは、つまり、各国の国別法を熟知する渉外法治人材を育成することによって、安全保護と法治サービスの仕事に専門的に従事させることが求められる。総じて言えば、中国法曹界は西洋の主たる国家の法律制度を比較的良く理

解しているのに対し、ラテンアメリカ、アフリカ、アジア等の地域の多く
の国家の法律制度に対する理解は充分であるとは言えない。因みに、目下
中国で「一帯一路」沿線の発展途上国の国別法に詳しい渉外法治人材は依
然として極めて不足したままである。伝統的な国別法の教学及び研究は国
家関連のマクロ的且つ基礎的な法律知識により多くピントを合わせいるの
に比べて、如何に国別法を応用しつつ中国の海外権益を保護するかという
実戦・実践の角度からの研究は比較的に少ない。目下、世界には190余り
の主権国家が存在しており、如何なる法学大学・短大であろうとも、独自
に斯くも多くの国別法を研究及び教学を受け負う術など有り得ない。故に、
関連部門の統一的計画案配及び協調の下、各々の法学大学・短大が各自の
情況を出発点に、適切かつ合理的な分業を進め、それぞれが重点を置く形
で必要とする国別法の研究及び教学に従事することで、関連国別法の渉外
法治人材を培い育てて然るべきである。

　三に、比較法の知識に詳しいこと。比較法は現代法学の学科体系におけ
る一重要学科であり、渉外法治人材の育成にとって極めて重要なものであ
る。伝統的な比較法は各国の法律体系及びその構造、概念、制度に対する
比較研究を重要視しており、この事は世界各国の法律の総体的情況を知る
のに大いに役立つものである。当代の比較法は各国の法律体系に対してマ
クロ的及びミクロ的比較を行うのみならず、当今の世界の法律の相対的構
造の発展変化及びその法則に対する研究をより重視している。因みに、法
律の多様性問題に対する研究は、人類の法律制度の多様性の成因、多様性
の具体的体現、多様性と統一性の関係を明らかにしている。これら比較法
の知識は、渉外法治人材が各国の法律制度の異同の原因をより良く理解し、
世界の法律発展の趨勢及び法則をより良く理解し、法の領域を跨にかけた
技巧や方法の疎通をより良く掌握することに対して、重要な理論的及び実
践的価値を有するものである。

　四に、国際法知識を系統的に身に付けること。国際法知識は渉外法治人

材が必ず具えなければならない基礎的知識である。中国の渉外法治人材育成の重要任務の一つは、多くの国際組織、特に多くの国際司法機関、国際仲裁機構の職に就くかもしくは業務を行う優秀な法治人材を育成することで、世界の法律の舞台により多くの中国の顔、中国の声、中国の元素を持たせることである。具体的に言えば、国際司法機構、国際仲裁機構において、単独で或る分野の責任者となり、案件を勝ち取る國際的法律師、国際組織において高級法律官員を担当し得る國際法の実務的人材、多国間条約談判や国際ソフト法（International soft Law）の作成過程において説得力、影響力を有する国際的法律家を培い育てる必要が有る。目下、国際法は既に多くの一つの系統から分かれた学科を含む法学学科群を形成し、極めて複雑な知識体系を生み出している。渉外法治人材の育成は、国際法知識教学を重要な位置に据え、国際法の発展趨勢を把握し、国際法判例教学等の実践教学の比重を高め、学生の国際法の実務操作能力をアップさせる必要が有るのである。

### （三）渉外法治人材は如何なる能力を備えて然るべきか？

　渉外法治の取り組みに関する戦略に必要となるものを見据えて、渉外法治人材は如何なる能力を備えて然るべきかを見極める。渉外法治の取り組みに関する戦略を立てることに力を入れ、大国の地位に相応しい渉外法治体系を築き上げるのは、習近平同志を核心とする党中央の新時代において打ち出した重大な戦略配置である。習近平総書記は、「渉外法治の取り組みに関する戦略を速やかに立て、国内統治管理と国際統治管理を協調的に推し進め、より良く国家主権、安全、発展利益を維持すべきである」[12]と指摘しているが、これには渉外法治人材の育成が渉外法治工作の戦略配置との需要に狙いを定め、渉外法治人材の綜合的な能力的素質を高めることが求められる。

　一に、法律の外国語を上手に運用する能力である。法律の外国語を上手

く運用しつつ意思疎通の交流を進めるというのは、渉外法治人材の國際の法律の舞台で腕を振るうのに具備して然るべき基本的技能である。しかしながら、長年来、法律の外国語能力の不足が中国の法治人材育成作業の手薄な部分の一つであり続けている。近年来、法学を教える学校の学生の外国語を駆使して日常生活の交流を進める能力は徐々に高まってはいるものの、専門の外国語を用いて法律の仕事に従事する能力は依然として欠如したままであり、卒業後に直接渉外法治工作の環境に適応するのは難しい。目下、中国の渉外法治分野の高度な外国語人材はほんの幾らもいないのである。この事はマーナ―言語に精通した渉外法治人材の欠乏のみならず、法律英語に精通している渉外法治人材の不足として現れている。故に、渉外法治建設の大きな人材需要に応じ、法学を教える学校は法律外国語教学の分量を増やすことで、学生の専門的外国語交流能力の向上に本腰を入れて然るべきである。

　二に、渉外法務交渉に精通した能力である。渉外法治人材は国際交渉に精通した能力を具え、国家の重大需要に結び合わせる形で渉外法務実践に有効的に参与できなければならない。中国の改革開放の更なる深化に伴い、国家間の意思疎通、折衝及び談判は至って重要な部分となるに至っている。政府間の行き来と中国企業の国際業務の展開とを問わず、何れも渉外法務談判能力に長けた法治人材が必要とされている。国際ルールを手引きに、国別法を熟知し、如何なる試練にも耐え得る技量を身に付け、時機を判断し且つ情勢を推し量りつつ渉外法律交渉を展開できる人材の育成が、中国の主権と安全及び発展利益を確実に維持することに寄与するのである。

　三に、国際ルールに通暁し且つそれを起草する能力である。中国が日増しに世界の舞台中央へと向かうに連れ、中国が国際ルール体系において演じるキャラクターは、正にルールの「受入れ者」、「参与者」からルール「制定者」、「リーダー」へと転換している。習近平総書記は、中国は国際ルールの制定に積極的に参与し、グローバルな統治管理体系の変革を推し

進めるべきであると多次に互って強調している。国際経済金融分野、新興領域、周辺地域との連携などに関する新体制と新ルールの構築を推し進め、地域連携体制の構築と十全化を推し進め、周辺地域の連携を強化し、国際社会の資源エネルギーの安全、食糧の安全、ネット情報の安全、気候変化に対応し、テロを挫き、重大な伝染性疾病の防備等のグローバル的試練に対応する能力を強化すべきである。中国の渉外法治人材は、国際ルールに通暁し且つそれを起草する能力を具えると共に、当面の各国が共に関心を寄せるグローバル的公共問題にピントを合わせ、中国の智慧と価値を凝集させ、国際社会が普遍的に受け入れることのできる国際ルールを提起することが出来得る必要が有る。

　四に、渉外法律案件を処理する能力である。渉外法律案件を上手く処理することが出来るというのは、渉外法治人材が具備して然るべき基礎的能力である。目下、中国の国際調停及び司法機関において渉外法律案件を上手く処理し得る法治人材は比較的に欠如しており、このような事態は中国の大国としての地位に不釣り合いである。習近平総書記は、深刻にこう指摘している。「この数年来、我が国の渉外法律サービス業は顕著な発展を遂げはしたものの、急速に増え続ける需要に満足に答えているわけではない。目下、国内で渉外法律業務を上手く熟すことのできる弁護士は僅か7千2百名余りに過ぎず、「双反双保（国際経済領域の反ダンピング、反補助金、保護措置、特別保護措置）」業務を上手く知りし得る弁護士は6百名に満たず、世界貿易組織上訴機構で独立して業務を処理し得る弁護士は僅か3百名余りである。国内企業の大量の渉外業務は何れも欧米の法律事務所にとられた。そこに大きな安全リスクも潜んでいる」[13]。これまでに、中国がWTOにおいて他の成員に起訴された案件は49件で、他の成員を起訴した案件は22件、利益相関の第三者側として参与したのは192の判例である。但し、WTO紛争解決機構における中国籍司法官の數は極めて限られているばかりか、目下中国を代理して訴訟活動を展開しているのは

やはり欧米の弁護士で、この事は中国の渉外法治人材の供給不足と関係が有る。故に、中国の渉外法治人材育成は実戦性と実践性を増強する事で、その渉外法律案件処理の能力を高める必要が有る。

　五に、渉外法治の綜合的に協調できる能力である。これは渉外法治工作を指導する人材の素質に対する要求である。党政機関や人民団体の渉外法治工作部門の指導者幹部と企業や法律事務所等といった法人の渉外法務の高級管理職とを問わず、具体的業務を処理する能力を掌握するのみならず、部門協調、団体管理のテクニックをも弁えている必要が有る。国内法治と渉外法治の推進を統一的に計画案配するという背景の下、渉外法治の取り組みについての指導者は、全局意識と大局観念を確立し、情報の共有、分析と研究・判断、多方との連動等のメカニズムの確立と使用に長じ、渉外法治工作における重大問題を協調的に解決することで、渉外法治を確立するための大連携の体制を構築して然るべきである。

## (四) 新たな人材育成モデルの創出と十全化に伴う複合型の渉外法治人材を如何に育成するか？

　複合型渉外法治人材の育成は、法学を教える学校の単独プレイに頼るのみではならず、各種のパワーと資源を整合させ、内外との交流を広げ、多方面協同による人材育成モデルの構築が必要である。習近平総書記は、「高等教育機関と社会との間の体制の壁を打ち破り、現場の仕事を携わっている部門の高質の実践教学資源を高等教育機関に導入し、法学教育、法学研究従事者と法治実践の担当者との間の交流を強化すべきである」[14]と指摘している。それは新たな渉外法治人材育成モデルの創出に方向性を指し示すものである。渉外法治人材育成の鍵は多段階の学習と訓練を通じて学生が的確に事実を分析し、矛盾や紛糾を解決する能力を高めることで、彼らをして、将来渉外法律実践業務の達人・名手にならしめることに在る。

　一に、知識教学と実践教学の相互の繋がりを堅持すること。「法学学科

は実践性の極めて強い学科である。法学教育は法学の知識教学と実践教学の関係を上手く処理せねばならない」[15]と習近平総書記は指摘している。渉外法治人材の育成は教室（授業）での知識教学に限定されてはならぬのみならず、法律実践教学の掘り下げた展開が必要である。授業（教科）内の実践教学が知識の伝授と応用の方向付けとの結合を重要視し、「基礎性、知識性、応用性」を突出させて然るべきであるのに対し、課外実践教学は実践能力の昇級と向上に重きを置き、「創造性、探求性、研究生」を突出させるべきである。中国人民大学法学院はカリキュラムシステム、教学方法の面で、判例教学、高質の判例教材の編纂を増やし、模擬裁判所、法律クリニックを設け、学生が弁論式教学や弁論大会に参加するよう奨励している。学生に実践への参与を奨励し、学生が実践活動に参与するのを重要視し且つ支持し、カバー範囲が広く、参与性が高く、実効性の強い専門学習を積極的に展開し、実践に勤しみ、知行合一たるよう学生を指導し、実践の中で知識を学び、学んだ知識を運用し、理論的知識と社会実践とを結びつけ、役に立つものを学ぶという実践精神を培っている。中国人民大学法学院は、「JESSUP国際法模擬法廷コンクール中国選抜大会」、「オックスフォード大学PRICEメディア法模擬法廷アジア・太平洋地域選抜大会」等の重大な国際試合を主催し、学生が積極的にウィレム・ヴィス（Willem C. Vis Moot）国際商事仲裁模擬法廷弁論大会等の国際模擬法廷試合に参加することを支持し、多次に亙って優勝、準優勝等の重要な賞を獲得している。

　二に、法学を教える学校と法治実務部門との連携である。習近平総書記の重要な指示に基づき、法学を教える学校と社会との間の体制の壁を打ち破り、法学を教える学校と法治実務部門との連合育成システムを構築することで、渉外法務実践の最新の経験と生の判例を教室教学に持ち込んで然るべきであり、これには、人員の相互招聘を推し進め、実務部門に出向するよう教師を励まし、学外の指導教官を招聘し、実務部門の人員を招いて

学院で講義を開設させたりすることで、理論と実践部門との結合を強化することが求められる。中国人民大学法学院は、専門家である学者が「中央全面依法治国委員会」、最高人民法院、最高人民検察院等の国家機関に出向し、渉外法治人材育成における「実務指導教官」制度を推進且つ十全化するよう奨励し且つ支持しており、既存の法律修士学外実務指導教官実践経験の基礎の上で、2022年の春季学期に、今度は専門的に渉外法治人材育成の為の学外指導教官制度を設けている。

　三に、法学院と各外国語大学・短大との協力関係を継続させ、強化させる。法学を教える学校は、渉外法治人材の育成においては、外国語大学・短大との提携を強化することで、渉外法治人材の国際的伝播能力、国際交流能力及び国際法治建設の能力を高めることが差し迫って必要となっている。法務市場の需要から見れば、マイナー言語に精通した渉外法治人材が特に不足している。それ故に、中国人民大学は中国人民大学法学院を頼りに、法学院と外国語学院の学院を股に掛けた共同育成モデルを推し進めると共に、北京外国語大学等の高等教育機関との合作を推進すると共に、「法律＋外国語＋N」のカリキュラムシステム、教学システムを設計するなど、法律の専門的素質が高く、外国語交流能力に秀でた高次元の渉外法治人材の育成に力を注いでいる。

　四に、国内での育成と国外での育成との相互の結びつきを継続させ、強化させる。相当多くの渉外法治人材は何れも国外で仕事することを望んでいることから、育成の段階においては、海外での学習及び実践・訓練の機会を創り出すことで、いち早く海外の仕事環境と要求に適応し得るようにすべきである。「国内＋海外」共同育成は渉外法治人材育成のベストなモデルである。教学環節においては、北京や上海等をはじめとする多くの地方の法学を教える学校が既に率先してこの種の共同育成モデルの探求を展開し、世界的ハイレベルな大学の法学院との合作ルートを積極的に開拓すると共に、教師の相互派遣、学生の相互交換、カリキュラムの連動、履修

単位の相互承認、学位の相互及び共同授与等といった実質的合作が積極的に推進されている。実習・訓練の環節においては、一部の法学を教える学校が国際組織との合作を強化し、学生が国際組織に出向いて実習実践する為により良い条件を創出するとともに、学生が関連の国際組織に出向いて仕事するのを支持している。中国人民大学「中欧欧州法」国際組織予備人材育成プロジェクトはこの方面において一定の経験を積み重ね、ジュネーヴ大学との連続8年に亙る提携を通じ、国内の5つの大学・短大の優秀な申請者を選抜してジュネーヴ大学に共同育成に赴かせ、国際法と欧州法の研究をさせると共に、優秀な研修生を推薦してWTO、国連、応酬人権裁判所等の国際組織に実習に赴かせ、多くの若き渉外法律の人材を育成している。

　当今の世界は百年未曾有の大きな流動的情勢に置かれ、国際情勢に計り昨今の世界は百年未曾有の大きな流動的情勢におかれおり、国際情勢の急変が推測できず、世界が直面する不安定性と不確定性が極めて顕著である。それに伴い、各国間の競争も日ごとに激しさを増している。習近平総書記は19期中央政治局第35回グループディスカッションの席で次のように指摘している。「国際的に見れば、世界は激動の変革期に突入すると共に、各国間の競争は益々制度、規則、法律の争いとして表している」。渉外法治人材の競争も非常に熾烈となっている。それ故に、法学教育機関（法学院）は習近平法治思想を指南とすることを堅持し、法学教育の改革をより強く推進していく中で、人材育成の質を高める努力をし、多くの質の高い、優秀なの渉外法治人材を育て上げねばならないのである。それによって、「依法治国」の全面的な推進に必要とする優秀な人材の提供を確保することができるのである。

註
1）習近平『堅定不移走中国特色社会主義法治道路 為全面建設社会主義現代化国家提供有力法

治保障」、『求是』に掲載、14頁。2021年第5期。
2) Pound Roscoe,「Law and Morals:The Historical View」,Journal of Social Forces,Vol.1,pp.350-351.
3) 『マルクス・エンゲルス全集』2版、第1巻、176頁。北京、人民出版社、1995年。
4) 【古代ギリシャ】アリストテレス著『政治学』、呉寿彭訳、166頁。北京、商務印書館、1965年。
5) 【米】アーサー・スミス著『中国人的性情』、晩敏訳、168頁。北京、中国法制出版社、2014年。
6) 陳瑞華著『程序正義的理論基礎——評馬修の「尊厳価値理論」』、『中国法学』、2000.3。
7) Maurice Rosenberg, "Devising Procedures that are Civil to Promote Justice that is Civilized", 69 Mich.L.Rev.797(1971).
8) 徐顕明著『論「法治」構成要件——兼及法治的某些原則及観念』、『法学研究』に掲載、1996.3。
9) 【独】Karl Larenz(1903～1993)著『法学方法論』、陳愛娥訳、101頁。北京、商務印書館、2003年。
10) 【米】John Bordley Rawls(1921～2002)著『正義論』、何懐宏等訳、3頁。北京、中国社会科学出版社、2005年。
11) 習近平著『全面做好法治人才培養工作』、(2017.5.3)、習近平『論堅持全面依法治国』に掲載、179頁。中央文献出版社2020年版。
12) 習近平著『堅定不移走中国特色社会主義法治道路 为全面建設社会主義現代化国家提供有力法治保障』、『求是』に掲載、13頁。2021年第5期。
13) 習近平著『为做好党和国家各項工作営造良好法治環境』、(2019.2.25)、習近平『論堅持全面依法治国』に掲載、257頁。中央文献出版社2020年版。
14) 習近平「习近平在中国政法大学考察時協調 立徳樹人徳法兼修抓好法治人才培养励志勤学刻苦磨炼促进青年成长進步」、『人民日報』2017.7.4、第1面。
15) 習近平著『全面做好法治人才培養工作』、(2017.5.3)、習近平『論堅持全面依法治国』に掲載、177頁。中央文献出版社2020年版。

【著者】
**王利明**
1960年2月生まれ、湖北省仙桃市の出身。1981年に湖北財経学院法学士学位を取得。1984年に中国人民大学法学修士学位を取得すると共に、同大学に残って教鞭を執る。1990年に中国人民大学法学博士学位を取得。1989年2月から1990年2月まで、又1998年8月から1999年6月までと、相前後して米国ミシガン大学法学院及びハーバード大学法学院にて研修。現在は、中国人民大学法学院教授、博士研究生指導教官、中国法学会副会長、中国民法学研究会会長を務め、長江学者に選ばれている。「中国の突出した貢献を有する博士学位取得者」、「第1期十大傑出青年法学者」等の栄誉称号、並びに教育部優秀青年教師賞、第1期中韓青年学術賞等の褒賞を得ている。又、二度に亙って教育部の国家級教学成果二等賞を獲得している。
王利明教授は更に、第九、十、十一期の全人大代表、第9期全人大財経委員会委員、第十、十一期全人大法律委員会委員を歴任し、『民法典』『民法総則』『合同法（契約法）』『物権法』『侵権責任法』等をはじめとする多くの法律の起草に参画している。

【監訳者】
**劉之韜**
中国武漢大学法学部卒業。一橋大学法学研究科において日中両国の知的財産法の比較研究を専攻しており、日本の法学・国際関係修士学位を取得しました。現在、日系の大手医療機器メーカーの中国支社に勤務しており、リーガルとコンプライアンスを担当している。

【訳者】
**倉持リツコ（くらもちりつこ）**
(公財) 文化・国際交流財団職員、司法通訳、大学講師、日本現代中国文学研究会会員。 翻訳作品には、『明君か？ 梟雄か？──「三国志演義」の劉備像』（沈伯俊『明君与梟雄──論劉備形象』）（共訳、『三国志論集』汲古書院出版）、『生・一枚の紙切れ』（普玄『生・紙条』ひつじ書房）、『翻訳集──中国が描く日本の戦争』（共訳、中国文庫株式会社出版）、『痛むだろう、指が』（普玄『疼痛吧指头』）（勉誠出版）、『ヤージュンと犬の物語』（張学東『家犬往事』）（共訳、教育評論社出版）などがあります。

**生田貴穂（いくたたかほ）**
北京語言学院（現北京語言大学）にて中国語を研修後、本科生として北京大学に入学（専攻は中国文学）。卒業後、中国経済貿易大学日本語学科にて教鞭を執る（中→日翻訳）。その後、ヴェトナムに渡り、ハノイの「ヴェトナムの声」放送局にて日本語アナウンサーの養成訓練を担当（4年間）。日本帰国後は主に文化・教育関係の資料翻訳に従事し、今日に至る。

現代中国研究叢書

# 法治に向けて　法律体系から法治体系へ

2024年12月24日　初版第1刷発行

著　者　　王利明
監訳者　　劉之韜
訳　者　　倉持リツコ、生田貴穂
発行者　　向安全
発行所　　株式会社 樹立社
　　　　　〒102-0082　東京都千代田区一番町15-20 フェニックスビル502
　　　　　TEL 03-6261-7896　FAX 03-6261-7897
　　　　　https://www.juritsusha.com

編　集　　岩井峰人
印刷・製本　錦明印刷株式会社
ISBN 978-4-910326-07-8　C3010

《迈向法治 - 从法律体系到法治体系》© 2016 by China Renmin University Press Co.,Ltd.
Japanese copyright © 2024 by JURITSUSHA Co.,Ltd.
All rights reserved Original Chinese edition published by China Renmin University Press Co.,Ltd.
Japanese translation rights arranged with China Renmin University Press Co.,Ltd.
定価はカバーに表示してあります。
落丁・乱丁本は小社までお送りください。　送料小社負担にてお取り替えいたします。
本書の無断掲載・複写は、著作権法上での例外を除き禁じられています。